U0892863

第二语言习得名著译丛

Sociolinguistics and Second Language Acquisition: Learning to Use Language in Context

社会语言学与第二语言习得
——学会在情境中使用语言

[美] 金伯莉·L. 吉斯林（Kimberly L. Geeslin）
[美] 阿维西亚·依姆·隆（Avizia Yim Long） / 著

张 放 肖道华 魏 启 / 译

世界图书出版公司
广州·上海·西安·北京

图书在版编目（CIP）数据

社会语言学与第二语言习得：学会在情境中使用语言 /（美）金伯莉·L. 吉斯林（Kimberly L. Geeslin），（美）阿维西亚·依姆·隆（Avizia Yim Long）著；张放，肖道华，魏启译. —广州：世界图书出版广东有限公司，2022.12

ISBN 978-7-5232-0067-4

Ⅰ. ①社… Ⅱ. ①金…②阿…③张…④肖…⑤魏… Ⅲ. ①社会语言学—研究 ②第二语言—语言学习—研究 Ⅳ. ① H0-05 ② H003

中国版本图书馆 CIP 数据核字（2022）第 255565 号

书　　名： 社会语言学与第二语言习得——学会在情境中使用语言
SHEHUI YUYANXUE YU DI-ER YUYAN XIDE——XUEHUI ZAI QINGJING ZHONG SHIYONG YUYAN
著　　者： [美] 金伯莉 · L. 吉斯林（Kimberly L. Geeslin） [美] 阿维西亚 · 依姆 · 隆（Avizia Yim Long）
译　　者： 张　放　肖道华　魏　启
责任编辑： 程　静
装帧设计： 书艺歆
责任技编： 刘上锦
出版发行： 世界图书出版有限公司　世界图书出版广东有限公司
地　　址： 广州市新港西路大江冲 25 号
邮　　编： 510300
电　　话： 020-84453623　84184026
网　　址： http://www.gdst.com.cn
邮　　箱： wpc_gdst@163.com
经　　销： 各地新华书店
印　　刷： 广州市迪桦彩印有限公司
开　　本： 787 mm × 1 092 mm　1/16
印　　张： 19.75
字　　数： 385 千字
版　　次： 2022 年 12 月第 1 版　2022 年 12 月第 1 次印刷
国际书号： ISBN 978-7-5232-0067-4
定　　价： 45.00 元

咨询、投稿：020-84451258　gdstchj@126.com

总　序

一

第二语言习得（Second Language Acquisition，简称 SLA）研究起源于上世纪中叶。当时，由于居主导地位行为主义“刺激－反应论”的影响，人们一向都把语言学习视为模仿和重复的过程。然而，N. Chomsky“天赋论”的提出对前者的理论提出了巨大挑战。天赋论认为，语言能力是人类与生俱来的天赋，第二语言与第一语言在习得上并无本质的差异。这种语言能力说得到了儿童语言习得研究的进一步证实。后来，D. Hymes 在 Chomsky“语言能力说”的基础上又提出了交际能力的概念，为 SLA 研究提供了新的视角。

进入 20 世纪 70 年代末，伴随 S. Krashen 输入假说的提出，研究者将注意力转移至输入和语言接触在习得中的作用方面。于是，语言输入及其对语言习得的影响、学习动机、年龄、社会语境和认知能力等话题便成了 SLA 的研究热点。此后，又有学者提出将心理学家 L. S. Vygotsky 的社会文化论引入 SLA 研究。这些学者认为，语言习得不仅仅是认知过程，更是学习者通过与语言环境互动和交流获得语言的过程。社会文化论强调社会互动和文化语境对 SLA 的重要影响，这就打破了当时认知论主导 SLA 研究的旧有格局，为二语习得提供了新的理论框架和研究方向。

90 年代后（特别是新世纪以来），SLA 研究取得了长足的发展，其研究方法亦呈多样化发展态势，形成了科学而系统的研究范域。同时，许多新兴研究领域如信息辅助语言学习、数字化读写能力研究、个体差异研究和在线虚拟环境研究等逐渐形成。网络数字技术和 SLA 理论的不断发展促进了数字技术在语言学习中的应用。研究者通过实地语境观测、语言学习过程的系统描写、精准的实验分析、实验室计算机模拟，以及教育技术在语言习得中的应用等取得了许多令人振奋的研究成果。可以说，近 30 年是 SLA 研究发展的繁盛时期。继 90

年代 William Ritchie 和 Tej Bhatia 合作主编的《第二语言习得综览》（*Handbook of Second Language Acquisition*，1996）和《儿童语言习得综览》（*Handbook of Child Language Acquisition*，1999）两本大部头专集的出版，进入新世纪后又相继有十余部重量级的综论性专集面世，如 Catherine J. Doughty 和 Michael H. Long 主编的《第二语言习得综览》（*The Handbook of Second Language Acquisition*，2003）、Alison Mackey 和 Susan M. Gass 主编的《第二语言习得中的研究方法》（*Research Methods in Second Language Acquisition*，2012）、Julia Herschensohn 和 Martha Young-Scholten 主编的《剑桥第二语言习得综览》（*The Cambridge Handbook of Second Language Acquisition*，2013）等。此后，国际著名出版社 Routledge 又推出了“Routledge 第二语言习得综览”文库系列，其中包括 Naoko Taguchi 主编的《第二语言习得与语用学综览》（2019）、Paula Winke 和 Tineke Brunfaut 主编的《第二语言习得与语言测试综览》（2020）、Nicole Tracy-Ventura 和 Magali Paquot 主编的《第二语言习得与语料库综览》（2020）、Aline Godfroid 和 Holger Hopp 主编的《第二语言习得与心理语言学综览》（2022）、Kimberly Geeslin 主编的《第二语言习得与社会语言学综览》（2022）；Shaofeng Li、Phil Hiver 和 Mostafa Papi 主编的《第二语言习得与个体差异研究综览》（2022）、Nicole Ziegler 和 Marta González-Lloret 主编的《第二语言习得与技术综览》（2022）、Rosa M. Manchón 和 Charlene Polio 主编的《第二语言习得与写作综览》（2022），以及 Tracey M. Derwing、Murray Munro 和 Ron I. Thomson 主编的《第二语言习得与交际综览》（2022）等。

这些成书于不同时期的概览性专集，分别从各自不同的角度对 SLA 研究的发展历程进行了全面的梳理，并通过历时和共时的考察，清晰地再现了特定历史时期的热点问题和理论演进，详实地总结了前人的主要观点和研究成果。在这些专集中，早期的综览多以综述 SLA 的不同理论和方法、研究问题、研究趋向和成果为主，论题甚为广泛，一般不聚焦于某具体专题；而后期的专集则更多以专题的形式呈现，对 SLA 学科内部的划分更趋深入、系统，更注重跨学科研究方法和成果的介绍。这些《综览》的面世不仅可以使学习者对 SLA 研究的发展历程有一个全方位的了解，还能帮助他们准确把握这一研究领域的最新动态和发展趋向。专集中的所有文章均出自特定分支领域的名家之手，每章或书末都附有完整的参考文献，而这些文献资源恰恰是 SLA 学习者和研究者最为宝贵的资料来源，具有极其重要的学术参考价值。如今，SLA 研究已全面覆盖了儿童和成人对第二（或第三）语言或方言的习得与应用，其中广泛吸纳了心理学、教育学、人类学、传播学等相关学科的研究方法。对第二语言习得的过程、特点、规律及其复杂性的深入发掘，使人们能够更好地预测和阐释学习的过程，并从中获得更加行之有效的学习策略和教学方法。

二

本系列译丛第一辑的 5 部英文原著由世界图书出版广东有限公司从泰勒弗朗西斯出版集团（Taylor & Francis Group）购入汉译版权，它们分别是：《第二语言习得与关键期假说》（*Second Language Acquisition and the Critical Period Hypothesis*，1999）、《第二语言习得中的普遍语法》（*Universal Grammar in Second-Language Acquisition*，2004）、《第二语言习得中的形式－意义联结》（*Form-Meaning Connections in Second Language Acquisition*，2004）、《言语产出与第二语言习得》（*Speech Production and Second Language Acquisition*，2006），以及《社会语言学与第二语言习得》（*Sociolinguistics and Second Language Acquisition*，2014）。以下是这 5 部专著的简要介绍：

《第二语言习得与关键期假说》的主编是美国德克萨斯大学奥斯丁分校语言学教授 David Birdsong，其研究以第二语言习得、双语现象、心理语言学和法语语言学见长。该书共 7 章，详细讨论并分析了第二语言习得中影响人们最终语言输出的各种神经认知和经验的影响因素，探究了关键期假说作为阐释机制的充分性和适度性，旨在对成人第二语言习得关键期假说给予公允的学术评价。该书涵盖了第二语言习得关键期假说的系统阐释和诸多热点问题，其中包括语言规模与关键期的协同进化，第二语言习得关键期年龄与语言表现之间的关系，第二语言学习者发音的最终习得输出，以及第二语言习得年龄差异的语言和认知因素等。这部专著的出版为二语习得机制和认知发展研究开辟了一条崭新的路径。

《第二语言习得中的普遍语法》的著者为美国波士顿学院的语言学教授 Margaret Thomas，其研究领域主要为语言学史、理论语言学、语言学方法论、应用语言学和第二语言习得。她的这部专著共分 8 章，按历史发展进程叙述了人类语言发展及其重要的共性与特性，深入挖掘了第二语言及外语学习的本质和演变进程，特别是语言特性对 17 世纪普遍语言现象的贡献。该书集中讨论了希腊语研究对普遍语法史前研究的贡献、罗马语的双语现象、中世纪早期外语语法的出现，以及中世纪语法学家对人类语言本质特征的界定等。此外，作者还回顾了后索绪尔时代的欧洲语言学、美国结构主义、现代生成语法，及其各自从不同的角度对语言普遍性和语言学习的论述。全书史料丰富，具有重要的理论和学术价值，是一部不可多得的语言学史参考书。

《第二语言习得中的形式－意义联结》一书共有4位编者，他们是Bill VanPatten、Jessica Williams、Susanne Rott和Mark Overstreet。其中VanPatten是美国密歇根州立大学的语言学教授，二语习得的著名学者，其研究领域主要为应用语言学、第二语言习得，以及把心理语言学和认知心理学应用于SLA研究等。Williams是伊利诺伊大学芝加哥分校语言学荣誉教授，专长于第二语言习得研究。Rott是Williams的同事，现任伊利诺伊大学语言学系日耳曼语研究中心主任。这部文集共收录形式－意义联结相关论文12篇，均为该领域具有重要影响的经典之作。自20世纪60年代语素研究开展以来，对形式－意义联结这一话题的讨论备受语言学家的关注，并取得了丰硕的成果。这部文集为读者展示了不同理论取向的二语习得研究者对形式－意义联结所持的不同观点和研究成果，对促进相关研究产生了重要的影响，这在一定程度上反映了当今二语习得主流研究的一个侧面，具有重要的学术价值。

《言语产出与第二语言习得》是英国兰卡斯特大学语言学系教授Judit Kormos的重要著作，其研究成果以第二语言学习与习得、第二语言写作和诵读障碍著称。该书共分9章。作者首先讨论了认知科学与言语产出的一些基本概念，总结了认知科学与二语习得/产出这一领域的相关研究发现和成果（其中包括词汇、句法和音系编码背后的认知过程和学习者自我监控与交际策略等），最后提出了双语言语产出的融合模式。作者还指出了未来的潜在研究方向和存在问题。总体而言，这是一部极具创新特色的研究著作，对促进认知科学与言语产出的跨学科研究具有重要的指导意义。

《社会语言学与第二语言习得》的作者为Kimberly L. Geeslin和Avizia Yim Long。前者是美国印第安纳大学语言学教授，在第二语言习得和语言学习研究方面建树丰硕，主编有《西班牙语第二语言习得概览》等；后者为美国加州圣何塞州立大学语言学助理教授、SLA研究专家。这部专著共10章，分3大主题：（1）社会语言学变异与第二语言习得的若干原则；（2）社会语言学与第二语言习得的研究方法；（3）第二语言中社会语言学能力习得研究的诸多启示。该书在回顾社会语言学基本原则的基础上，概述了用于解释第二语言中社会因素的多种理论路径，详析了社会语言学和第二语言习得跨领域研究的若干问题，探索了社会语境影响第二语言习得的不同范式，对SLA的社会因素做出了多元的理论阐释。

作者使用社会语言学的研究方法对传统的认知教学法进行了补充，为 SLA 开辟了一个全新的研究领域。

三

在过去的半个多世纪里，SLA 研究一直是语言学家和语言教育工作者最关注的热点之一。根据笔者近年来对国际著名大学专业排行榜位列前 30 的语言学科（系）设课情况的考察，我们发现，在这些历史悠久的名牌语言学专业，语言学的课程设置从本科直至博士具有很强的连贯性、层级性和系统性，它们大多都将“语言习得”课程列为除语言学专业基础课外最重要的必修课之一。然而，相对而言，我国大陆在 SLA 的研究方面仍显薄弱，亟待加快发展。为了弥补这一不足，我们编辑了此套“第二语言习得名著译丛”，旨在为国内对第二语言习得感兴趣的研究者、语言教师和大学学生提供必要的帮助和理论补充。此套译丛的第一辑共选编了 5 部 SLA 研究领域的经典名著。这些著作不仅有深入的理论探索和详实的案例分析，同时也提供了极其丰富的文献资源。我们希望，这些译著的出版能够引发国内更多语言学者和教师对第二语言习得理论和研究方法的广泛关注和积极探索，进一步促进我国 SLA 研究的深入开展，不断提升第二语言学习和教学的质量，以取得更丰硕的研究成果。

在本系列译丛（第一辑）即将付梓之际，我们首先要感谢东莞理工学院校长马宏伟教授，丛书总策划、东莞理工学院图书馆馆长、文传学院院长田根胜教授的鼎力支持，以及学校学科建设经费的资助。在本丛书的编译过程中，我们还得到了世界图书出版广东有限公司程静编辑的大力支持，以及泰勒弗朗西斯出版集团任晴女士在版权购买方面所提供的帮助与指导，在此一并表示感谢。最后，我们还要衷心感谢暨南大学中文系邵敬敏教授和广东外语外贸大学王初明教授所给出的宝贵意见和建议，感谢各位编委对本丛书的汉译出版给予的大力支持和指导。由于编译者的能力和学识所限，丛书的翻译难免会出现漏译或误译现象，承蒙读者给我们提出宝贵的批评和建议。

宫齐

2022 年 12 月

社会语言学与第二语言习得

《社会语言学与第二语言习得》是一本综合性著作，它弥合了社会语言学和第二语言习得两个领域之间的断层，探索了社会语境影响第二语言习得的多种模式。该书回顾了社会语言学的基本原则，整体概述了用于解释第二语言中社会因素的多种理论路径，也对发展中的相关实证研究进行了总结，包括针对广泛范围第二语言的研究发现，也讨论了社会语言学在第二语言课堂中的应用。本书所面向读者不仅限于本领域专家。全书各章提供总结性表格、补充阅读、讨论问题以及实践活动，可作为第二语言习得及教学方向的本科高年级学生或研究生学习资料，也可供第二语言习得、第二语言教学和社会语言学领域的研究者阅读参考。

金伯莉·L. 吉斯林是印第安纳大学教授，《西班牙语第二语言习得手册（2013）》主编，在《第二语言习得及语言学习研究》发表多篇论文。

阿维西亚·依姆·隆是印第安纳大学西语语言学博士生，研究领域包括第二语言习得变体和社会语言学，并特别关注韩裔西班牙语学习者的研究。

本书谨献给帮助我奠定深厚基础的师长、让我受益良多的学生、悉心照顾我的子女使我倍感宽慰的亲友以及在生活中时时给我指引的人们。

——金伯莉·L. 吉斯林

致我的老师、导师、同事、家庭和朋友们。特别向金伯莉·吉斯林教授致谢，她是良师益友、导师、同事，一如我的“守护母亲”。

——阿维西亚·依姆·隆

目　录

表　格

图　示

示 例

前 言

尽管语法能力一直是第二语言习得领域里研究者重点关注的问题，但社会语言能力的发展也被普遍认为是学习者有效沟通的关键所在。越来越多的研究把社会语言学和第二语言习得联系起来，这些研究探索了社会环境如何影响第二语言的习得。学习者在所接收的输入中会遇到各种变异，这取决于说话人的特点、交际发生的地理位置和具体情境；同时他们还必须正确解读输入中蕴含的社会信息。不仅如此，学习者必须根据社会因素转变自己的话语，使得产出的语言符合对话人的期望和交流的目标。最后，语言学习者还必须学会如何通过话语传递一定的社会信息以在二语中发展和投射出自己的身份。与以上话题相关的实证研究覆盖了各种第二语言，至少包括了德语、西班牙语、英语、法语和汉语。这些研究还采用了各种理论来解释人的思维如何识别、产出和储存不同的变异结构。这一类研究解释了二语习得的一个必要环节，也是来自二语习得、社会语言学、心理语言学、言语和听力科学、人类学、语言学、教育学等各种不同背景的读者的兴趣所在。

考虑到这一领域研究的重要性和现有相关研究的缺乏，本书有三个主要的目标。第一个目标是为二语习得的社会因素提供一个统一的解释，其范围要足够广以包括多种方法；但也要足够聚焦，能够提供连贯紧凑且适量的内容，以满足大学一个学期的学习。尽管已有文献较为广泛地涵盖了语言学习和语言教学中的社会问题，但它们作为教科书来说使用价值非常有限，因为其涵盖范围过于宽泛以至于缺失了对第二语言社会语言学中一些核心问题的关注。同样，一些研究专著只着眼于第二语言中研究社会因素的单一方法，或只关注基于单一数据的系列实证研究，这些专著虽然是推进该领域的基石，但它们无法提供一个整合多种方法、多种二语和多种分析手段的视角。因此，为了满足对此类学术资源的需求，本书将全面介绍二语习得社会因素的重要性，建立必要的基础以评估该领域的研究，回顾当前在各种学习环境和各种二语下进行的研究，批判性地探讨二语变异的几种理论方法，并探究这些关于语言学习和语言教学研究的意义。

社会语言学与语言理解

对于二语习得者来说，社会语言变异中最大的挑战或许是理解语言变异。显然，相对于根据社会和语言因素不断变化的信号，学习者更容易感知和理解清晰
8 且连续的信号。基于这些原则，**地理变异**（geographic variation）是受到广泛关注的语言变异类型。例如，我们知道不同地区的发音和词语选择不同，有时候甚至动词形式和句子结构也不同。更为复杂的是，其中一些特征在不同的语言变异中有不同程度的表现，而不能简单地对比它们出现与否。观察表 1.2 中的例子，并思考每位说话人来自哪里。

如果你不熟悉美式英语，要理解这些言语可能会比较困难，但是如果你已经在美国生活了相当长的时间，那么你将这些言语和不同的地区联系起来可能会相对容易。在某些情况下，判断的“线索”是某个发音，有时是词项（lexical item）选择，有时又是一种并非在所有英语变体中都存在的句法结构。例如，美国南部地区的人使用 y' all（you all，你们大家）和 reckon（认为）等词的频率最高，而中西部和北部地区的人往往使用 pop（汽水），在东北部地区，人们则使用 bag（包），而非 sack（包）。在美国东北部，尤其是波士顿、马萨诸塞州等地，人们说话时往往会有 R 音略读（R-dropping）的现象（如 pahk ya kah park your car，停车）。所有美式英语变体都有像 wanna（want to 想要）和 shoulda（should have，本应该）这样的结构，至少非正式情景中有。然而，你或许也注意到，地理因素不能展现语言变异的全貌。看到例子（a），我们可能会最先想到美国南部，但许多南部地区的人并不会这么讲话。实际上，年龄、教育水平、说话者的社会经济地位也很可能是相关因素。考虑其他的影响因素也很重要，如互动或情景的正式程度、信息解读者（即我们的对话者或听众）的个性特征——通常被称为“风格”，在后面的章节我们将会进一步讨论这一点。除此之外，语言的传递形式——口语抑或是书面，会影响说话者或作者的语言形式的选择。同样地，I reckon（我
9 认为）这样的表达通常出自年长者或低收入阶层之口。当然，仅仅因为美国前总统克林顿和卡特的家乡使用“I reckon we otta go to war（我认为我们应该开战）”这样的说法，我们并不会预期他们会使用这样的表达方式。这些例子都恰如其分地说明信息解码这一行为看似简单，实则相当复杂，对二语习得者来说是个不小的挑战。尽管图 1.2 的例子出自美式英语，但是其包含的事实却适用于任何语言。简单来说，口语和书面语均包含语言变异，这种语言变异体现了说话者的出身和个人特征（以及专属于每个言语群体（speech community）、地区等的语言使用

标准）。此外，不管使用什么语言，说话者所做的选择都会影响语法特征。为了证明这确实是自然语言的一个特征，表 1.2 列举了来自其他语言的例子。作为比较，该表的第一行还包括了美式英语的例句。

a. Y' all come back now, ya hear?
（You all come back now, ya hear? 你们现在都回来，听到了吗？）

b. Pahk ya kah in Havahd yahd.
（park your car in Harvard yard. 把你的车停在哈佛校园。）

c. Wanna pop?
（want to pop? 喝汽水吗？）

d. Dude, that wave was totally rad!
（兄弟，这个浪酷毙了！）

e. I reckon he shoulda pu dat in a sack.
（I reckon he should have put that in a sack. 我猜他把它放包里了。）

图 1.2　美式英语中的地理变异示例

显而易见的是，解码话语中的基本语言要素（linguistic element）并非易事。实际上，这对母语者来说都是个不小的挑战。例如，在使用不送气“s”音的方言区的西班牙语母语者中（参考表 1.2 中的 tienes 和 tieneh），有不到一半的人（12/27）会将 [h] 发成音素 /s/，然而几乎所有使用送气音的母语者（17/20）都会如此发音（Schmidt，2011）。此外，除了解码信息，学习者必须进一步解读和理解其中蕴含的社会信息。例如，无论是在语音系统、词汇或其他语法领域，每一次的形式选择都传达出了说话者的居住地（有时是出生地）、性别、年龄、收入及教育水平等信息。尽管母语者或许无法说清形式之间的差异，无法列举所有形式的相关特征，但是我们已经能充分了解社会语言变异，并在潜意识层面上对这些细节所包含的信息做出反应。这一知识也让我们能够理解非语言信息。或许有人会认为，若第二语言学习者还正处于试图理解话语基本语言要素的阶段，那他便无需具备辨别说话者来自哪里的能力。然而，某种特定的话语形式能够表明说话者是想要表示亲近，还是有意保持距离，这一点的重要性值得一提。这些例子说明，社会语言学变异对第二语言理解的影响既体现在语言学层面，又体现在语法层面之外。在语言学层面，它表现为人们破译语言要素的能力；而在语法层面之外，它体现为人们理解每句话中附加的社会含义的能力。

表 1.2　不同语言变体形式示例

语言	变体形式	形式的关联特征
英语	Bag vs. sack（两者均表示“背包”）	美国不同地区使用习惯不同：西北部地区不使用 sack 一词
法语	*J'parle-tu francais* vs. *J'parle francais*（两者均表示“我会说法语吗？”）	加拿大魁北克法语区使用前者（用疑问词 tu 表示是 / 否问题）
韩语	*aigo* vs. *aigoo*（两者均表示“噢，天呐！”）	首尔的年轻女性用后者（尾音 /o/ 为升调）
希腊语	*pame stin agora* vs. *pame sto pazari*（两者均表示“我们去集市吧”）	在希腊，不同的地区（城市或乡村）表达不同，它们的使用体现了不同的社会经济地位
西班牙语	*tienes* vs. *tieneh*（“你有”的两种发音）	西班牙南部地区和加勒比地区使用后者
德语	*gehsteig* vs. *buergersteig*（两者均表示“人行道”）	奥地利使用前者，德国使用后者

社会语言学与语言产出

如前所述，至少对于初学者来说，理解特定话语的能力受语言变异的影响最大。然而，社会语言变异对第二语言产出（language production）的影响也不容小觑。一个人转变言语（speech）的重要功能之一是在传递语言信息的同时，也传递非语言信息。例如，有人可能希望能同自己的同学建立联系。从对话的角度来说，这种联系对继续互动来说可能是至关重要的。从人际关系的角度来说，我们知道有能力建立这种联系的第二语言学习者更容易在目标文化中取得成功，且更有动力在该环境中生活，或者继续习得该语言。从基本的习得角度来看，若学习者不能建立联系并进行互动，他们就不能接收到必要的输入，故无法继续习得第二语言。仅这一个功能就表明，在第二语言使用中，转变言语这一能力的作用非同小可。

11 对语言变异缺少了解也会通过其他方式影响语言产出，而且会产生严重的后果。例如，在工作中或者在初次面试时，作为第二语言学习者的新移民如不能在合适的时候展现出正式程度（formality）和礼貌程度（politeness），他们就职于某些岗位的机会将因此受限。Adamson 和 Regan（1991）在泰国和越南的英语学习者中开展了一个有趣的研究，他们发现这些学英语的二语学习者会因性别不同而有所差异。而且，男性学习者比男性母语者更常用非正式变体 *-in*（对比 *-ing*），即使在谨慎的言语风格中也是如此。尽管就说话者本人而言，他们可能看不到这种高度非正式性的后果，但非正式特征可能会导致说话者给人这样一种印象，即他们不太适合某些类型的工作、不如其他学生那样重视课程作业，或者不那么聪明，抑或是受教育程度没那么高，等等。即使作为语言学家，我们知道 g 音略读（G-dropping）（比如 runnin 和 running）与智商无关，但是特定语言形式的选择还是会使人们对说话者的性格和资质产生负面判断，尤其是在工作面试等正式语境中。归根结底，第二语言学习者需要能够理解第二语言的各种形式，但除此之外，他们还必须要理解这些形式的社会关联，这样才能正确解读他们的所听所见，并产出与环境相符的语言。总的来说，社会语言能力不仅局限于语言理解能力，还包括利用第二语言进行有效的产出和互动的能力。

社会语言学与学习者身份

上一节中，我们简要讨论了语言变异对第二语言产出的影响，提到了学习者在产出适合情境的话语时可能会遇到的挑战。除展现课堂严肃性、就业潜能之外，语言还能展示我们的个人身份、认同的社会群体以及交友人群类型。在后面的章节中，我们会看到一些例子，它们表明，第二语言学习者由于无法在第二语言中“做自己”而学习效果不佳（例如，Lybeck，2002；Norton Peirce，1995）。除了传递基本信息，第二语言学习者通常还需要运用目的语（target language）实现其他功能，如交友、创建与社区的联系、参加娱乐休闲活动等。总之，要在第二语言社会中“生存”，就得具备社会语言能力，只有这样才能在第二语言环境中获得身份、表达身份。在后面的章节中，我们会发现这一特殊能力与我们继续学
习目标文化和目的语的动力及态度息息相关，而动力及态度反过来又与我们最终 12
语言习得的成功相关。最后，如前所述，所有的第二语言习得理论都与目的语输入相关，而学习为自身机会以增加输入的能力毫无疑问值得进一步研究。

第二语言习得的关键问题

为了充分认识社会语言学对第二语言学习及其使用的影响，很重要的一点是，要找到二语习得领域的共同点，并以此作为学习的出发点。的确，二语习得领域发展迅速，且研究角度众多。可以肯定地说，在描述第二语言习得过程、学习第二语言需要具备的知识类型以及这种知识在多大程度上受第二语言语法之外的因素影响时，很多理论是相悖的。尽管如此，从中还是衍生出了许多议题。在之后的章节中，我们需要在探索社会因素的理论之前思考这些议题。本章的其他部分将描述这些议题，为后面的章节讨论每种理论的地位及其对该领域的总体贡献做铺垫。

什么是输入？它有何作用？

上世纪中叶，人们普遍认为环境是人类行为的主要决定因素。这一理论被称为**行为主义**（Behaviorism）。行为主义认为，当儿童对环境中的刺激做出反应时，学习行为（及其他所有行为）就此产生。当儿童对该刺激做出恰当的反应时，就会产生积极的关联，并形成习惯。根据 Skinner（1957），语言学习是由模仿产生的。正确模仿成人讲话时会收到正反馈，关联因而得到发展和强化。在第二语言学习课堂中，开展**视听教学法**（the Audiolingual Method）就是为了给学习者提供适当的刺激，让学习者进行模仿，并提供促进关联产生的语境。为了防止学习者形成不正确的习惯，他们的错误会被立即纠正。第二语言教学旨在反映关联加强以及习惯形成的过程，而人们认为这些过程也发生在第一语言习得中。

针对环境是语言习得的决定性因素这一观点，Chomsky（1959）提出学习
13 者能够创造语言，而创造语言所需要的知识并非来自外部环境，而是来自学习者的大脑。Chomsky 指出，小孩子能说出大人从未说过的话（比如说 goed 而非 went）。除此之外，他还指出，由于所有正常发育儿童的语言习得都非常快速且高效，他们一定有一套内在的语言习得和使用法则。Chomsky 称，这证实了人类头脑中天生就具备语言信息。他将这些内部语法称为**生成**（Generative）语法，因为它们使说话者能够产出无数原创却符合语法的句子。这一理论有别于以往认为环境是语言习得的首要决定因素的观点，而这种转变使得二语习得研究者开始探究第二语言学习者可能天生就具备的知识。这种探究至今仍十分重要。

在当代有关（第二）语言习得的讨论中，行为主义和生成理论中的“环境”

被称为**输入**（input）。这一术语指学习者所接触的所有语言，包括书面和口语形式。而对于“输入”包括多少其他非语言因素、在多大程度上可被视作语言习得的解释性因素这些问题，不同理论有不同的观点。一些现代生成学派中的理论认为，“输入”可能会激发（trigger）固有的语法信息，这在很大程度上决定了习得路径（path of acquisition）和学习者储存的知识。相反，关联主义（第五章将展开讨论）等其他理论方法认为，在建立语言形式和含义之间的联系时，输入的作用更大，而语言特定信息（language-specific information）的作用较小。就本书的目的而言，读者应当知道所有理论都认为输入在二语习得过程中是存在的，因此，对比的重点在于这些理论在多大程度上认为输入只包含语言信息，而不是语言学、社会或其他信息的组合；以及随着交际能力的发展，这种输入会发挥怎样的实际作用。

如何表征学习者语法（learner grammar）？

语言习得一开始被视作环境现象，后被认为是内部认知现象，这一转变使得 Corder（1967）提出学习者偏误能够反映学习者在二语言习得的特定阶段使用的语法规则。他认为偏误为研究者提供了话语形成规则的证据，而分析学习者 14
偏误会使研究者能够识别结构习得的过程。因此，学习者偏误分析应是语言习得的研究重点。此外，Corder 将“发展学习者语言”描述为在不同的时间点使用不同的语法。换句话说，在学习者接近目标语规范的过程中，学习者语法被认为会不断发生变化。Nemser（1971）将这种不断变化的语法描述成一个近似系统（approximative system），它会随着越来越接近目标系统发生变化。次年，Selinker（1972）将学习者语言系统描述为**中介语**（interlanguage），该术语至今仍在使用。这一命名抓住了学习者语言与第一语言和第二语言的关系，人们通常认为学习者语言介于两者之间。

顾名思义，中介语指的是受到第一语言的影响且具有目标语特征的学习者语言。然而，重要的一点是，学习者语法不仅受这两种因素的影响。有人认为，某些适用于所有自然语言的通用原则（universal principle）同样适用于中介语（Adjemian，1976），因此，没有中介语会违反现有自然语言所遵循的规则。除此之外，Chomsky 派的学者还表示，中介语或许还包含儿童与生俱来的知识。这类知识决定着中介语语法可能呈现的形式。因此，中介语是独立的，它们可能包含既不属于第一语言也不属于第二语言的属性。尽管研究习得过程的方法不同，人们普遍认为学习者语法完全可以被描述为一种近似系统，随着学习者习得目的语的新知识并重组学习者语法，该系统也会发生变化。如今在二语习得研究领域中，较广泛使用的认知方法所研究的就是近似系统与中介语的关系。例如，一些研究方法着眼于描述影响中介语的元素（比如普遍语法理论（universal grammar）），而其他方法则致力于研究把一种元素变成学习者中介语一部分的过程（比如，输入加工理论（input processing））。有了明确的目标，研究学习者语言的多种研究方向和方法都可以促进整体研究的发展。

Corder 对中介语的描述中一个尤为重要的特点是，中介语是**系统的**（systematic）。简言之，中介语不仅是独立于第一语言和第二语言系统，学习者支配它的方式也并不是随意的。这意味着，若学习者重复出现同一偏误，这种偏误要归咎于中介语中的“规则”[1]。比如，在使用 goed 而不是 went 这一例子中，我们可能认为这种形式是源自“动词过去式要在单词后加 -ed”这一规则，或者说与过去式和 -ed 形式之间的联系有关。除此之外，若两种形式都在母语语法中可行，它们之间的替换也会被认为是“受规则支配的”（或制约）。比如，前面所举的英语中 -in 和 -ing 的替换这一例子中，可能包含的信息有词性（比如，动词、名词等），以及社会特征（比如，性别、年龄），每种形式都和说话者身份及社交网络相关。这种“规则”或联系与“男性使用动词的 -ing 形式更多”类似。从这两个例子中我们可以看出，有些支配原则包含的信息可能完全是语言性的——源自常识或者输入中可利用的信息，而有些原则本身可能就受到社会因素的影响。从这个角度来说，中介语的概念对所有二语习得的研究方法来说都是至关重要的，而学习者系统的特征导致了研究方法的差异。

习得是怎样进行的？

Corder 对偏误的研究（1967）以及 Chomsky 的内部语法促成了一种观点的产生，即对于具有相同先天知识的第一语言学习者来说，他们在习得语言时也会经历相同的阶段，而他们的语言偏误就可以体现出这一点。旨在检验这一假设的研究被称为**语素习得研究**（morpheme acquisition studies）。这类研究显示，所有的儿童都会以相同的顺序来习得英语中的一系列词素（比如，表示复数的 -s，表示进行时的 -ing 等）（Brown，1973）。这一观点很快被应用于二语习得中（Dulay 和 Burt，1974），研究发现，无论第一语言是否相同，这些英语词素的习得顺序都大致相同。这些研究为习得的普遍过程提供了早期例证，但是语素习得的研究却受到了批评，因为这些研究没有提供学习者在习得每个结构时所用方式的相关信息。研究者表示，为了更加全面地了解学习者的发展路径，一定要研究单个结构的习得过程，且从多个不同角度对学习者进行测试。针对这些批评，学者们开展了相应的研究，其中最著名的是否定结构习得（acquisition of negation）研究。研究发现，不管学习语境和第一语言如何，学习者在习得否定结构时经历的阶段并没有很大差异（Cancino、Rosansky 和 Schumann，1978；Eubank，1996；Milon，1974；Schumann，1979；Stauble，1978）。因此，人们提出了否定结构和其他结构的**发展过渡阶段**（transitional stages of development）。后继对发展阶段的研究没有否定语素习得研究，而是优化了学习者习得第二语言时会经历相似 16
阶段这一假说，同时在习得路径方面提供了更详尽的证据。这些研究留下了一个时至今日仍受到广泛认同的假设，即第二语言习得可以被描述为一系列步骤，通过这些步骤，学习者语法可以得到修正，从而更加接近目标语语法。我们将会看到，不同研究方法在理解语法概念、修正类型以及修正的通用程度时各不相同。而人们普遍接受的是，语言习得概念化是一个渐进的过程，而不是从非目标语结构到目标语结构和语言使用模式的瞬间的变化。

到目前为止，我们已经看出，二语习得理论倾向于认为语言学习是一个过程，而输入对这个过程是至关重要的。我们前面提到，在学习者语法及其发展特点，以及学习者习得近似母语者的（native-like）语言使用方法步骤的相似程度方面，不同的理论持不同的观点。大多数理论认为二语习得是一个过程，且有一些研究关注这一过程中的某一部分。在某些方面，这些研究可能被视为理论中立，因为它们没有规定学习者语法的特定结构或特定学习机制。例如，如果我们都认同，学习第二语言即是去接触那些能够促进学习者语言知识变化的输入，那么，不管我们相信语法知识是天生的还是通过经验获得的，也不管我们怎样看待语言知识本身，我们也许都会对学习者如何处理输入感兴趣。Corder（1967）在一篇论述学习者偏误的重要论文中对输入与吸收进行了区分。输入是指学习者可获得的语言数据，而吸收是输入中实际进行的语言处理，并可供语言发展系统（developing system）使用的部分。关于哪些语言要素首先转化为吸收的早期假设声称，只有学习者可以理解的输入才能在习得过程中对其有所帮助（Krashen，1985）。这一假设的另一方面是学习者会有**情感过滤**（affective filter），这种情感过滤在最佳条件下较低，但在时间压力或其他压力下会升高。据说只有当情感过滤足够低，或者当社会条件不妨碍习得时，习得才会发生。从那时起，围绕将输入转化为吸收的研究逐步发展到识别其他心理语言因素，例如注意力[2]。理解发生时，不一

定要求学习者注意到话语中的每一要素。例如，看到西班牙语句子 *Veo a la mujer*
17（我看到一个女人）时，学习者无需注意一些词项（诸如 a 的人称或冠词 la 的词性）就可以很好地理解话语的含义。第二语言学习者不仅不需要将形式 a 与含义（表示动作发出者）联系起来去理解句子，这样做也很可能会造成理解障碍。这是由于，理解行为可被描述为对若干种争相获得学习者有限资源的刺激的管理，尤其是对学习者来说理解难度较大时，学习者没有精力顾及输入的每个细节，而理解的关键因素“窃取”了学习者对不重要因素的注意力。这种有限资源和学习者对每种输入形式的注意力之间的紧张关系被 VanPatten（1996）概括为一系列原则。这一研究方向通常被称为输入处理，近年来受到了极大的关注（Carroll，2013；Henry、Culman 和 VanPatten，2009；VanPatten 和 Borst，2012a，2012b；VanPatten 和 Jegerski，2010；VanPatten 和 Uludag，2011）。输入处理的原则描述了现象的内容，例如在理解第二语言时，资源是有限的（理解所需的注意力水平有限）。这些原则使得研究者生成了各种假说，包括学习者产生某种偏误的原因、输入中最常转化为吸收的内容，以及干预学习者的注意力会产生什么效果。这些理论促进了输入处理理论的发展，也总体上增加了我们对第二语言习得的了解。由于这些研究旨在评估基于大脑输入处理学说而编写的教学材料的效果，这一研究与课堂学习者尤其相关。

另一个系列的研究是输入和互动研究，这一系列在理论方面相对中立，至少在某种意义上，它对语言知识基础以及学习者对某种特定形式的语法知识没有要求（尽管有些说法的确声称有特定的形式）（Gass，2008；Gass 和 Mackey，2007；Long，1981）。如前所述，二语习得的理论都不会否认输入在语言学习中的必要性。然而，有些方法认为输入本身（与内部语法知识相结合）就足够了，而其他研究则认为还有其他重要的因素。这一研究方向中，一个卓有成效的研究领域声称，要成功地学习语言，互动是第二关键的因素。研究表示，若研究者仅仅身处第二语言环境中，而没有机会来磋商含义、检查语言理解或者收到负面反馈，他们将无法获得近似目标语的二语能力。反之，能够互动的学习者会具有判断能力，例如，他们可以判断出某种形式是否达到了他们想要实现的功能，从而
18 对这种形式做出相应的修正。尽管“互动”这个词可能暗示这是语言学习的社会理论，但事实也并非总是如此。实际上，对于某些研究来说，随着内部语言语法的发展，互动仅可以提供用于驳斥不正确的假设的证据（比如 Long，1981）。然而，其他理论确实探索了这些互动的特征，以及他们反过来如何构成学习过程中的其

他因素。我们在后面的章节中将看到，“输入”不仅可被视作包含了社会信息，“互动”也被认为对习得过程产生了附加影响。

语言知识是什么？它储存在哪里？

如今，主要研究议题之一是学习者知道什么、这些信息的构成方式以及学习是如何在控制语言的大脑区域中进行的。换句话说，我们所说的中介语系统有何形式？它又是如何随着时间发展而产生变化的？现今，围绕 Chomsky（1959）的早期研究中提出的生成语法，有趣的研究仍在不断发展。目前为止，生成语法是描述语言系统的主要范式。这些研究提出，每个语言学习者都有先天语言知识，这些知识以通用语法的形式存在。这一理念提供了一个结构框架以描述所有人类语言（即原理），还提出了一系列描述语言间差异的选项（即参数）。第一语言学习者的任务是在周围的语言中找到证据，使他们能够为每个参数选择适当的语言特定场景（language-specific setting）。学习者具有先天语法知识——这一说法来自一个事实，即所有学习者在习得一种语言时都会经历相似的阶段，并且学习者的语言（这里指的是儿童时期习得的语言）是系统的、受规则支配的。尽管生成方法已经发展到开始探究第二语言学习者获取信息的程度（如 White，2003）以及信息的性质和结构，但这些想法仍普遍适用于当代研究。生成语法相对忽视对社会因素影响的研究（除年龄因素外），这在很大程度上是因为这一理论基于一个前提，即所有人都拥有相同的先天语法知识。

不同于认为语言学习受规则支配的普遍语法理论，其他理论，比如，联结主义是从接触特定结构的频率所产生的影响这一方面来描述语言学习的。这种学习模式认为，语言信息以复杂的联系（cluster of links）或语言单位及其含义之间的联系的形式存在于大脑中。比如，一个名词会与它的性别一致的冠词相关联， 19
如 el libro （书本）。这些联系因激活而加强，又因缺乏激活而减弱。因此，学习是一个联系的过程，而并非建立在抽象规则上。在这一范式下，对第一语言习得的研究集中在计算机模型上，这些模型密切反映儿童的习得过程。例如，Rumelhart 和 McClelland（1986）展示了一个计算机模型，这一模型学习了英语的不规则过去式，与儿童学习者的学习过程一样，它先从学习正确形式开始，接着学习过于泛化的形式（以及不正确形式），最后再次学习正确形式。为了研究同样的模型对第二语言学习的影响，必须先对计算机进行编程以解释已存在的第一语言知识。联结主义和其他类似的理论表明，语言“规则”（前面对中介语进行讨论时提到的规则类型）可能采取不同的形式，例如，神经连接的形式。这反过来又促成了对语言习得进展的不同描述，尽管发展阶段的概念是一致的。

虽然本节概述的两个理论模型——普遍语法和联结主义截然不同，但它们阐明了相似的语言习得研究方法。每种方法都涉及语言知识的结构，并试图描述人类大脑利用新的语言信息发展第一或第二语言系统的方式。当语言信息进入语言系统时，每种模型就开始运作。在随后的章节中，我们将探索语言学习的社会研究方法，届时我们将看到语言知识的表征方式可能会有所不同，但语言模型中包含社会影响并不意味着语言知识会呈现出特定的形式。相反，它仅仅意味着特定的模型认可了社会信息在语言习得或语言使用中的影响。

第一语言的作用是什么？

在行为主义盛行的同一时期，Lado（1957）提出了**对比分析假说**（Contrastive Analysis Hypothesis）。这一假说表明，通过仔细对比第一语言和第二语言，语言学家可以预测第二语言学习者的困难领域。根据预测，那些彼此间没有共同点的领域将造成最大的困难。将这一假说与行为主义联系起来，困难的领域是那些难以形成良好习惯的领域，因为他们已经以不同于第一语言的方式形成。人们曾认为，在语言课堂上，语言老师可以使用对比分析法（对第一语言和第二语言的
20 差异进行仔细区分）来解决这些困难领域，从而避免可能犯下的错误。Lado 的假设表明，在语言课堂上只需要讲授这些困难领域，因为两种语言中相同的语法结构会自动地以正确的形式生成。

这种研究第二语言学习的方法很有吸引力，因为语言学家和语言教师的任务十分明确。然而经验表明，预测出的困难领域并不都是最难习得的，而预测中容易习得的领域也并不容易学习（例如，Eckman，1987）。因此，认为仔细对比分析两种语言就可以解释习得这一想法并不如预期那样高效。另一个极端的研究方法是假设语言学习深受先天语法信息的控制，以至于第一语言在第二语言发展中的作用微乎其微。然而，大多数研究方法都承认第一语言是影响因素之一。这促生了很多关于第一语言如何影响第二语言的有趣研究。例如，Kellerman（1977）使用荷兰语学习者的直觉来证明他的研究结果，即第二语言学习者能够识别到的内容是最有可能从一种语言转移到另一种语言的含义和功能，而不是可能专属于特定语言的含义和功能。类似地，Andersen（1983）提出了迁移至某处原则（Transfer to Somewhere Principle）。该原则指出，第一语言的影响只有在第一

语言和第二语言具有平行结构的情况下才会显现，这样的话，第一语言的元素能够在第二语言中找到“着陆点”。这些研究以及许多其他的研究都表明，第一语言无法解释第二语言的所有现象，同时第一语言对第二语言的影响不容否认。不仅如此，现今的理论研究都把第一语言的影响视作第二语言习得过程的潜在影响因素，而非关键特征（defining characteristic）。无论人们如何看待二语习得过程的系统或机制，这一点都同样适用。

元语言知识对习得有帮助吗？

到目前为止，我们的讨论集中在语言习得理论以及中介语表征方式上。但在随后的章节中，我们将探讨第二语言系统如何融合社会因素，以及语言教师如何促进学生交际能力的发展，更确切地说，即社会语言能力。因此，在我们继续探讨之前，设立一个理解正式教学如何影响发展系统的基准也很重要。再次回到上 21
世纪中叶，我们会发现教学方法通常关注的是第一语言和第二语言之间的差异，并要求学习者重复说各类话语，以形成良好的（即近似母语的）习惯。随着语言学习的研究转向认知角度，且输入被视为先天语言知识的触发器（trigger），教学方法也随之变成向学生提供正确的示例——有时提供接近母语的输入，有时解释类似母语语法的规则。第二语言习得领域的理论方法多种多样，语言教学研究领域也是如此。多种教学方法相互对立，但是我们之后将看到它们之间也有共同点。

人们普遍认为，教学法的地位并不平等。语言教学的有效性受教学结构、教学方法和学习者的影响。例如，有研究探讨了讲授有标记结构是否可能导致未标记结构的习得（Doughty，1991；Ellis，2006），以及某些结构是否比其他结构更容易教授。有证据支持这一假设：在教学时，如果学习者没有处于适当的发展阶段，他们就无法习得某些结构（Pienemann，1998，2005）。换句话说，若教授的结构远远高于学习者现有的水平，中介语系统就不会得到发展。同样，人们普遍认为语言教学的关键目标之一是培养沟通能力。这意味着如果教学方法不能提供创造原始语言和磋商意义的机会，这一目标很可能无法实现。

抛开语言习得中语言理论解释的差异，我们可以看到教学可能以各种方式影响语言发展。首先，教学可能会对我们处理输入的方式产生影响。前面说到，我们可能会认为这种方法是在理论方面相对中立的，因为它不需要语言信息采取特定的形式，教学的效果会影响在进入发展系统之前的信息处理。关于此类教学干预，最著名的例子是 VanPatten 及其同事对输入加工和过程性教学（processing instruction）的研究。过程性教学已经在英语、法语、西班牙语和意大利语等第二语言中都得到了研究。结果表明，它可以促使输入转化为吸收，对语言发展产生持久的积极影响（Benati，2001，2004；Cadierno，1995；Lee、Cadierno、Glass 和 VanPatten，1997；Sanz 和 Morgan-Short，2004；VanPatten 和 Cadierno，1993；VanPatten 和 Oikkenon，1996；Wong，2004）。这一研究方
22 向收获颇丰，因为它系统地表明，促进或帮助学习者进行加工输入对一系列第二语言的结构产生积极影响。然而，迄今为止，这种方法主要用于范畴结构教学，而不是社会变量结构教学。因此，当我们探究社会语言能力的教学时，仍可能存在问题。

研究者们还探索了其他旨在干预发展系统的教学方法。一些是理论内部的方法，比如，提出“输入流”（input flood）的概念，即通过创造“输入流”，大量示例可以进入发展系统，以触发参数场景的变化（Trahey 和 White，1993）。其他方法较少依赖理论，尤其是提供特定语法结构用法的元语言知识的研究方法（即有关语言运行的知识）。实际上，这引发了相当多的争论，主要集中于探讨元语言知识或有意识知识（conscious knowledge）与被视作潜意识的发展系统之间的关系。一些观点认为，元语言知识是通过学习得来的，而习得则必须发生在潜意识层面，并且除非有足够的时间，不然学到的知识（learned knowledge）就无法被使用（Krashen，1982）。然而，最近有人提出，元语言知识可能具有附加功能，例如，提高学习者对知识差异的认识，或者将学习者的注意力引导到输入中的特定元素上。反过来，对差异的认识或许会对发展系统产生影响（Gass 和 Varonis，1994；Long，1996；Philp，2003；Pica，1994）与此相关的研究包括隐性学习与显性学习、归纳学习与演绎学习。这类研究的途径与方法的多样性使我们认识到，我们不能简单假设“只要我们教，他们就会学习”。相反地，作为语言教师，我们必须认真考虑教学方法、教学内容、学生水平一系列其他因素。当探索如何在课堂中促进社会语言能力的发展时，我们也必须持续提醒自己。

最后，还有一些针对学习者输出的教学方法。客观来说，其中的大多研究方法都认为输出的确会影响发展系统。然而，我们可能认为这些方法与研究输入加工的方法相似，因为根据定义，他们都不会决定发展系统的形式。例如，产出自如或许反映了联系的强化以及规则的自动化，具体要取决于该研究是基于哪种语言理论。这类研究中，著名的是 Merrill Swain（1995，2000）以及 Drew

Farley（2004）在过程性教学框架内进行的研究。输出的重要性可以从前述的互动理论（例如，Long，1981）、意识提升和有意注意（noticing）的概念（例 23
如，Leow，1998，2002；Robinson，1995；Schmidt，1995；Sharwood Smith，1993；Tomlin 和 Villa，1994；VanPatten，1994），以及语言产出中用到的关注神经连接和肌动程序的心理语言学方法中体现出来。最后一类研究包含大量的语音训练，这在短期内似乎相当有效，但却鲜少有证据证明其长期效果（Goto，1971；Lively、Pisoni、Yamada、Tohkura 和 Yamada，1994；但 Bradlow、Pisoni、Akahane-Yamada 和 Toh-kura，1997 是个例外）。据我们所知，这类研究很少将社会因素纳入研究设计，也很少探索语言产出实践对社会语言能力发展的影响。因此，我们将在后面的章节讨论这些问题。

第二语言习得中的社会因素：
了解其重要性后，接下来该怎么做？

关于第二语言习得的基本原则以及近期有关教学的讨论表明，该领域对学习者语言形式、语言知识的存储方式、这些知识如何随时间推移发生变化和发展，以及语言知识在多大程度上受社会因素的影响有多种理解。尽管研究者在学习者习得第二语言存在共同路径这一点上达成共识，但中介语也展现出很大的可变性（variability）。学习者的输出各不相同，学习者在单次互动中使用的学习者语法也不相同。相反，具有相似能力水平的学习者可能会表现出不同且独特的模式，而且，在某一时刻，他们可能表现出已经习得了某个规则，但下一秒又会违反它。在社会语言学家的引领下，二语习得研究者尝试分析语境变量（contextual variables），包括语言变量和社会变量，以及可能解释学习者内部和学习者之间差异的个体变量。

探究社会因素对学习者语言影响的研究十分广泛。种族志研究（ethnographic studies）聚焦言语行为，以及决定语言使用的各种交互因素（Saville-Troike，1989）。例如，言语行为的目的、发生的地点以及参与者之间的关系都会影响学习者的输出。一个专门研究互动参与者的理论提出，说话人旨在适应他们的对话者，这可以解释在不同场景间的语言切换变异（Beebe 和 Giles，1984）。这类研究认为学习者是具有社会性的人，语言的使用不仅仅需要语法知识。除了认识到言语行为的语境会影响学习者输出外，一些研究还调查了语言学习者的个体特征，
以及这些特征如何与语言习得互动。此类特征包括语言学习者的年龄、性别、学 24

习动机以及学习者在习得过程中采用的策略等。例如，研究发现年轻的学习者与年长的学习者有区别（Birdsong，1999），且并非所有学习者都会使用相同的策略完成第二语言习得的任务（O’Malley 和 Chamot，1990）。尽管有些观点认为，社会因素，特别是语言变异，是无趣的、边缘的或仅与语言表现（performance）相关（例如 Gregg，1990），但目前这种极端立场似乎是少数。相反，确切来说，不是二语习得研究忽视社会因素，而是即使我们认识到它们的重要性，想要将这些影响整合到已有的语言模型中去，也还需要开展大量的工作。

尽管存在上述挑战，二语习得研究者已经成功地将社会语言学研究方法应用到个体、语境变量以及语言结构习得中，例如，前面提到的变量（年龄、参与者之间的关系等）。此类研究还包含语言变量，例如，词序或音节边界对特定语言结构的使用影响（Young，1991）。因此，单一的研究设计可以调查言语行为（speech act）特征、参与者特征以及每个标记（token）出现的语境的影响。以一个研究为例，中国和捷克的英语学习者在使用英语复数语素 -s 上有所不同，主要受到情景语境、英语能力、语义、句法和音素环境，以及语言环境中的冗余度的影响。这种类型的研究代表了较有成效的研究方向，即将社会语言学的研究应用到二语习得的研究中。本书将为研究者开展社会语言学研究奠定基础，特别供没有该领域背景的读者阅读。本书的中间部分概述了几种与社会因素结合的二语习得研究方法。这一部分还包括对语言变体研究（即遵循社会语言学主流研究方法）的深入探讨，并特别列出了多种第二语言和各种学习环境下的示例。本书的第三部分即最后一部分探讨对第二语言社会语言能力研究的启示，包含对继承语者和课堂学习者的讨论。这些章节的首要目标是使读者认识到在语言变异与社会因素、二语习得及使用与课堂教学之间建立起联系的重要性。

25 课外阅读推荐

a. Andersen, R. (1983). Transfer to somewhere. In S. Gass & L. Selinker (Eds.), *Language Transfer in Language Learning* (pp. 177-201). Rowley, MA: Newbury House.

b. Canale, M., & Swain, M. (1980). Theoretical bases of communicative approaches to second language teaching and testing. *Applied Linguistics, 1*(1), 1-47.

c. Corder, P. (1967). The significance of learners’ errors. *International Review of Applied Linguistics*, *5*(4), 161-170.

d. Mitchell, R., Myles, F., & Marsden, E. (2013). *Second language learning theories* [Chapter 2, pp. 29-51]. Third Edition. New York: Routledge.

e. VanPatten, B. (2007). Input processing in adult SLA. In B. VanPatten & J. Williams (Eds.), *Theories in Second Language Acquisition: An Introduction* (pp. 115-135). Mahwah, NJ: Lawrence Erlbaum Publishers.

理解与运用

A. 理解

1. 什么是社会语言变异？
2. 根据 Canale 和 Swain（1980），构成交际能力的三种能力是什么？
3. 什么是地理变异？
4. 说话者的信息中传达了哪种与他们相关的社会信息？
5. 哪些核心思想与行为主义有关？在视听教学法中如何体现这些思想？
6. 生成理论与行为主义有何不同？
7. 什么是输入？输入在习得第二语言中的作用是什么？
8. 什么是中介语？中介语有哪些特点？
9. 输入与吸收有何不同？
10. 联结主义主张什么？
11. 对比分析假说预测了什么？

B. 运用

1. 虽然社会语言变异不仅局限于问候和请假，但思考在说话时的语言选择是大有益处的。你能用你的母语列出多少种表达“再见”方式呢？这些方式你都会用到吗？是不是有一些只会在某些情况下使用呢？

2. 要在第二语言课堂上有所进益，三种交际能力类型都是必需的吗？为了鼓 26
励学生发展某些领域的技能，教师可以进行哪些类型的课堂活动？是否可以一次只专注于一种能力？还是三种能力彼此相互联系？

3. 第二语言使用者应该如何在自己的言语中使用社会语言信息呢？他们是否应该使用仅与特定地理区域相关的形式？对他们来说，恰当地反映自己的年龄、性别和教育水平重要吗？对第二语言学习者来说，了解如何使用非正式语言重要吗？

4. 结合自身的教学经历，你是否曾为社会语言变异的相关问题所困惑？哪些类型的信息会帮助你进行理解？你现在以何种方式来处理这种情况呢？

5. 在你自己的教学或学习经历中，哪些证据可以表明学习者语言是系统的？在第二语言中，您说过或听过的哪些话语可以体现规则的存在呢（尽管这些话语和目标语规则不同）？

注释

1. 目前我们使用“规则”一词来表示规则的概念，它通常与先天论方法相关，而在其他理论方法下，这种约束最好被称为“模式”或“趋势”。

2. 注意力有多种定义方法，它是第二语言研究中一个成果颇丰的分支（Leow，1998，2001，2002；Robinson，1995；Schmidt，1993，1995；Tomlin 和 Villa，1994）。

第二章　社会语言变异介绍 27

在第一章中，我们探究了社会语言变异对第二语言学习者的重要性，从中我们可以看出，对于有能力的语言学习者来说，能够根据不同场景来改变言语、判断他人话语中包含的微妙语言信息是至关重要的。我们进一步探索了二语习得理论的基本组成部分，也建立好了基础，能够将社会变异融入新语言学习过程的理解中。在第一章中，我们对**社会语言变异**（sociolinguistic variation）进行了工作性定义，即说话者在传达适合特定语境信息时所选择的必要的形式。本章的目标是通过概述社会语言学中最重要的若干原则，以及该领域近期对第二语言变异（variation）研究产生重要影响的研究进展来深入探究社会语言变异的定义。

什么是社会语言变异?

在研究社会语言变异时，我们试图理解一系列社会因素和特定语境中语言形式的相关性。换句话说，我们识别同一语境下被使用的两种或多种语言形式，然后识别特定使用模式所对应的因素——语言因素、社会因素和个人因素。这种由两种或多种形式构成的群组中，每种形式被称为**变异形式**（variant）。比如，我们可能注意到词尾 -ing 有两种语言变体变异形式。说话者在说 -ing 形式的单词时，说出的单词结尾可能有时是 -in（如：swimmin），有时是 -ing（如：swimming)。在这种情况下，-in 和 -ing 即为社会语言学变量 -ing 的语言变量（variable）。仔细分析后，我们可能会发现变异形式 -in 更可能出现在动词中，更常出现在男性的话语中，且更可能与非正式的话语语境相关（例如， 28
Trudgill，1974）。因此，社会语言学研究的是社会环境中的语言。我们可将社会背景理解为包括说话者、听者、社会政治背景、历史背景、当前情境等因素。我们要认真研究 -ing 这一社会语言学变量，就必须要评估语言变体 -in 和 -ing 的使用模式，因为它们与多维度的社会背景因素相关（或不相关）。总之，社会语言变异的研究要求仔细研究语言的使用模式，并解读这些模式与社会环境中的因素之间的关系。

谈及同一语言使用者之间的差异时，人们往往先想到的语言变异类型或差异类型就是地理变异。在这种情况下，我们可能会认为来自某一特定地区的人会说某种特定的方言。然而，“方言”这一术语在其常见用法中常带有负面联想，有时用来指代讲不标准语言的说话者（更多的规范和标准请参见第九章）。然而，语言学家对所有说话者的语言变异都感兴趣，并且不会将语言变异与特定语言使用方式的质量评估联系起来。事实上，通过研究社会语言变异，我们意识到说话者情况各不相同，管理非正式语言和正式语言同样重要。在当代研究中，我们使用“**语言变体**”（variety）这一术语来指代特定说话群体所讲的语言。教育水平、性别、种族以及地域等其他因素也可作为定义说话者群体的标准。基于我们对社会语言变异的定义，简言之，语言变体就是特定社会群体使用语言的方式。读者会注意到，“变体”一词并不像“方言”那样包含潜在的负面含义；此外，社会群体也可以根据我们前面的描述中提到的任一维度来定义。

从构成社会环境的一系列因素中，我们可以清楚地看出，社会语言学家的工作可以帮助我们理解特定的个人或说话群体使用变异形式的方式，以及这种方式如何根据不同情况、说话者、地域等因素而发生变化。社会语言学研究的另一项贡献是它可以帮助我们了解这些模式如何随着时间而发生变化。大多数语言使用者都知道语言会随时间而发生改变，至少可以使我们了解当我们从学习拉丁语转变成学习西班牙语或法语时，我们身上会发生什么。然而，鲜为人知的是语言会不断地发生变化。实际上，很多说话者对当今语法的“痛恨之处”就可以追索到语言变化。思考示例 2.1 中的句子：

29 **示例 2.1**　变化中的语言

a. Who are you talking to?（你在跟谁说话呢？）

b. I wish I was rich!（真希望我有钱！）

c. Where are you at?（你在哪？）

对一些读者来说，示例 2.1 中的几个句子可能完全没问题，而对另一些人来说则是完全无法接受的。然而，其中的大多数句子很可能只出现在随意的情景当中，而非正式写作中。事实上，每个句子都是当前正在发生变化的某种形式的恰当示例，表明新的变异形式还没有像旧变异形式那样被大众认可。社会语言学研究揭示了与变异形式有关的使用模式，例如，将示例 2.1b 句中的 was/were 与年龄、教育水平、性别等其他因素联系起来，可帮助我们理解这些形式如何随时间发生变化。总之，社会语言学家试图了解哪些因素与特定形式的使用或不使用（或使用频率的变化）有关。仔细研究语言变异有助于我们了解特定形式的使用模式以及这些模式随时间变化的方式。

社会语言学中的重要概念

我们在前面部分使用了社会语言学中“变异”“变异形式”以及“语言变体”的概念，除这些以外，还有另外一个概念也值得进一步探讨，即**社会语言变量**（sociolinguistic variable）。社会语言变量是展现变异的结构。也就是说，它是一种有多种变异形式的结构。社会语言学中许多最重要的概念都与如何识别与描述社会语言变量、如何评估它产生的语境以及研究这种变异的研究方法相关。在接下来的部分，我们将更深入地探讨这些想法，为理解本章后面的研究示例以及将这些概念应用到二语习得和使用的研究中建立基础。

思考变异的方法

通常社会语言学家的主要兴趣之一是探索用来描述和解释语言变异的方法。如前所述，社会语言分析涉及深入研究某些因素，如个人因素、群体因素、情境因素等，这些因素与特定变异形式的使用或不使用有关。为了统一研究结果， 30
早期的社会语言学家开发了一种名为**变项规则**（variable rule）的机制（Labov，1969）。例如，Labov（1969）在讨论标准英语和非裔美国人通俗英语系动词（即 be 动词）的缩约和省略现象时，首次引入了变项规则的概念。这些规则是为了描述产生每种变异形式的社会语境，如“变异形式 A 产生于社会语境 Y，变异形式 B 产生于社会语境 Z。”例如，根据 Labov（1969）的描述，系动词出现在元音前和代词后时往往会被缩约。这类规则的功能是将使用相似符号描述句法转换的当代语言学理论与语言变异联系起来，并提供一种原则性的方式。这种方式不仅可以描述使用的范畴规则，还可以描述约束社会语言学的变量形式。可以肯定的是，试图解释语言变异的理论以及说明变量形式使用限制的机制越来越丰富多样。例如，现今，许多理论都包含词频等特征，它们的研究方法源于一系列语言心理学和语言学理论。本书的第二部分将深入探讨与第二语言最相关问题的研究方法。当然，到目前为止，读者只需认识到社会语言学家长期以来一直试图证明语言变异是受规则驱动的（即受规则约束的），并且在仔细分析特定言语群体的语言使用后，这种语言变异可被有效描述。随着变项规则形式的发展，社会语言学家开始认为社会语言学变异会受到与个人特征、群体特征以及互动特征本身相关的因素所控制。

早期社会语言学变异研究的另一个特点是，所研究的变量（即变化的结构）通常是语音系统层面上的。“社会语言学变量”的定义表示，一个变量由两种或两种以上表达对等含义的形式组成。前面我们提到了 swimming 可能的呈现形式，在某些社会和语言环境（linguistic context）中，最后的“g”可以被删去。但不管 swimming 如何发音，人们都能将其理解成 swimming。然而，在本章后面的部分中，我们将从一些示例中看出，语言变异可以发生在语法的很多层面，而不仅限于语音系统。例如，在使用 who 和 whom 上会有区别，如 who did you hear? 和 whom did you hear? 尽管这两种形式可以出现在同样的位置，但是我们可以看出它们的含义有细微的差别。同样地，当我说 I'm going to swim（我要去
31 游泳了）或 I will swim（我会去游泳的）时，我的选择会受社会和语言因素的制约，但是这两种变异形式在语义上也会有细微差别。从语音系统层面上，含义相同的变异形式演变为功能相同（可能存在细微的含义差异），对于其他变量结构是否可行，这一点在社会语言学领域中引起了广泛争论（例如，Lavandera，1978；Romaine，1984）。幸运的是，这些争论也导致了社会语言学变量相关观点的快速发展。目前，超越声音系统层次的社会语言学变量理论十分丰富，对整个社会语言学领域具有重要意义。此外，Schwenter 和 Torres-Cacoullos（2008）以及 Aaron（2010）等研究者促使该领域将社会语言学变量视作功能相同而不是仅仅含义相同的形式。事实上，Schwenter 和 Torres-Cacoullos（2008）认为，必须考虑在特定时间点为整个言语社区（speech community）实现特定功能的所有形式，甚至是那些个人不会使用的所有形式。根据 Tagliamonte 的近期研究，这种超越意义对等的行为被描述为一种弱互补性，它表现为在特定语境中，一种形式出现的频率更高，而另一种形式出现的频率更低（参见 Tagliamonte（2012）对这一问题进行的详细探讨）。对于本书的读者来说，最重要的是理解社会语言变量不断发展的定义，以及第一语言和第二语言的语音系统之外的语言变异研究的有效性。

在社会语言学领域，第二语言研究者感兴趣的最后一个取得重要理论发展的

领域是语言变异范围（the envelope of variation）这一概念（Labov，1972a）。语言变异范围是少数几个历经多年才形成的术语之一，用于描述语言变异发生的语境。为了充分描述社会语言变异，我们必须了解这种变异发生的“地点”。潜在变异的“地点”或语境，最有可能是语言、社会和个人因素的结合体。在西班牙语（和其他语言）中，有一个社会语言学变异的例子受到广泛研究，即显性人称代词和零人称代词之间的替换，例如*yo hablo español*与*hablo español*之间的比较。两者都是符合语法的，而呈现形式显性与否可能受一系列因素的影响，包括说话者的国籍；说话者的年龄、性别和教育程度；使用的动词类型；先前提到的所指对象（referent）的程度；动词形式的时态和体；语境的正式程度等等（Cameron，1992；Otheguy、Zentella 和 Livert，2007）。然而，对这种替换的最有力的分析将只集中在变化发生时的语境上。这意味着，在显性形式不符合语法的语境（如关系从句）中，不应该被分析。通常来说，要弄清楚语言变异可能发生的语境，32
最好的方法是先确定那些不可能发生变异的语境，然后继续分析剩下的语境。关于语言变异范围（或其他类似术语）的讨论结果是“语境”不是一个单一的概念。相反，我们必须将其视为一个只能用多种因素来描述的“地点”，其中的每个因素都可能对语言使用产生影响。当我们研究社会语言学变异时，应当记住语境不是单个词汇或句法结构的功能，而是应该更全面地被视为一系列社会、个体和语言因素的综合体。

语言变异的研究方法

当我们思考上述关于语言变异的观点时，特别是思考社会因素和交流语境（context of interaction）在语言使用中所起的作用时，我们将很清楚地发现，要调查语言使用，必须要仔细计划。这是因为研究人员的存在实际上会影响特定情境下语言的使用。社会语言学的许多早期研究都讨论了口语（vernacular speech）（即随意的、非正式言语）在揭示语言变异本质上的作用（Labov，1972a）。事实上，这种非正式语言被认为是社会语言学家真正的研究对象，因为更正式的言语更加重视形式，且会更少地使用被污名化或与边缘化社会群体相关的形式。社会语言学家的目标是研究方言化的且未受监控的言语，而研究人员的存在又会使这一目标成为不可能的事实，这种情况被称为**观察者悖论**（Observer's Paradox）。简而言之，如果我们在场，那么我们就不能观察到我们想要的现象。这让研究者需思考怎样才能创设最近似口语以及非正式言语的情景以克服悖论。

若要研究非正式语言，如果可能的话，当然可以在说话者不知情的情况下录制其言语。在社会语言学研究方法还处于初始阶段时，这种做法意味着故意欺骗，并且被大多数人认为是不道德的。在像美国这样的国家，许多这种形式的录音也是违法的（尽管各州法律不同）。因此，研究人员试图寻找方法，在说话者知情的情况下获得非正式言语的理想样本。一些研究人员充分利用了一种叫作参与式观察（participant observation）的方法，这种方法可以使他们了解某一言语社区，参与到该社区的活动中，随后分析参与时收集到的言语样本。为了加入年轻人的
33 言语社区，我最喜爱的一位教授每周都会和一群年轻人打几次篮球。他不光打心底喜欢这一活动，还以一种积极的方式融入这一群体。另一个体现方法论创新（methodological creativity）的例子至今仍很有影响力，即 William Labov 在纽约市开展的 /r/ 音产出研究。Labov 在不同价位的百货公司（作为社会等级的指标）进行了这一研究，并乘坐电梯询问前往某些部门的路线。例如，当他问“女鞋部在哪里？”时，预计回答是“四楼”。这种反应提供了两个他所研究的 /r/ 的符号，通过重复询问，他还可以引出二次产出（second production），而对第二次言语的关注将有别于第一次。在这项研究中，Labov 在不太正式的语境中获得了来自不同社会背景的众多陌生人的言语。诸如参与式观察或 Labov 的更专业的随机抽样等方法都是尝试获得随意言语，并最大程度减少研究人员影响的理想示例。

最著名的社会语言学研究方法论也许就是社会语言学访谈（sociolinguistic interview），同样也是 Labov 的著名研究。不同于其他类型的访谈，这种访谈会通过控制谈话主题来获得不太正式和受到较少监控的言语。为了进行社会语言学访谈，研究人员从与参与者讨论当前主题和个人背景开始，之后，采访者可以将说话者引入话题，在对话中他们更多地思考自己说话的内容，而非说话的方式。例如，参与者可能会被问及他们处于极大危险或濒死的时刻，或者某一大喜或大悲的时刻。这些问题意在帮助说话者投入事件本身，从而“忘记”研究人员的存在。根据言语社区的不同，这些话题可能会有很大差异。通常来说，研究人员在访谈开始之前对社区有所了解将有利于访谈的进行。在我自己探讨第二语言使用者的论文研究中，我发现舞会通常是许多美国青少年一年中最盛大的社交活动，而舞会相关问题常常使参与者在考虑细节时达到忘我。在使用这种方法的研究中，研究者往往试图引出以意义为中心的随意言语，而不是更加注重形式的谨慎言语。

语言态度（language attitudes）研究是理解社会语言变异的最后一个至关重要的研究领域，但它要求完全不同的研究方法。就这一领域而言，研究者不应该

仅了解说话者讲述的他们所做的事情，而忽视这一问题提出的背景。这是因为持 34
有消极态度可能会带来耻辱感，作为人类，我们常常会因为要以积极的态度展示自己而感到压力。除此之外，有时我们完全没有意识到我们所持有的联想，尤其是涉及我们对语言特征的反应时。因此，我们可能知道，如果我们听到 ain't 这个词，许多听众会对说话者产生负面印象，但是，再举个例子，在对方说出 swimmin 而不是 swimming 之前，有多少人会认定他们的社会阶层或教育水平较低呢？即使经过深刻的反省，这些问题通常也无法得到有意识的回答。也就是说，调查对给定语言变异形式的隐含个人态度的方法有很多。一个绝佳的例子是**变语配对测试**（matched guise test）。这类测试要求参与者以某种方式对使用不同语言变异形式的说话者做出反应，而说话者的外貌、声音和其他特征是不变的。因此，参与者可能会听一段话或几句话，然后被要求以某种方式评估该说话者，例如让他们判断说话者可能从事的工作类型或他们说话的友好程度。此类任务将包括一个变异形式的几个示例，同时，与不包含该变异形式但在其他方面一致的示例进行对比。通过统计分析，评价使用或不使用特定变异形式的说话者的差异，我们可以充分了解参与者对该变异形式持有的态度，即使这些态度是潜意识的且难以表达的。理解说话者如何评价一个给定的语言变体，对于充分描述给定形式的使用以及该形式使用的变化有很大帮助（要了解更多"强势"在语言变化中的作用，请参见第三章）。

社会语言学研究方法的最后一个重要方面是使用定量分析来发现数据规律。这些方法可以与一系列启发式技术一起使用，包括前面已经提过的技术。因此，我们的目的是找到收集数据后分析数据的方法，而不是相悖的启发（elicitation）方式。一旦收集了数据，社会语言学家就会考虑变量结构的每一实例（即，为实现社会语言变量的功能而产生的所有语言变异形式），并评估该实例的相关语言和社会因素。研究人员还对出现符号的词类（word class）、对话主题、说话者的性别等进行编码。每个因素都是一个**自变量**（independent variable），可以评估对变异形式的影响。就像影响因素（例如，男性或女性说话者）的变化条件一样，这些变异形式也可被称为**因变量**（dependent variable）的类别。若要对变量进行有效编码，则需要了解以前文献所确定的此类用法的相关性，有时还需要通过该编码过程识别新的相关特征。例如，示例 2.2 中的话语来自 Geeslin 和 Gudmestad 35
（2008b）的西班牙语表达主语代词的研究数据，这些话语都是西班牙语母语人士所说。因变量主语（非）表达的三个实例中，每一个都可以针对自变量换指

（switch reference）、动词的时态 / 语气 / 体以及指代的人 / 数字进行编码。

示例 2.2 Geeslin 和 Gudmestad（2008b）研究中的主语表达

Mi padre ha llegado ... ¿Cuándo ha llegado? ... Ha llegado el sábado.

我爸爸到了……他什么时候到的？……他周六到的。

表 2.1 呈现了这三种话语的编码。

一旦每个词符都被进行了编码，就可对它们进行统计分析。最常见的分析形式之一是回归分析（regression analysis），它可以同时考虑多个自变量对因变量的影响。社会语言学家常使用名为 Goldvarb 的程序进行分析（例如，Sankoff、Tagliamonte 和 Smith，2005；早期版本被称为 Varbrul）。该程序确定了对预测给定变异形式使用来说很重要的自变量，除此之外，这些自变量还提供了**因子权重**（factor weight）。通过因子权重，研究人员可以了解很多信息，包括给定自变量对因变量的影响程度以及影响方向。它们和相关统计分析的另一个好处是它提
36 供了一个模型，用以进行跨研究、跨语言社区、跨启发任务的比较。我们将在本书的第二部分看到，此类分析的使用已应用于第二语言研究，并获得了同样丰富的成果。

表 2.1 示例 2.2 的编码方案总结

	空主语 / 显性主语	**换指 / 同指**	**时态 / 语气 / 体**	**人称 / 数**
Mi padre ha llegado（我爸爸到了）	显性主语	换指（基于上文语境）	现在完成时	第三人称单数
¿Cuándo ha llegado?（他什么时候到的？）	空主语	同指（与上文动词指代相同）	现在完成时	第三人称单数
Ha llegado el sábado（他周六到的）	空主语	同指	现在完成时	第三人称单数

小　结

到目前为止，我们已经开始了解社会语言学家对语言变异的看法以及用于这种变异的一些研究工具。我们现在知道，社会语言学家认为变异受规则支配，因为它会受到多种语言、社会、个人和情境因素的限制。显然，方法论问题带来了有趣的挑战，为了应对这些挑战，社会语言学家已经开发出创造性的方法以获得最符合他们研究目标的数据。最后，社会语言学家提出的研究问题需要分析方法，使我们能够同时检验多种因素对单个变量的影响，而这种需求导致了复杂的统计工具的发展。考虑到这些基本概念，本章的后面部分将致力于探索语言变化的一些方式，特别关注变异形式的存在范围，即从语音系统到语法的诸多层面。

语言是如何变化的?

尽管社会语言学变异的最早研究主要涉及因社会环境或语言社区而异的语音系统特征，但语言在语法的各个层次上都有所不同。这包括动词形式、词汇选择、礼貌程度、句子结构等方面的变异。如前所述，我们对更多变异案例的研究使得我们识别社会语言变量及其变化背景的方式产生了变化。本章的后面部分将致力于探讨语言变化的示例。每一个所选示例都是从不同的语法层面展示语言变异。通过每个示例，我们还可以看到许多解释这种变异的社会关联以及调查每个案例的方法。显然，少数案例并不能代表目前对每种变异形式、每种语言或每个语言社区的研究。然而，它们使我们能够将先前的概念付诸实践，并了解语言在不同的说话者群体（groups of speakers）中有何不同。

案例 1：沙特阿拉伯阿拉伯语的语音变异

在众多语音变异研究的优秀示例中，其中一个是 Al-Rojaie（2013）对纳吉
迪阿拉伯语进行的研究。沙特阿拉伯的卡瑟姆省使用这种阿拉伯语变体，研究调 37
查了音素 /k/、词干（lexical stem）或 / 和第二人称阴性单数宾语 [-ki] 的后缀形式中的塞擦音过程（例如，[at͡sil]（食物）或 [barkih] 水箱）。在 Al-Rojaie 研究的语言变体中，音位 /k/ 可通过 [t͡s] 或 [k] 来实现。分析的数据来自社会语言学访谈，由来自该地区的 72 名阿拉伯语使用者完成，前文已经介绍过该访谈类型。为了确保只包含潜在的可变语境（variable context），访谈排除了出现在现代阿拉伯语或其他欧洲语言的外来词（borrowed word）中的词符。共有 2,396 个词符。为

了深入了解 /k/ 的两个变异形式的使用模式，研究者对多个不同的自变量进行了研究，以确定它们与使用的关系。从语言语境（linguistic context）来看，每个词符的语音环境都得到了分析，并且研究者对诸如是否存在相邻的前元音等因素进行了编码。此外，Al-Rojaie 还分析了多个说话者的特征，包括其年龄、性别和教育水平。

使用统计程序 Goldvarb 进行的分析确定了使用 /k/ 的两个语言变异形式的一些限制条件。该程序执行特定类型的回归分析，又称变项规则分析法（variable rule analysis）。例如，变异形式 [t͡s] 在与高前元音相邻时最常见，其次是与低前元音相邻时，最后是在不包含前元音的语境中。在 Goldvarb 程序中，第一种情况占 0.92 的权重，第二种占 0.62，第三种占 0.09。因此，我们可以看到，前两个条件有利于塞擦音的产生，而后一个则极不利于塞擦音的产生。年龄、性别和教育水平的影响也十分显著。分析表明，年龄大的说话者最可能产出 [t͡s]，而年轻人的可能性则最低。此外，男性比女性更喜欢说塞擦音。最后，教育程度较低的说出塞擦音的可能性最大，而塞擦音现象在受过大学教育的演讲者中最不可能发生。尽管词干中的 /k/ 存在语言变异，但当它是第二人称单数对象或所有格的阴性后缀的一部分时，它的发音一直是 [t͡s]。换言之，这个语境不是这个社会语言变量的语言变异范围的一部分。尽管我们将在下一章更深入地讨论这些问题，但这项研究表明，在这一阿拉伯语方言中，受过教育的年轻女性似乎正在改变 /k/ 的去塞擦化的方向。

这项研究展示了本章前面部分描述过的一些方法论实践，例如，社会语言学访谈和使用 Goldvarb 进行数据分析，并提供了极佳的例子来说明音系学层面的社会语言学变异。表 2.2 总结了这项研究的内容。

38 **表 2.2 Al-Rojaie（2013）研究总结**

主要特征	**总结**
社会语言变量	沙特阿拉伯卡瑟姆省人音素 /k/ 的发音
变异形式	[t͡s] 和 [k]
语言变异范围	所有包括音素 /k/ 的非外来词
自变量	语音环境（相邻元音（adjacent vowel））、年龄、性别、教育程度
收集数据方法	社会语言学访谈
分析方法	Goldvarb（回归分析）
研究发现小结	对于年龄更高、男性以及教育水平低的说话者来说，塞擦音（即发 [t͡s] 而不是 [k]）在临近前元音的词项中更常见

（续表）

主要特征	总结
与社会语言学问题的联系	从研究结果中我们看到了一种典型的语言变化模式，即在年轻人、女性、受过教育的说话者的影响下，这种阿拉伯语变体去塞擦化（即 [k] 的生成）的方向发生了变化

案例 2：西班牙语中的形态变异

如前所述，围绕意义对等和语音变量进行的争论很快引起了对语音系统层次之外的社会语言变量的研究。我们的第二个例子来自 Barnes（2012）对西班牙语中第二人称单数的过去式（preterit form）（即完成式（perfective aspect）表示过去的时间）语言变异的研究。尽管西班牙语中的大多数第二人称形式都以词素 -s 结尾（例如，动词 *comer*（吃）的形式有 *comes*（你吃），*comías*（你吃过了）和 *comerás*（你要去吃）），但在正式的西班牙语变体中，过去式的词尾不包含 s（即，*comiste*“你吃了”）。然而，某些语言社区中会产生带有 -s 结尾的形式，并且可以将其视为这种社会语言变量的变异形式。Barnes 分析的数据来自三个不 39
同的语料库，其中包含几个说不同西班牙语地理区域的访谈和其他语音样本。为了达到分析目的，Barnes 从委内瑞拉和西班牙的西班牙语中提取了足够的词符；并将其他方言组合在一起，以便为分析提供足够的词符。在这两种形式中，只有一些动词表现出语言变异（结尾有或没有 -s），这令 Barnes 在分析时排除了 37 个动词以及公式化话语（formulaic utterances）和元语言评论的示例，所有这些都超出了语言变异范围。即便如此，Barnes 也能够从三个语料库中提取出 854 个第二人称过去形式的词符。

Barnes（2012）分析的重点是语言语境因素与在第二人称过去式中的词尾 -s 之间的关系。为此，她给每个词符编码了几个独立的因素，包括代词主语的存在、主语的特殊性、动词的语义类别、动词的变位类别、每个动词的过去式（preterit form）的频率以及随后的语音环境。除此之外，她指出了产出每种语言形式的说话者的地区多样性。她对语言形式分布的分析表明，在西班牙和委内瑞拉，大约 13% 的词符都有词尾 -s。对于其余的语言变体，这个数字则略高（16%）。Barnes 随后进行了 Goldvarb 分析，结果表明，在分析中包含的所有因素中，动词形式的频率以及随之而来的语音语境是严格限制变化的两个因素。对这些因素的研究表明，-s 标记在低频动词和动词形式后跟元音的情况下更常出现。表 2.3 总结了该研究项目的内容。

Barnes（2012）的研究充分表明，社会语言学变异分析已经延伸到形态现象。此外，该研究对基于用法的研究模式具有重要意义，例如，词汇扩散方法（Bybee，2002）——它在词频中起着重要的作用。第五章我们将详细讨论这一模型，但为了实现本章讨论的目的，意识到词尾 -s 标记扩展到第二人称单数中的过去形式时，所采用的类比过程展现了低频形式的最强早期效果就足够了。对于西班牙语研究人员来说，这项研究还特别提供了一个有趣的反例，展示了其他语境下的 /s/ 弱化，这一领域研究成果十分丰富。最后，这项研究表明，这种现象并非只存在于单一的西班牙语变体中；相反，在西班牙语的几个地域变体中都能找到这一现象。

40 **表 2.3　Barnes（2012）研究总结**

主要特征	总结
社会语言变量	第二人称过去式
变异形式	有无 -s 结尾的过去式形式（比如，dijiste 和 dijistes）
语言变异范围	所有变异的第二人称单数过去式动词（即每个变异形式至少有一个词符）
自变量	代词主语的存在、主语特异性、动词的语义类别、共轭类型（-aste 或 -iste），过去式的使用频率（使用 Corpus de Referenceencia del Español Actual 或 CREA 值），地域变体（西班牙、委内瑞拉等）和跟随的语音环境（即元音、辅音或停顿）
收集数据方法	三个语料库：CREA（西班牙语口语），Davies 语料库和 Habla 通用墨西哥西班牙语语料库
分析方法	Goldvarb（回归分析）
研究结果小结	（1）频率：-s 标记常以低频形式出现，而非高频形式 （2）随后的语音环境：-s 标记常跟随元音，而非跟随辅音或停顿
与社会语言学问题的联系	Bybee 的词汇扩展模型：加 -s 的类比变化最先影响最不常用的动词，这与 /s/- 弱化类比的多个示例相反，不仅限于单一种类的西班牙语（地理上）

案例 3：中文中的句法变异

将重点从形态学转移到句法的社会语言学变异，最典型的例子之一是几种不同语言中主语形式的表达。例如，这个主题下对西班牙语进行的研究非常广泛，并且是众多研究文章和著作的重点（例如，Carvalho、Orozco 和 Shin，待出版）。而包括普通话和美国手势语在内的一些语言，则刚开始对其零主语（null subject
41 form）和显性主语形式（overt subject form）进行研究。我们在本章中研究的第三个案例是 Li、Chen 和 Chen（2012）对普通话主语表达的研究，它是同类研究中第一个在非屈折语言中探究这一现象的案例。Li、Chen 和 Chen 分析的数据来自 20 位说普通话的人，这些数据产生于他们的社会语言学访谈、讲故事活动和课堂话语中。说话者年龄从 18 岁到 65 岁不等，其中有 12 名女性、8 名男性。讲故事的活动是另一种常用的数据收集方法（elicitation method），每个参与者需要通过视频或无字故事书来讲述同一个故事。在该研究中，流行视频《梨子的故事》（Chafe，1980）被用来作为叙述的基础。这三项任务共同为研究人员提供了可变语境中的 8,507 个主语形式词符。

Li、Chen 和 Chen（2012）分析了普通话使用者产出的语言形式分布。结果表明，47.2% 的词符包含显性代词形式，其他词符则为空代词形式。每个词符还对一系列因素进行了编码，其中包括诸如动词形式的人称和数与所指对象特殊性等独立的语言因素，以及年龄、性别和职业等社会因素。这项研究的另一个贡献是，它包括与话语风格（discourse style）相关的差异分析，这些话语风格在用于引导说话者言语的三项任务中有所体现。Varbrul 分析包含了这其中的每一个因素，以确定他们所预测的显性主语形式的实现程度。结果表明，换指、人称、数和所指对象特殊性（specificity of the referent）等语言因素都与主语形式表达有关。同样，Li、Chen 和 Chen 发现，年长的说话者和女性说话者更喜欢表达显性主语形式。此外，分析表明，与教师相比，学生的预测因素有所不同。表 2.4 总结了本研究的内容。

如前所述，Li、Chen 和 Chen（2012）研究的一个重要贡献是，它将关于主语形式表达的研究延伸到了非屈折变化的语言中，并使其成为充满活力的研究分支。更重要的是，分析表明，限制普通话的主语形式使用的因素与限制其他受到更广泛研究的语言（如西班牙语）的因素相似。同样，语言因素似乎在影响这种变量结构的使用上起着最大的作用。同样地，语言因素似乎在影响这种可变结构的使用方面起的作用最大。另一个有趣的联系是，作者将教师和学生之间的差异、他们使用语言的不同目的，以及为实现这些目的而产生的语言类型关联起来。例如，教师可能会使用较短的话语来激发学习者产出更多话语，反过来，学习者则可能会产出较长的叙述。我们将看到，启发任务本身的特征也是理解第二语言变异的重要因素。

42 **表 2.4　Li、Chen 和 Chen（2012）研究总结**

主要特征	总结
社会语言变量	普通话中的主语形式
变异形式	空代词和显性代词
语言变异范围	可以使用空主语和显性主语代词的语境
自变量	语言学方法：人称、数、共指（即切换指称）、指称的特异性、句子类型（陈述、问题和祈使句） 社会方法：年龄（五组：20 岁及以下、21—30 岁、31—40 岁、41—50 岁、50 岁以上）、职业（学生或教师）、性别、正式度 / 话语背景（课堂演讲、信息对话或复述《梨的故事》）
收集数据方法	社会语言学访谈、讲故事活动和课堂发言
分析方法	Varbrul（多元回归分析）
研究结果小结	语言因素（学生和教师有所不同）：空代词更容易出现在相同指称、复数和无生命的指称和命令的语境中 社会因素：年轻说话者（40 岁以下）和男性更容易使用空代词
与社会语言学问题的联系	普通话的主语表达通常受到与其他语言 / 研究相同的因素的限制； 语言因素造成了大部分差异； 学生和教师之间的差异与他们角色的不同和他们产出的话语的类型（和目的）有关

案例 4：西班牙语中的语用变异

语用学是语法的另一个层面，同样，它经常与其他层次分开处理。语用学分析的基本单位是言语行为。从这个意义上来说，所有用于完成给定行为的各种语言工具都在研究范围内。言语行为的例子包括请求、邀请、拒绝和称赞。在所有
43 这些言语行为中，有几种可能的方式来表达特定含义，且为了以适当的、符合语境的方法实现交际目标，说话者使用的词项、动词形式、词序、称谓形式等都有所不同。此类研究的一个绝佳示例是 Nelson 和 Hall（1999）对墨西哥西班牙语的称赞语进行的研究。他们对于说话者赞美方式的研究数据来自对 80 名墨西哥西班牙语者的采访，男性和女性人数几乎均等，年龄从 16 岁到 30 岁不等。他们总共收集了 240 条称赞语，并根据称赞语的属性和形式（例如，是形容词还是名词）、称赞者和被称赞者的性别以及给予者和接受者之间的关系来进行分析。

在整个分析过程中，Nelson 和 Hall（1999）根据其对应的自变量类型，比较了每条称赞语的占比。他们发现最常见的三个称赞语的属性是整体外观、外观加分项（例如，衣服或珠宝）和自然外貌（例如，头发、眼睛）。通过对称赞语的

表达类型的分析，他们揭示了许多策略，包括基于形容词的称赞语（例如，¡Que bonito vestido!“这件/你的裙子真漂亮啊！”），以及基于名词的称赞语（例如，*Eres un angel*“你是天使”），前者称赞语类型占所有称赞语的 73%。研究人员进一步研究了每种类型，并试图确定哪些类型被基于形容词称赞语中的形容词所修饰。他们在每个称赞语类别中确定了几种不同的句法结构。通过观察称赞者和被称赞者的性别，他们发现男性更喜欢称赞女性（84% 的情况下），而不是称赞其他男性（16% 的情况下），而女性称赞男性和其他女性的概率相同。最后，研究表明，针对相识不深的人的称赞最多，而针对陌生人和熟人的称赞较少。表 2.5 总结了本次研究的内容。

这类研究的一个重要结果是，我们可以看到称赞语形式与语言以及社会因素之间的关系。如此一来，将语用学语言变异视为另一种社会语言学变异是完全合理的。Nelson 和 Hall（1999）的研究进一步表明，仔细分析特定的言语行为可以为二语习得者提供目标语的重要信息，帮助其确定为了使用近似母语者言语行为必须掌握的各种因素。这项研究的结果尤其强调，有必要对男性和女性之间的差异进行更深入的研究，总体来说，这对相关研究领域很重要。

表 2.5　Nelson 和 Hall（1999）研究总结 44

主要特征	总结
社会语言变量	墨西哥西班牙语中的称赞语
变异形式	一系列句法结构
语言变异范围	任何称赞另一个人属性的尝试
自变量	语言因素：称赞基础（例如，形容词、名词等）和句法结构（例如，动词短语 + 形容词（名词），如 tienes bonitos ojos“你有一双漂亮的眼睛”） 社会因素：称赞者的性别、被称赞者的性别、称赞者和被称赞者之间的亲密程度
收集数据方法	社会语言采访，包括有关称赞语的提问
分析方法	Varbrul（多元回归分析）
研究结果总结	基于形容词的称赞语占了样本的近 3/4，并且这些称赞语可以用 6 种不同的句法进行表达 男性称赞女性频率大大高于他们称赞其他男性的频率（86% 对 16%），而女性称赞男性和其他女性的频率则相同；给予相识不深的人称赞的频率最高（与亲密或陌生人相比）
与社会语言学问题的联系	语用学层面的语言变异是在语言和社会因素的作用下发生的；在这种特殊情况下，性别似乎起到了重要的作用

案例 5：美式英语中的词汇变异

一些关于语言变异的早期示例考虑了我们在表示某些对象或概念时发现的词项差异。作为第二语言学习者，我们很快就会意识到这些差异。例如，在西班牙语中，“桃子”有两种说法：durazno 和 melocotón。两者都是可以接受的，且它们的分布在很大程度上受地理位置的影响。当然，上述类型的研究中，也有的研
45 究考虑到受年龄、性别或种族等社会因素限制的词项的变异。然而，最突出的示例是对地理变异的研究，且研究结果以语言地图（language map）的形式进行了报告。这些地图是经典方言学的基础，并且还是语言地图集（linguistic atlases）的重点。此外，它们经常引起公众兴趣并出现在报纸文章和各种社交媒体网站上。因此，在此处，我们没有包含典型的社会语言学研究示例，而是选择来自北卡罗来纳州立大学统计学家 Joshua Katz 的研究样本图。在撰写本章时，他的地图被收录在《波士顿环球报》（*Boston Glob*）（Hartnett，2013）、《赫芬顿邮报》（*Huffington Post*）（Kleinman，2013）等各种文章中，完整的收录可以在他自己的网站上找到（Katz，n. d.）。图 2.1 是 Katz 做的美国“碳酸饮料”一词分布图（来源：http://spark.rstudio.com/jkatz/SurveyMaps/）。

您对甜味碳酸饮料的说法是什么?

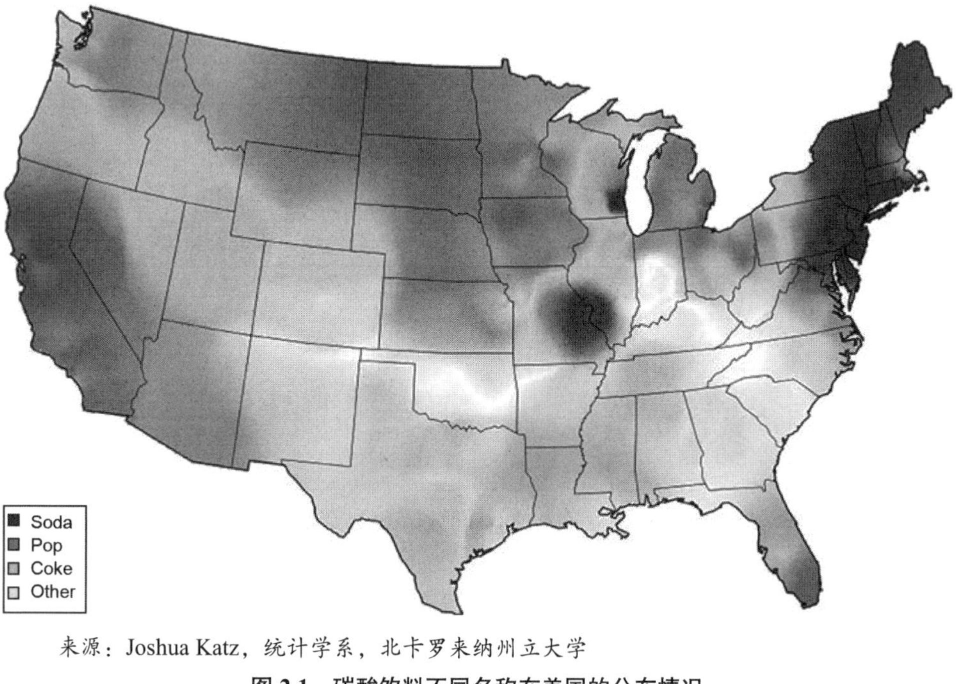

来源：Joshua Katz，统计学系，北卡罗来纳州立大学

图 2.1　碳酸饮料不同名称在美国的分布情况

总　结

第二章的后半部分主要展示了社会语言学变异研究的几个不同示例，其首要目标是阐释本章前面部分介绍的几个概念，同时展示不同语法层面的语言变异。46
我们已经看到了语音系统、动词形态、主语表达、称赞语策略和词汇选择方面的语言变异示例。这里呈现的每种研究案例都探讨了影响说话者选择变异形式的语言和社会制约。除此之外，这些研究还提供了当代社会语言学研究中常用的收集数据和分析方法的例子。在第三章中，我们将更深入地探讨这种语言变异的社会关联，在本书的后续部分，我们将看到这些相同的方法可以（并且已经）应用到对第二语言学习者的研究中。

课外阅读推荐

a. Dodsworth, R., & Kohn, M. (2012). Urban rejection of the vernacular: The SVS undone. *Language Variation and Change*, *24*, 221-245.

b. Huback, A. (2011). Irregular plurals in Brazilian Portuguese: An exemplar model approach. *Language Variation and Change*, *23* (2), 1-12.

c. Kretzschmar, W., McDavid, V., Lerud, T., & Johnson, E. (1993). *Handbook of the linguistic atlas of the Middle and South Atlantic States*. Chicago: University of Chicago Press.

d. McKee, R., Schembri, A., & Johnston, T. (2011). Variable "subject" presence in Australian sign language and New Zealand sign language. *Language Variation and Change*, *23*, 375-398.

e. Van Compernolle, R. A. (2008). Morphosyntactic and phonological constraints on negative particle variation in French-language chat discourse. *Language Variation and Change*, *20*, 317-339.

理解与运用

A. 理解

1. 什么是变异形式？什么是社会语言变量？
2. 什么是语言变体？
3. 变量规则是如何运作的？

4. 什么是语言变异范围？

5. 什么是观察者悖论？

6. 请描述 Labov 在纽约进行的 /r/ 音生成研究。

7. 变语配对测试对参与者有什么要求？

8. 自变量和因变量的不同之处在哪？

9. 在 Barnes（2012）看来，哪两种因素会导致西班牙语中的 -s 标记？

10. 在 Li、Chen 和 Chen（2012）看来，哪些语言和社会语言因素显著影响汉语的主语形式表达？

47 11. 在 Nelson 和 Hall（1999）的研究中，西班牙语中最常见的称赞策略是什么？哪个性别更容易称赞别人？哪个性别收获的称赞更多？谁得到的称赞更多：朋友、相识不深的人还是陌生人？

B. 运用

1. 前文提到在英语单词中作为结尾的 -ing 有时会被简化。请明天记下你听到的每个以 -ing 结尾的单词，并写下这个人是否在结尾生成了 -g。另外，请记下这个词的词性，以及在你看来这个词是否常见。你还应该记下说话者的性别、年龄、预估的社会经济水平，以及他们的说话环境和说话对象。在一天结束时，看看你是否可以观察到数据中的模式。

2. 或许你已经开始注意到，世界上有许多社会语言学变量。想想你用来形容各种家居用品的词。你知道某些物品的其他说法吗？这些词是谁说的？那个人和你的年龄相同吗？籍贯（geographic region）、性别、社会经济水平是否相同呢？尽可能多想一些例子，同时思考社会变量所对应的不同反应。

3. 你个人所说的语言变体是什么？这是你们大学里最常见的变体吗？你还听到什么其他变体？你是否了解对各种语言变体的态度（积极或消极）？这些态度是怎样的呢？人们会对你的语言变体或其他变体的哪些特征发表评论？

4. 回想一下你接受的采访。是一个怎样的访谈？是课堂项目、报纸文章、问诊还是研究调查？你在接受采访时感觉如何？与你平时与朋友交谈的方式相比，你认为哪种情况下你的语言有何不同？

5. 前面讲了 Barnes 的研究，在该研究中，说话者扩展使用 -s 来标记西班牙语过去式动词结尾的第二人称单数形式。你有没有听到有人说的英语与你在语法书中读到的不同？这个人说了什么？语法书又是怎么说的？你是否能发现证据去证明此人头脑中存在某种“规则”，促使他产生这种形式？你能想到音乐、电视或电影中的例子吗？

第三章　社会特征在语言变异中的作用 48

在前一章节中，我们了解到语言在各个语法层面上均会发生变化，也探讨了一些例子，其中涵盖了声音系统的变化到语用层面的变化。在每一种情况下，我们都注意到语言环境或语言因素中的某些特征可用于描述和预测特定变异形式的用法。我们还在几项研究中发现，说话者或说话群体的特征可能与语言变异有关。本章旨在更加深入地探索这些与语言变异相关的个人或群体特征。当然，这样做的目的不仅是为了更好地理解为达到有效沟通的目的语言必须如何变化，而且也是为了更好地明白这种变化体现了说话者（作为个人和群体成员）的何种特征。

什么是个人语言变异？

对于第二语言使用者和母语使用者来说，我们说话（或写作）的方式可以反映出我们的身份（无论我们是否有意这样做）。每次说话，我们都会展示出自己的年龄、性别、社会阶层、种族等特征。反过来，每个特征又反映了某些社会、地区和时代的文化以及社会历史特征，正是它们塑造了我们的身份。更重要的是，我们也用我们所掌握的语言来理解这些特征。在某些情况下，我们能够觉察到有助于我们了解说话者的线索，但在另一些情况下，我们会做出潜意识的判断（但同样强大）。重要的是，我们从一开始就要说明，与生物学事实相比，这些个人特征与说话者所认同的群体关系更大。例如，出于种种原因，一些男性可能会使用女性的语言，而一些女性可能会使用男性的语言，这些原因包括性取向、工作场所规范和社会关系。同样地，我们应该也知道这样的说话者，他们说着比自己
生理年龄更年轻的社会群体的语言。上述每一种情况的结果都是：作为语言使用 49
者，我们提供了有关我们的社会地位以及我们在日常交往中接触的群体的信息。

我们在前面的章节中也提到过，我们说话的方式可能会反映出我们的地理背景。我们在所有语法层面上使用特定语言变体的方式反映了我们在哪里生活、工

作和娱乐。我们可能很快就能指出不同地理区域使用的同一种语言在词汇上的差异（参见第一章的示例表和第二章的美国方言地图链接）。但事实上，各个语法层面的差异都可以是地理作用的结果。将这一点与上述特征结合起来，我们可以知道，我们所使用的语言表明了我们认同并接触的群体，以及我们与地理有关的过去。再者，我们都认识这样一些说话者，他们希望停止使用区域、家庭语言变体（至少在某些情况下，如工作面试或学术论文中），并且已经这样做了；因此，区域语言变体反映出了说话者的身份和历史事实。考虑到所有类型的语言变异，我们可以简单地将**个体语言变异**（individual variation）理解成是单个说话者使用语言来反映一系列特征的方式。当我们谈到一个人说话和理解的方式时，用来描述这种语言变体的术语是**个人习语**（idiolect）。个人习语是指个人所使用的语言变体。

我们如何研究说话者群体中的语言变异?

研究清楚特定个体如何使用语言很有趣，同时，理解某一个体的语言如何反映他的身份也很重要。然而，社会语言学的经典研究通常关注的是语言的“社会”层面（例如 Labov，1972a）——换句话说，即某一特定的社会或地区中各类个体的总体倾向。同样地，第二语言习得研究者和语言教师也倾向于帮助学习者使用反映目标群体而非特定个人倾向的语言。因此，这两类调查都倾向于关注说话者群体，而非个人。也许社会语言学中讨论最为广泛的概念之一正是该如何称呼这一群体？如何确定它？以及该如何研究它带来的影响？事实上，人们认为我们对社会群体的看法是在“浪潮”中逐步发展的。在社会语言学研究的第一波浪潮中，主要关注点是描述语言及宏观社会因素如何描述特定语言变体的使用（Tagliamonte，2012）。例如，我们可能已经探讨了社会阶层如何影响纽约市英
50 语中 /r/ 的可变发音（Labov，1972b）。为了进行这类调查，社会语言学家可能已经考察了一个相对较大的群体，群体中的个人按社会群体进行了分类。换言之，该群体可分为几个亚群体，分别是 60 岁以上的成员（第 1 组）、40—60 岁的成员（第 2 组）、20—40 岁的成员（第 3 组）和 20 岁以下的成员（第 4 组）。这种分类适用于社会阶层、年龄、性别、种族等。通过比较这些亚群体的语言使用方式，语言学家能够根据社会因素来发现差异，并相应地对其进行描述。这促生了重要研究的发展，即识别正在发生的语言变化，并建立关于哪些群体引领了语言变化、哪些群体落后于语言变化的假设（详见本章后面的章节）。早期的社会

语言学家，如 Labov（1972b）和 Gumperz（1968）认为这类研究中的说话者群体构成了**言语社区**（speech community）。人们认为言语社区的成员有着相同的交流规范。但需要明确的是，这并不意味着该群体中的所有说话者使用语言的方式都相同。而是一个言语社区的成员在评估这些语言形式的使用时有着相同的标准（或者每种形式的使用都与言语社区中的某一特定亚群体有着明显的关联）。换言之，一个言语社区的所有成员对**强势**（prestige）都有着相同的定义，或者对给定形式的正面评价相同，尽管其中一些说话者更频繁地使用这些具有正面评价的形式。随着时间的推移，共同规范的概念和言语社区的定义发生了变化。然而，即使在最近的研究中，一套统一的社会语言规范仍然是核心（Labov，2007：347）。尽管言语社区的定义随着时间的推移而发生了变化，但研究这类社会变量中各范畴之间差异的方法现今依然重要，语料库仍需通过这些传统的社会范畴（social categories）来进行构建和研究（如 Bentivoglio 和 Sedano，1987）。

尽管它们的重要性始终不变，但也有人指出，传统看待言语社区的方式存在一些局限。也许最令人困惑的一点是，似乎在有些情况下，希望对强势语言的评估获得普遍认同，以及更具体地说，希望社会阶层决定强势语言，这样的想法并不可行（例如，Le Page 和 Keller，1985；Lippi Green，1989；Rickford，1986）。这种复杂性导致人们将注意力从宏观层面的社会特征转移到个人在社区中所拥有的关系类型和强度上。这些联系被称为**社交网络**（social network），与这一概念联系最为紧密的研究者是 Jim 和 Leslie Milroy。Milroy 夫妇试图将人类学和社会学的理论与语言使用和变化的研究联系起来。他们的方法最关键的一
点是，他们相信各种使用规范可以共存于同一社区，因此，像强势语言这种单一 51
变量是不足以解释社会关系和语言变异之间相互作用的复杂性的（详见 Milroy（1987）、Milroy 和 Gordon（2003）或 Milroy 和 Milroy（1985））。换言之，他们的研究重点并不是说话者群体之间的对比，而是单个说话者与社区其他成员之间的关系或社会联系。为此，着眼于社交网络框架内的研究者通常会详细描述个人可能具有的互动类型，以及社区中特定个人与亚群体之间的关联强度。关联越紧密，说话者则越有可能反映出该群体的规范，无论该群体的使用方法是否符合外界的强势语言规范。格拉森多夫地处奥地利，是阿尔卑斯山上一个仅有 800 名居民的村庄。在众多采用社交网络的方法进行的研究中，Lippi-Green（1989）对该地的研究正是其中之一。基于有关社区的 16 个指标，她的调查得出了一个复杂的量表，可以解释诸如在工作场所中的联系以及与外部社区的联系等。她的这一量表能够证明，通过复杂的方法，人们可以确认某些带有性别特点的变化，

而此前这些变化可能模糊不清。换言之，简单地按年龄、性别、社会阶层等对说话者进行分类将无法确认这些语言使用方法。

一系列关注社交网络的研究都是考察较小的群体，称为**知识实践社区**（communities of practice）。这些群体并不像言语社区那样涵盖所有的性别、年龄、社会阶层和种族范畴。相反，他们是因某一特定活动而聚集在一起的更小团体（Eckert, 2000: 35）。知识实践社区是互动的场所，其中社会意义与语言元素有关，并由每个群体的成员共同构建。Eckert（2000）对实践社区进行了一些非常著名的研究，他的关注对象是底特律郊区一所高中的青少年。在他们之中，著名的知识实践社区是优等生和倦怠生，在很大程度上，前者使用郊区语言规范，后者使用城市语言规范。这项研究的独特之处在于，它将语言变异与其他社会行为或实践联系起来，例如，参与学校活动、吸烟行为、时尚偏好、受欢迎度、学术成就等。也就是说，这项研究表明，一系列语言变体的使用是个人身份的一部分，并且彰显该身份的传统实践环境最利于人们来理解它（相关示例请参见 Fought（1999）
52 和 Mendoza-Denton（2008）关于帮派成员身份的研究）。与社会网络研究一起，这项研究促使社会语言学研究发生转变，因为它侧重于定义说话者的范畴（例如，女性书呆子），而不是宏观层面的社会群体（例如，上层阶级男性）。

社会语言学研究的一个相关分支表明，研究进一步转向个人层面，它关注说话者用来彰显身份或构建个性的行为。在第三次研究浪潮中，人们旨在探究任何服务于社会目的的语言行为，而不是考察语言变化或地区差异。这种研究方法进一步提出，说话风格与个人身份直接相关，并且与说话者如何构建自己的个性有关。这项研究的案例包括对加利福尼亚州同性恋者的语言行为研究（Podesva，2011）和对北京“雅皮士”的语言行为研究（Zhang，2005）等。简单地对受到关注的群体进行分类，我们可以清楚地知道，构建的身份属于特定的性别、地区和其他范畴，它们不同于传统的社会语言学变量，但在构建身份时同样重要。

分析言语社区、知识实践社区和构建身份的个体仍然是研究社会语言学变异的有效方法，这使得一直以来，人们对群体的看法与语言学研究领域的其他概念有所不同。在很多情况下，它们仅仅表示，人们越发地关注语言使用和语言变化的不同层面。从这个意义上来说，我们可以知道一些诸如**隐性强势**（covert prestige）（Trudgill，1977）这样的旧概念，或一些说话者对一种语言的非强势变体的正面评价，是如何与对非主流社会群体的社会关系的研究（如底特律的倦怠）完全契合的。同样地，我们可以知道，对个人身份建构或对特定专业网络的社会联系的关注是如何与**语言市场**（linguistic market）等概念相吻合的。

人们认为语言市场就是研究特定说话者的职业如何影响他们的言语（Sankoff 和 Laberge，1978）。针对第二语言习得的研究，本次讨论的重要收获是，可能很多因素会影响语言的使用，其中包括宏观层面的社会特征、语言学习者所拥有的各种社会关系，以及说话者个人身份的特征。因此，我们必须意识到，社会因素可能通过各种方式影响第二语言的使用。更重要的是，对于第二语言使用者来说，他们的身份和社交网络很可能大有不同，因此，我们不能期望找到相同的途径来获得强势和非强势语言规范，也不能期望学习者会以与母语者相同的方式来呈现这些规范。在接下来的章节中，随着我们开始讨论包含社会因素的语言习得模型，我们将看到人们已经建立了各种各样的模型来融入这一系列见解。

社会特征在语言变异中的作用 53

到目前为止，本书已经多次提到，社会语言学家不仅要分析语言的变异，还要分析语言的变化。为此，研究者已经详细阐述了年龄、社会阶层或性别等社会特征在语言变化过程中的作用。语言变化体现在新形式的采纳或现有形式的消亡。此外，我们可能会发现使用现有形式的各类语境发生了变化，或者特定形式的相关含义也发生了变化。这些变化可能出现在语法的各个层面。

虽然变化可能由不同的社会群体主导、以不同的速度进行，并具有语言或社会动机，但它们大致分为两类（例如，Labov，1994）。**自下而上变化**（change from below）是指源于语言系统自身的变化。换言之，我们通常认为这种类型的变化具备语言动机，它代表着一种至少在开始阶段是自发和无意识的变化，它可能涵盖泛化、扩展或类比等过程。这种变化一旦趋于稳定，可能就开始具备社会动机，但人们认为，初始阶段会受到系统内部的影响。美式英语中的元音变化就属于自下而上变化的案例，人们通常将其描述为北方城市的元音转移（Labov、Yaeger 和 Steiner，1972），其中 /æ/ 的升高和拉紧使得大湖区的元音发音发生了链式转移。相比之下，人们认为**自上而下变化**（change from above）与使用来自言语社区之外（以及该言语社区的语言系统之外）的特征有关。因此，说话者意识到了这些变化，并具备了社会动机（更多讨论见 Tagliamonte（2012））。这些变化往往由地位较高的群体、女性和受过高等教育的说话者主导。这些“创新”（或新加入的）语言变体通常以正式的形式呈现出来，并且年轻人使用得最多，因为他们的工作岗位要求他们对强势语言变体更加敏感。Labov（1972b）对纽约市 /r/ 的描述（在前一章中有提及）正是自上而下变化的一个案例。社会地位较高的说话者率先重新使用变体 [ɹ]（根据他们购物的百货公司反馈），而社会经济地位较低的说话者则继续省略如 fourth 中的辅音 [ɹ]。总而言之，发展过程中产生的变化类型与言语社区中的某些社会群体（或社交网络中某些种类的社会关系）直接相关。

社会因素（包括社会政治、社会历史和社区迁移模式）不仅与正在形成的变
54 化类型有关，还与该变化的过程和当前变异的状态有关。例如，正在发生的变化通常体现在，女性使用的频率更高。在自下而上变化中，女性使用创新形式的比率高于男性，而在自上而下变化中，这一特点则表现为女性使用扩散形式的比率更高。在这两种情况下，我们都认为女性是语言变化的领导者。相比之下，如果言语社区中的不同群体之间已经存在了语言变异，但女性总体而言对污名化语言变体的使用较少，那么我们可以说这是一种稳定的语言变异。不可否认，女性在语言变化中的作用存在一些反例，因此，更重要的是，我们应该将其视为决定语言变化的众多因素之一。例如，在当今社会语言学中，所有关于语言变化的研究都忽视了社会阶级、年龄以及性别的作用。因此，我们的中心目标并不是将性别视为所有语言变化的决定性特征，而是认识到一系列社会因素对语言变化影响的重要性。当我们在后面的章节中谈到第二语言习得的背景时，我们将了解到这些因素可能在相关性上没有差异，但模式可能截然不同。

社会特征如何反映在语言变异中？

到目前为止，我们已经了解到，语言在各个语法层面上均会发生变化，它也会随着一些不同的社会特征而变化。一个说话者或一组说话者所认同的每个特征都体现在他们的语言之中。与前一章一样，我们选择了几个此类研究的案例以展开更详细的探究。所选的每一个案例都表明语言变异受到了我们在本章中探讨的社会或身份因素的制约。值得强调的是，虽然人们对该领域的研究很多，且热度不减，但是我们的例子并不能说明这一研究领域的广度或深度。相反，我们希望在后续章节继续探讨第二语言学习者时，它们能为我们理解相关研究提供模型。

案例 1：性别在语言变异中的作用

随着时间的推移，社会语言学家已经建立了一个研究语料库，它表明男性往往比女性使用更多的非标准语言变体。换言之，女性比男性更常使用强势或标准语言形式。例如，Trudgill（1972）在早期的研究中就发现了这一点，即诺维

奇城市地区的英式英语使用者在使用一些音位变体（phonological variable）和语音变体（phonetic variable）时也是如此。语言变化也与男女之间的差异有关。例 55
如，早在 1905 年，Gauchet 就提出女性是语音变化的领导者，从那时起，人们就开始认真记录男性和女性在将新形式融入语言过程中的作用（有关讨论见 Labov（2001））。事实上，女性可能会有意无意地引领变化。如前所述，在评估社交网络时，预期的女性角色作用有时不能在数据中得到证实。因此，当我们继续将性别作为一个影响因素来考量时，我们必须要牢记，性别对语言使用的影响没有绝对的规则。性别和语言变化之间的一个重要联系可能是性别与年龄的相互作用，因此我们在青春期早期会经历最明显的性别差异。这些差异虽然在一定程度上已有所缩小，但依然存在于成年人的工作场所中（Cameron，2011）。因此，除了注意性别在语言使用和语言变化中的作用的反例外，我们还必须记住，不能孤立地看待这一单一因素，而应将其视为语言使用的单一语境下多重影响中的一部分。考虑到这两点，我们找到了一个案例，用于说明性别在解释语言使用方面不可或缺的作用。

Lauwereyns（2002）关于日语中模糊限制语使用的研究分析了生理性别和其他社会因素。该研究还考察了说话者的年龄和说话语境的作用，区分了非正式语言和正式语言，前者为年龄和性别经过匹配的参与者在对话中使用的语言，后者为参与者和研究者在对话中使用的语言。这项研究的 40 名参与者均来自东京，且以日语为母语，每个人都按年龄和性别进行了分类。研究的模糊限制语（或用于削弱话语背后语气的结构）是 26 个表达模糊概念的单词和短语。Lauwereyns 的分析结果表明，在数据库中，toka“诸如此类”和 nanka“像”两个表达出现尤为频繁，而其他表达的分布则相对均衡。比较不同人群对模糊限制语的使用频率表明，年轻人使用模糊限制语的频率是老年人的两倍，且女性使用模糊限制语的频率明显高于男性。一个有趣的结论是，研究者在访谈活动中发现了更多的模糊限制语，这与预测恰好相反，即模糊限制语在非正式语境中出现得更频繁。最后，Lauwereyns 发现性别和年龄之间存在相互作用，例如，年轻的女性说话者与所有其他群体都存在显著差异。这项研究的具体情况如表 3.1 所示。

Lauwereyns（2002）对东京地区日语中模糊限制语的研究表明，先前关于年轻女性更容易违反标准语言规范的观点（如 Yonekawa，1998）在这一分析中得

56 **表 3.1 Lauwereyns（2002）研究总结**

主要特征	总结
社会语言学变量	东京地区日语中的模糊限制语
变体	26 个表示模糊概念的分布情况和出现的相对频率
变体出现的范围	口语中的任意句子
自变量	性别、年龄（组 1：17—18；组 2：50—69）、正式程度
数据获取方法	对话（参与者之间）和访谈（参与者与研究者）的录音
分析方法	分别找出使用了 26 种不同模糊限制语的例句；对每个自变量进行统计学差异评估
研究发现小结	toka “诸如此类”和 nanka “像”这两个表达最为常见（在 3802 个标记中占 1385 个）；年轻的说话者使用模糊限制语的频率是普通人的两倍；女性比男性使用的模糊限制语更多；人们在访谈中使用的模糊限制语多于闲聊中；每种社会变量的影响在不同的模糊限制语上各有不同；当考虑到所有因素相互作用时，年轻女性对模糊限制语的使用不同于年轻男性、年长男性和年长女性；这些结果符合但不包括两种最常用的模糊限制语。
与社会语言学问题的关联	结果表明，年轻说话者和性别差异的独特作用得到了证实；模糊限制语可以用来表示礼貌或迂回（indirectness）；最后，不同对话类型之间的差异很复杂，可能与任务的其他特征有关（比如信息交换的质量），而不仅仅是语境的正式程度

到了佐证。总的来说，尽管反例比比皆是，但似乎生理性别是一个值得考量的因素。然而，与年龄的相互作用进一步表明，只有综合考虑诸如年龄等其他因素，我们
57 才能正确理解性别对语言使用和语言变化的影响。同样地，任务正式程度的结果与作者的预测大相径庭，值得进一步检验。作者认为这可能与任务的性质有关，因为访谈需要更多的“信息交流”。在后续讨论语篇语境的一个案例中，我们将了解到，多项研究表明将任务分为“正式”和“非正式”不太能反映任务型差异的复杂性（讨论见 Geeslin（2011b））。从第一个案例中，我们可以清楚地看到，在研究语言使用的社会相关性时，我们或许需要考究多个因素，其中包括本章第二个案例关注的年龄因素。

案例 2：年龄在语言变异中的作用

与性别一样，说话者年龄对语言使用和语言变化的影响一直是广泛研究的热点。在年龄层面，一个基本发现是，如果年轻人是语音变化的创新者，那么年长者使用的语言则最为墨守成规，他们不常使用特定的形式，使用的频率较低，这

一发现可能在之前的性别讨论中就已经明确了。这意味着，我们可能期望从年长与年轻说话者之间的任意对比来发现一些语言变化，因为年轻人可以彰显语言未来的发展方向，而老年人则体现了语言的旧样貌（Labov，2001），至少在语言持续变化的情况下是这样的。换言之，通过对不同年龄组的系统观察，我们可以推断出语言变异和变化，最终确定某一特定语言变体在特定言语社区中是否稳定（Cameron，2011）。事实上，这种类型的比较被称为**视时**（apparent time）比较，在记录语言变化时，人们通常用它来代替或补充纵向研究。

事实上，除了年长者说话更保守的情况外，年龄与语言使用或语言变化之间还有其他几种相互作用的方式。例如，年龄差异也可以说明稳定语言变异的模式，因此某些形式的使用只与年长者有关。也就是说，这些说话者年轻的时候可能不会使用这些形式。反过来的情况也可能存在，年轻人会使用某一特定的形式，然而随着时间的推移，这种形式的使用会逐渐减少。如果存在稳定语言变异，但我们根据说话者的年龄发现了差异，我们就可能会怀疑是否存在**年龄分级**（age grading）。这种现象正是指同一说话者在其一生中使用某一变体的方式不断发生变化。我们可以知道，使用视时研究设计可能很难区分年龄分级和发展中的某个变化。Eckert（1984）将这类问题称为“年龄效应的模糊性”，在这一情况下，
仅仅使用视时数据，我们无法通过只观察这类年龄的对比来区分发展中的某个变 58
化和稳定变异。

事实上，关于年龄与语言相互作用的说法由来已久，包括诸如 Birren 和 Renner（1977）等的经典讨论，也确定并区分了几种年龄类型（例如，生物、心理、功能和社会）。人们认为所有的这些年龄类型或分类都可以调节个人与更大的社会秩序之间的关系。即使在当代研究中，我们仍然将年龄的复杂性视为一个变量。例如，在 Otheguy、Zentella 和 Livert（2007）对纽约市西班牙语主语形式（subject form expression）的研究中，我们发现移民参与者的定居时长是预测主语形式使用率的重要因素。然而，定居时长可能与说话者的年龄有关（也就是说，你的年龄越大，在美国生活的时间可能就越长，在纽约市首次接触西班牙语社区时的年龄也就越大，在开始学习英语时的年龄也可能越大）。我们需要仔细分析这些潜在的相互作用，以免做出错误的推断，也不会将年龄的影响归结为某一单一解释因素。根据这些思路，Cameron（2011）将老龄化与年龄区分开来，并认为我们在研究年龄的影响时，最好从它与其他社会因素（如性别、种族、阶级、社会网络、宗教或其他特定社区范畴）相互作用的交叉面来着手。因此，当我们继续将年龄作为一个社会变量进行探讨时，我们必须牢记两点。首先，根据研究

现象和我们对年龄的定义，年龄与语言使用和语言变化之间可能存在几种不同的关系；其次，就像性别一样，年龄也可能与其他社会范畴相互影响，因此，任何仅基于年龄的解释都不足以完全说明与特定语言或说话群体相关的使用方式或变化模式。

为了突出年龄在语言使用和语言变化中的重要性，我们选择了一个案例，它旨在梳理年龄分别在稳定语言变异和语言变化中的影响。具体来说，Wagner 和 Sankoff（2011）试图研究魁北克法语中复合将来形式（periphrastic future form）和屈折将来形式（inflected future form）的使用方式，以及它们是如何随时间而改变的。他们的数据来源于 1971 年对 59 位说话者的采访（Sankoff-Cedergren 蒙特利尔法语语料库（Sankoff 和 Cedergren，1971）），这些人在 1984 年接受了第二次采访（Thibault 和 Vincent，1990）。这两组访谈生成了 3658 个具有模糊将来表述语境的词符。研究者根据一系列语言和社会变量对这些数据进行了编码，并使用 Goldvarb X 中的多元分析法来分析。研究表明，主语类型（即，将 *nous*“我们”、*vous*“你们”，以及用于与其他主语类型进行比较的名词）与所产生的动词形式有关，作者将其解释为文体差异，因为，*nous* 和 *vous* 用于更正
59 式的语言中，因此更有可能具备屈折形式。此外，在 *quand*（何时）出现的语境中，屈折将来形式的出现概率是其他语境类型的五倍。研究进一步表明，在这两次访谈中，被采访者使用屈折形式的概率随着时间的推移而不断增加，并且年长者实际上比年轻人更倾向于使用屈折形式。对说话者之间的差异进行详细分析后发现，在这两次访谈中，只使用复合形式的说话者数量从 20 下降到了 4，并且以年龄因素进行预测的词符的百分比从 28% 下降到了 11%。将这些影响与说话者的社会职业地位相结合，分析表明，在早期的语料库中，年龄的影响贯穿整个社会阶层，因此屈折形式的使用与中老年人相关，这可能是成年的一个标志。在第二次访谈中，当所有的说话者都已成年，年龄的影响就减弱了。相反，社会职业地位则更能预测随时间变化的屈折形式的使用特点。具体而言，社会职业地位较高的群体使用屈折形式的频率大幅增加。这些发现中非常有趣的一点是，尽管总的历史趋势是越来越多人使用复合形式，但 Wagner 和 Sankoff（2011）的研究呈现了一个反方向的年龄分级效应，也就是随着年龄的增长，单个说话者使用屈折形式的频率增加了。表 3.2 总结了该项研究的内容。

如前所述，Wagner 和 Sankoff（2011）的研究是衡量视时趋势与年龄影响之

表 3.2　Wagner 和 Sankoff（2002）研究总结

主要特征	总结	
社会语言学变量	将来时表述（future time reference）	
变体	复合将来时形式和曲折（形态）将来时（IF）形式	
变体出现的范围	明确的将来语境（除表示普遍事实和愿望的将来时和否定情况外，这些几乎全部使用 IF）	
自变量	语言学变量：时间距离、紧迫性（即将发生的事件与非即将发生的事件）、状语规范（与时间状语短语共现）、偶然性（表偶然：用于条件句中的 *si*；表偶然：*quand*/ 时间状语 + 从句中的标志词；表偶然：*quand*/ 时间状语 + 主句中的标志词；表偶然：其他；独立表达，表非偶然性）、语法人称、称呼代词（*vouvoiement*；*tutoiement*；用 *vous* 和 tu 交换使用；不使用称呼代词） 社会变量：社会职业地位、年龄、说话者性别	60
数据获取方法	在 1971 年和 1984 年对 59 位说话者进行的访谈	
分析方法	多元 Goldvarb X 分析	
研究发现概要	语言学因素的影响：主语类型（*nous*、*vous* 和名词都使用曲折将来时），偶然性：在与 *quand* 相关的语境中，IF 比复合将来时出现的频率多五倍 社会因素的影响：记录的年份（随着时间的推移，人们使用 IF 的频率会增加）、年龄（年龄越大 =IF 的使用频率越高）	
与社会语言学问题的关联	研究中不能仅依靠视时数据，可以通过实验或纵向采集任务进行调节；风格与主语形式之间的联系表明了未来研究的重要途径（关注风格与变化之间的关系）；随着年龄的增长，说话者确实会改变其语言的使用方式	

间差异的重要手段，其中年龄影响是由与说话者生活有关的其他因素引起的。只有通过这类分析，我们才有可能确定，尽管屈折形式的使用随着时间的推移而减少（即，发展中的一个变化），但屈折形式似乎也是成年的标志，这对那些从事高级社会职业的人来说尤为如此。作者指出，从这个意义上来看，年龄分级实际上可能会阻碍语言的变化，因为说话者随着年龄的增长会转而使用更保守的语言形式。另一个有趣的发现是，成年人在成年后会改变自己的语言使用方式。这称
得上是一个振奋人心的发现，因为假如第二语言学习者想要在成年后习得的某一 61
语言中获得该社会语言变异的规范，他就必须经历类似的过程。

案例 3：种族在语言变异中的作用

尽管本章多次提到了种族，但迄今为止所回顾的研究并未将种族作为一个具

有预测能力的社会变量。然而，这一因素对于理解语言的使用方式或许同样不可忽视。为了说明这一点，我们转向 Hoffman 和 Walker（2010）的研究。该研究考察了居住在多伦多的中国人和意大利人所说的英语。他们研究的两个变体是 *t/d* 的省略和加拿大元音转移（vowel shift）。之所以选择这两种变体，是因为前者是稳定的，而后者是发展过程中产生的变化。因此，对两者的分析可以考察语言变体本身的状态，以及每个变体如何与说话者的社会相关因素（如种族身份）相联系。参与者为 60 名英语使用者，按种族（中国人或意大利人）、移民世代（第一代或第二代 / 第三代）和性别（男性或女性）进行划分。另有 20 名具有英国 / 爱尔兰民族血统的说话者作为对照组。除了完成社会语言学访谈外，所有参与者还填写了一份种族取向问卷，旨在评估与种族认同相关的特征，如语言选择、语言态度以及该种族群体内外的社会关系。分析种族取向问卷收集到的数据，结果表明中国群体的种族取向更强，并且总体而言，第一代的参与者比第二代和第三代的民族取向更强。在考察第一个社会语言学变量，即 *t/d* 的省略时，意大利组和英国 / 爱尔兰组之间几乎没有差异，两组成员都不喜欢省略 *t/d*。然而，中国组成员倾向于省略 *t/d*，并且调查的第一代参与者呈现出了更高的偏好效应。省略的语言限制因种族和世代而异。对元音转移的分析表明，英国 / 爱尔兰组和意大利参与者的转移率较高（使用创新形式），而中国参与者的转移率很低，尤其是那些种族取向得分最高的参与者。然而，基于语言因素的这种变体的条件对所有组的作用都是相似的。因此，这些发现证明了种族取向具有重要影响，也证明了研究者正在考察的变化状态也能起作用。表 3.3 总结了该项研究的内容。

Hoffman 和 Walker（2010）的研究对社会语言学以及第二语言习得都有一定的启示。首先，我们知道在研究种族时，必须评估特定社区或群体内不同程度的种族取向。正如目前为止讨论的其他变量一样，我们清楚地知道种族并不是一个

62 **表 3.3 Hoffman 和 Walker（2010）研究总结**

主要特征	总结
社会语言学变量	多伦多地区加拿大英语中的 *t/d* 省略和元音转移
变体	*t/d* 省略 = 存在 / 缺失
	元音转移 = 三种元音变换，称为加拿大元音转移
变体出现的范围	口语数据中涉及的所有语境
自变量	种族（意大利或中国），移民世代（第一代或第二 / 三代），性别
	两个因变量各自专属的语言因素
数据获取方法	社会语言学访谈和种族取向问卷

（续表）

主要特征	总结
分析方法	组间差异分析和两种变体的多元变量分析
研究发现小结	第一代人在种族取向问卷中得分更高，且中国群体的得分比其他群体更高 *t/d* 省略：中国群体更倾向于省略 *t/d*，尤其是第一代人；限制因素在不同种族和不同世代的群体中各有不同 元音转移：来自英国 / 爱尔兰和意大利群体的参与者更频繁地进行元音转移；不同群体之间具有相同的制约因素
与社会语言学问题的关联	考虑种族因素与考虑母语迁移或不完全习得同等重要；在“种族”范畴内，必须考虑种族取向的程度；必须考虑所研究的社会语言学变量的状态，因为该项研究说明了发展中的变化与稳定变化的结果有所不同

单一范畴，必须将它与其他社会因素（如移民世代）一起考虑。在这项研究的中国参与者中，作者发现他们的移民模式更新，跟意大利群体相比，他们组成的种族群体更加引人注目。研究进一步认为，这两个群体之间的差异不能追溯到不完 63
全习得或语言迁移的作用，而应该考虑种族认同的作用。代际差异以及这些种族群体内部差异的证据佐证了这一观点。对于特定种族群体内的所有说话者，一种完全与母语相关的解释可以预测他们受到的类似影响。因此，研究第二语言习得的人应该预测其参与者群体的可变性，并需要对个人的语言使用方式进行研究。

案例 4：社会经济因素在语言变异中的作用

第四个社会变量是社会经济阶层，在本章前面探讨的部分社会语言学变量的分析中，它已经发挥了作用。我们虽然通常很难对社会阶层进行定义，但可以把它看成一个具有一些相关特性的函数，比如教育水平、就业、收入、邻里地位等（Ash，2013；Labov，1972c；Trudgill，1974）。社会地位最具挑战的一点是，我们虽然明白社会地位与语言态度有关，但可能很难观察或研究到这些。因此，在探究这一变量时，我们选取的案例分析突出创新的研究方法，能够让我们朝着理解语言态度与社会地位之间的关联这一方向坚实迈进。Squires（2013）对美国英语使用者在口语中对“单数名词短语 +*don't*”和“*there's*+ 复数名词短语”缺乏一致性这一问题进行了研究，前者出现的频率相对较低，且与较低的社会地位相关，后者出现的频率相对较高，且不一定被污名化。这项研究汇报了两个实验的结果，一个是考察说话者在口头输入中的感知，另一个是考察研究者如何评估这些形式。

第一个实验共有 40 名本科生参与者，作为实验启动，研究者给他们呈现了照片，其中有使用标准语言变体的地位较高的说话者（衣服和背景所示）和使用非标准变体且地位较低的说话者。启动完成之后，研究者要求参与者识别出自己听到的动词的主语，而这些动词已和显示地位高低的照片配对了。在启动和目标条件下，口语中的主语都被白噪声掩盖了，研究者要求参与者选择一张与自己听到的内容相对应的照片（单数或复数照片）。结果表明，如果参与者在启动条件下看到过这些目标事物，他们就更有可能将其表达成“there's+ 复数”，但对于含 don't 的非标准句子，研究者并没有发现这种启动效应。因此，该实验表明，社会启动没有任何影响。另一个有趣的结论是，参与者的社会阶层（分为下层阶级和上层阶级）对这一效应有影响，所以上层阶级的参与者有更多的非标准回答记录。

64 第二个实验是 Squires（2013）开展的，旨在探究如何评估这些形式的使用。该实验由 41 名本科生参与者完成，并且研究者再次将他们分成了上层和下层阶级两组。第二个实验的方法与第一个的相似，只是动词的主语没有被掩盖，并且研究者要求参与者选出最有可能说出这个句子的说话者的照片。同样地，从说话者的职业装扮和背景来看，这些照片各有不同，表明了他们的住所或周围环境。分析实验结果，研究者发现了两种有趣的模式。首先，有证据表明，非标准的 *don't* 与地位较低的说话者之间有着紧密的联系。同样地，标准的“*there's*+ 单数名词短语”和地位较高的说话者之间也表现出了显而易见的紧密联系。这些发现表明，当一种形式和一个特定的社会群体之间的联系足够紧密时，人们对于感知就会有一种强烈的社会暗示。此外，该研究还表明，参与者的社会阶层对他们的回答也有影响。表 3.4 总结了这两个实验的内容。

Squires（2013）进行的研究表明，作为考察语言态度的工具，创新在研究方法中很重要。此外，该项目使用的结构启动方法能够让 Squires 呈现出某些标准

表 3.4 Squires（2010）研究总结

主要特征	总结
社会语言学变量	名词短语 +*don't*；*there's*+ 名词短语
变体	标准形式和非标准形式（单数名词短语 +*don't* 和 *there's*+ 复数名词短语）
变体出现的范围	无；实验任务

（续表）

主要特征	总结
自变量	实验 1：参与者的社会阶层；启动条件（通过照片呈现的标准形式和非标准形式） 实验 2：参与者的社会阶层；标准或非标准变体
数据获取方法	启动任务：实验 1 测试了社会启动对感知（非）标准形式的影响，实验 2 测试了（非）标准形式对说话者评价的影响
分析方法	对变化条件的统计分析 65
研究发现小结	参与者的社会阶层会影响他们的回答；只有当社会阶层和某一特定（非）标准形式之间的关联足够紧密时，社会启动才会存在；非标准的 *don't* 与低社会阶层存在联系，标准的 *there's* 与高社会阶层存在联系
与社会语言学问题的关联	实验研究的方法对研究语言态度很关键；结构启动研究可以扩展到研究受社会条件制约的可变语法形式上

或非标准形式与社会阶层之间的复杂关系，包括说话者和评价者（或参与者）的社会阶层。显而易见的是，社会阶层在预测语言使用（或感知或评价）时并不是只有一个单一、独立的作用。与之相反，我们知道它的影响因结构而异，并受到其他社会因素的影响。与前面回顾的研究结果一致，每一组研究结果都说明了考察多种社会和语言学因素的重要性，也证明了我们需要评估这些因素相互作用的方式，正是这些因素的相互作用影响了语言的使用和感知。

案例 5：教育水平在语言变异中的作用

在对社会阶层进行研究之前，有人指出它的结构往往很难界定，而教育水平可以作为衡量社会阶层的一部分。然而，也有一些研究案例探究了独立于社会阶层的教育水平的影响。在这类研究中，Campbell-Kibler（2009）的研究十分出色，她采用了开放式访谈和配对变语测试来考察人们感知到的说话者的教育水平，这与说话者话语中 *-ing* 的可变程度有关。在第一章中，我们把这个例子称为 *-ing* 和 *-in* 之间的交替变化（alternation），但现在的研究考察了三种变体（如下所列），词尾 *-g* 省略后都产生了两种可供选择的形式。该研究中的 55 名参与者被分成了 1—6 人不等的小组，研究汇报了这些人在采访期间做的评论和评估，以及有关来自美国南部和西部的八位说话者问题的回答，这些问题是由 124 位说话者听完八位说话
者的录音后提出来的。根据 2—6 个嵌入录音中的标记中 *-ing* 的省略与否，研究 66
者对第二个任务中的录音进行了操控，参与者需要评估诸如感知到的男子气概、外向程度、教育水平和智力等特征。在定性和定量分析中，使用 *-ing* 较少与教育

水平较低之间存在关联，但有一点很重要：只有当参与者认为说话者不是南方人或工人阶级时，这一关联才成立。就这两个因素而言，使用 *-ing* 较少并不代表说话者的智力较低或受教育程度较低。表 3.5 总结了本研究的内容。

表 3.5 Campbell-Kibler（2009）研究总结

主要特征	总结
社会语言学变量	英语变量 *-ing*
变体	词尾为 [ɪn] 或 [ən]，以及 [ɪŋ]
变体出现的范围	无范围——具有人为刺激的实验任务
自变量和因变量	因素： 地区来源；社会阶级 因变量： 定性——访谈问题中的开放式回答 定量——对说话者几类特征的评级
数据获取方法	小组访谈和配对变语任务
分析方法	定量数据分析使用线性混合效应模型的评级变量以及广义线性混合效应模型的二进制复选框变量
研究发现小结	只有当参与者认为说话者不具地域特征（即未明确来自南方）或不属于工人阶级时，较少使用 *-ing* 才与较低的智力和教育水平有关
与社会语言学问题的关联	人们通常认为教育水平的评估是社会阶层的一个指标，实际上，它与社会阶层相互作用，因此，基于是否认为说话者属于工人阶级，人们感知的教育水平会有所不同；同样地，地理差异会影响教育水平的感知

67 在语言态度的研究中，Campbell-Kibler（2009）的研究是另一个实验方法的典范。因此，正如 Squires（2013）的研究一样，我们发现有关社会特征与特定形式使用之间的联系问题是从反方向来解决的：通过语言变体的出现与否，来确定在多大程度上这一特征反映出了与某一特定社会因素相关，如社会阶层或教育水平。更确切地说，Campbell-Kibler 的研究探索了听话者在感知说话者特征时如何将社会信息融入其中。更有趣的是，在一个很短的录音中，这些感知会根据是否存在单一社会语言学变量而有所不同。因此，这足以使我们相信，社会特征和语言形式之间的联系非常强大。这项研究的另一个重要结果是，研究者发现这些评估依赖于语境，因此，该说话者另一特征（如地理出身或社会阶层）的信息可以影响他对教育水平或智力水平的评估。因此，我们将这个例子纳入到我们不断发展的研究中，这些研究不仅证明了社会因素与语言形式之间相互联系的重要性，还证明了这些社会因素本身相互联系的重要性。

案例 6：话语语境在语言变异中的作用

本章讨论的最后一个案例与之前的案例有所不同，之前的案例都在探究人的特征所产生的影响。最后一个案例探究的变量是体裁，这是语篇的一个特征，而非说话人的特征。更宽泛地说，我们可以设想一些诸如互动发生的地点、讨论的主题等此类因素，它们都对语言的产生有重要的影响。我们在前面的案例中已经了解到，区分正式语境和非正式语境并不能完全解释话语语境多重性的特点，也不能解释在单一语境中可能影响语言使用的诸多变量。近来，研究者已经从文体结构方面对这些因素进行了研究（Bell，1984；Coupland，2007；Eckert 和 Rickford，2001；Schilling-Estes，2004），但对话语语境中单个因素的研究也比比皆是。Lauwereyns（2002）的研究探讨了日语中的模糊限制语，说明了对正式和非正式语境的预测并不总是能得到证实，我们将其作为了第一个案例；此外，我们在此呈现最后一个案例，它更仔细地观察了对话和叙述之间的一些差异，但没有指出某一种比另一种更“正式”。

Travis（2007）的研究重点是两个不同的任务中（自发叙事和社会语言学访谈）的第一人称单数语境中使用显性和零主语形式的情况。因此，Travis 研究中的体裁是指产生的话语类型。她的数据来自新墨西哥州录制的访谈语料库（她从中挑 68
选了 11 个访谈进行分析）和哥伦比亚录制的自发对话语料库（她从中挑选了 15 个对话，涉及 22 位演讲者）。西班牙语中主语形式的变化是一个受到广泛研究的社会语言学变量，因此，它在使用时的制约条件也众所周知。尽管带有这两种形式的话语是来自不同国家的说话者所说的，但 Travis 称，美国群体知道这些语用制约条件，而且在语言学制约条件的使用率方面，两个群体是相同的，这些足以证明地理差异是这两个数据库差异的一个来源。Travis 的分析重点关注的语言变量是语言启动，或一个元素的出现会在后续话语中再次启动该元素的使用这一倾向。Travis 发现，尽管研究中的语言学变量对两个数据库中的使用方式显示出相同的制约条件，但在对话数据中使用零主语形式的比率较高。当专门研究启动效应时，Travis 认为，与对话相比，启动效应出现在访谈中的插入从句（intervening clause）次数更多，其中只有当某一形式与其前面的共指主语代词之间有一个或没有插入从句时，启动效应才普遍存在。最后，虽然访谈数据仅表明了零主语形式的启动效应，对话数据却表明了零主语形式和显性主语形式的启动效应。表 3.6 总结了本研究的内容。

表 3.6 Travis（2007）研究总结

主要特征	**总结**
社会语言学变量	主语代词的形式：零形式和显性形式
变体	*yo*“我”和零主语
变体出现的范围	所有第一人称单数主语的限定动词 （新墨西哥州 =1210；哥伦比亚 =1182）
自变量	语言学变量：动词的语义类型；动词形式的时态、语气和体态；与前述的距离（最多 10 个小句）；前述的呈现方式（明示或未明示）；小句类型（主要或从属）；与前述的时态、语气、体态（TMA）的关系（相同或不同）；转弯位置（起始位置或中间位置） 附加因素：体裁（对话和访谈）
数据获取方法	69 访谈：11 个访谈（6 名女性，5 名男性，年龄均在 48 岁以上，来自新墨西哥州北部，母语均为西班牙语），新墨西哥州科罗拉多州西班牙语调查（1992—1995） 自发对话（spontaneous conversation）：15 个对话，涉及 22 位说话者（14 位女性，8 位男性；均为中产阶级，年龄从 20 到 60 岁），为 1997 年在哥伦比亚卡利收集的对话录音
分析方法	Goldvarb 多元变量分析
研究发现小结	显性代词在对话数据中出现的频率更高；两个数据库受动词类别、与前述的距离、前述的呈现方式和 TMA 的影响方式相同；启动效应在两组数据中都很明显（前面的共同指代零主语形式有助于之后零主语形式的出现；同样地，显性主语形式倾向于启动随后的显性主语形式）；在访谈中，启动效应在更多的插入从句中得以保留，而在对话中，启动效应仅在相邻或单个插入从句中表现；在对话中，零主语形式和显性主语形式都呈现了启动效应，而在访谈中，启动效应仅对零主语形式才有效
与社会语言学问题的关联	体裁在社会语言学变异中的作用不容忽视；语言学变量的作用受话语类型影响

最后一项研究概要表明，在受到了语篇类型影响的背景下，我们有必要探究社会语言学变体的语言制约条件。对单一变量、语言启动在两类语篇中的作用方式仔细对比后发现，各个因变量（即社会语言学变量的变体）受到的影响可能各不相同，并且可能受到其他语言制约条件（如共同指称主语形式之间的距离）的影响。这些不同的影响都可以通过所研究的特定体裁的特点来解释。例如，Travis（2007）称，与显性主语代词相比，叙事中零主语形式具有更大的启动效应，这可能是由于叙事中普遍存在更高水平的主语连续性。相比于仅仅基于形式的对
70 比，这种解释更为准确。因此，在将本案例与本章回顾的其他案例联系起来时，

我们了解到，我们不仅必须根据与其他社会因素的关系来解释说话者的个体社会特征，我们还可以预测话语语境、话语类型和语言使用的语言制约条件之间的重要关系。总之，我们不断地了解到，社会语言学变异是一种复杂、多面的现象，为了充分认识它对我们产生和感知的语言的多重影响，我们需要运用精细的研究方法和分析工具。

社会语言变异与交际能力有什么关联?

在本章中，我们探讨了许多非语言学因素（例如说话者、听话者或说话语境的特征）如何影响我们感知和产出语言。一些研究最广泛的社会变量（如年龄和性别）已经通过案例研究进行了说明，我们也已经了解到这些说话者的特征是如何与语言变异和语言变化相联系的。也许，本章展现的最重要的启发是，个人认同自我的方式以及与之接触的群体会影响他们的语言使用方式。更重要的是，我们发现没有任何单一因素可以解释这些使用方式。相反，我们意识到，仔细分析几个社会和情境变量将大有裨益，这包括每个变量对语言使用的影响以及这些因素如何相互作用，从而影响语言的使用方式。在本章剩下的篇幅中，我们将注意力放回第二语言学习者，简要讨论了这些社会语言学发现对第二语言习得的意义，并以此作为本章的结束。

在第一章中，我们了解到几十年前就出现了“交际能力”一词，人们用它来指代学习者所有类型的知识，或全部能力，这些是他们成为某一特定语言的合格使用者而必须具备的。随着时间的推移，这一术语的定义发生了变化，但几乎每一种定义都包含着同一种核心能力，即根据一系列因素来改变语言的能力，其中包括说话者、听话者和互动语境的特征。从社会语言学研究的案例中，我们可以发现，我们身边语言的细微之处传达出了我们自己的身份和交往的人群。对于第二语言学习者来说，一个重要的挑战是在他们自己的语言中反映出适当的社会信息，以及培养对自己接触的语言中的这类信息的敏感性。因此，我们的讨论将从这些特征如何反映在母语者的语言中转移到学习者如何培养将社会信息融入自己 71
的理解和产出的能力。我们将了解到，人们认为社会信息和尚在形成的语法之间相互作用和影响的程度千差万别，这些信息的表现和发展方式也大有不同。然而，我们的目标是了解学习者如何发展自己互动能力中的这一独特之处，这一目标始终如一。

课外阅读推荐

a. Holmquist, J. (2008). Gender in context: Features and factors in men's and women's speech in rural Puerto Rico. In M. Westmoreland & J. A. Thomas (Eds.), *Selected Proceedings of the 4th Workshop on Spanish Sociolinguistics* (pp. 17-35). Somerville, MA: Cascadilla Press.

b. Labov, W. (1972b). The social stratification of (r) in New York City department stores. In W. Labov (Ed.), *Sociolinguistic Patterns* (pp. 43-69). Philadelphia: University of Pennsylvania Press.

c. Mendoza-Denton, N. (2008). Variation in a community of practice. In N. Mendoza-Denton (Ed.), *Homegirls: Language and Cultural Practice Among Latina Youth Gangs* (pp. 230-264). Malden, MA: Blackwell.

d. Otheguy, R., Zentella, A. C., & Livert, D. (2007). Language and dialect contact in Spanish in New York: *Towards the formation of a speech community. Language, 83,* 770-802.

e. Upadhyay, S. R. (2009). The sociolinguistic variation of grammatical gender agreement in Nepali. *Journal of Pragmatics, 41,* 564-585.

理解与运用

A. 理解

1. 什么是个人习语?

2. 言语社区的成员之间共享什么?

3. Milroys 对社会网络的研究做出了什么贡献?

4. 知识实践社区与言语社区有何不同?

5. 什么是隐性强势?

6. 自下而上和自上而下的变化有何不同?

7. 根据大量的研究，哪种性别使用的非标准语言变体更多?

8. Lauwereyns（2002）的研究中，哪三个独立因素很重要? 它们产生了什么影响?

9. 什么是视时比较? 在这种比较中，年龄分级说明什么?

10. 根据 Wagner 和 Sankoff（2011）的研究，在第二次收集的数据中，社会职业地位的影响是什么？

11. 种族取向在 Hoffman 和 Walker（2010）的研究中的作用是什么？

12. Travis（2007）在语篇语境对西班牙语主语代词形式的影响方面注意到了哪些差异？

B. 运用

1. 你已经阅读了一些表明性别对语言影响重大的研究，其中包括 Lauwereyns（2002）的研究。试想，当你的母亲要求你做某事（即提出请求）时，与当你的父亲这样做时，他们提出请求时使用的语言是否有差异？凭直觉写下你觉得可能存在或不存在的差异。然后，在你下一次与他们通话时，记下他们要求你做的事情，以及站在语言学的角度上，他们是如何发出这一请求的。你注意到不同之处了吗？相似之处呢？结果与你的直觉相近吗？

2. 你还了解到，说话者通常根据性别认同来组成群体，群体成员使用语言的方式相同。当一名男性的语言具有女性特征时，可能会产生什么影响呢？当一名女性有男性特征时呢？回想一下电影或电视中的某个人物，他或她的语言能够让你联想到与之相对立的性别。在这个人物的圈子里，其他人对他或她的感觉如何？其他人物有可能意识到性别和语言使用方式之间的联系了吗？

3. 本章介绍了隐性强势的概念。你认为说话者为什么会选择被其他社会成员贬低的形式并将其作为强势语言？有的人会主动避免使用某一语言形式，但是其他人却使用得越来越多，你能从你身边举出这样的例子吗？

4. Jenifer 和 Monica 在同一家服装店工作，并且住在同一个城市。然而，她们说话时，给人的“感觉”截然不同。根据你在本章学到的知识，设想还有哪些社会因素可能在语言上影响他们，并导致她们使用不同的语言形式。

5. 回想你遇到陌生人时给对方的第一印象。他们通常认为你来自哪里？他们一般能猜对吗？你语言中的哪些特点会让人这么认为？你说某些元音或辅音的方式是否与众不同？你是否会使用某些“暴露自己”的字眼（即词汇）？你的语言中还有其他方面会让人联想到某一特定地区吗？如果人们不会把你与某一特定地区联系起来，想想你遇到的能够让你立刻就知道他来自哪里的人（或名人）。

6. 阅读下面两句话：（1）“There’s two boxes of cereal in the pantry.”（2） 73
“He don’t care if you go or not.”如果你必须给这些句子打分，你会说它们听起来一样吗？你觉得其中一个听起来要“更好”吗？一个听起来“更糟”吗？问问你的一些朋友。你们都这么认为吗？这两句话有什么不同呢？回答这个问题后，你能想到其他在接受度上不同（或相同）的句子吗？如果你照着 Squires（2013）

的研究，你认为对这些句子的研究会得出类似的发现吗？如果没有，你的发现会有什么不同？

第二部分 76

研究社会语言学和第二语言习得的方法

77

第四章　第二语言习得研究的社会方法

本书第一章介绍了交际能力和社会语言能力。我们了解到，要想真正成为优秀的语言使用者，我们必须能够正确地理解并产出语言中的要素，这些要素因说话者、语境和地理区域而异。类似地，第二章和第三章概述了社会语言学领域以及研究者在该领域进行的各类探究。我们明白了语言在语法的各个层面上不尽相同，并且我们使用语言的方式会受到许多个体和群体因素的影响。实际上，我们认同的群体以及如何定义这一群体一直是广泛研究和理论建设的焦点。从社会语言学领域的研究中可以清楚地发现，大家都不约而同地关注语言的社会层面。换句话说，社会语言学将语言使用视为一种社会活动，它允许说话者以各种方式相互联系，并完成一系列交际任务。在本书的后面部分，我们将注意力投向第二语言学习者，以及诸多通过社会语言学知识来帮助我们理解第二语言习得的方法。

什么是第二语言习得研究的社会方法？

导言章节可能还没有解释清楚的是，尽管大家都普遍认同交际能力具有多面性，且社会语言学关注社会因素，但第二语言习得的研究一直以来都更加关注心理语法的语言因素。由于这些方法侧重于认知和心理结构，因此它们通常被称为
78 语言习得的**认知方法**（cognitive approaches）（Atkinson，2011a）。具体来说，认知方法侧重于将语言知识视为一个独立的系统，认为其包含语言习得的内部心理过程，人们通常认为前者包含固有的语言信息，后者从根本上说，则是人类认知的产物。这些方法通常与**社会方法**（social approaches）形成对比，人们可能普遍认为后者涵盖了所有在对语言知识和语言习得的解释中纳入社会因素的方法。然而，我们在本章使用“社会方法”这一术语来表示那些将语言学习和语言使用的社会因素放在首位，并优先考察社会语境对语言的影响的方法。

尽管在第一章中，大量研究指出了社会因素在影响第二语言习得和使用中

的重要性，但很少有研究同时关注学习者语言、习得和使用各种模式之间的联系以及各种社会因素的影响。实际上，1997 年，Firth 和 Wagner 在他们具有开创性的文章中指出，认知导向视角在第二语言习得研究中的主导地位使得该领域的理论框架和方法的应用与发展存在倾斜或“不平衡”。他们表示，社会因素没有得到足够的重视，这一研究促使人们进一步探究语言学习的社会层面。Firth 和 Wagner 的文章得到了广泛的回应，一些人表示赞同，一些人则表示反对。但所有这些都促生了重要研究进展，人们现在可能把它们看成认知社会争论，或者更夸张地说，认知社会鸿沟（例如，Block，2003；Gass，1998；Hall，1997；Kasper，1997；Long，1997）。而这一研究的最大成果可能是让人们对社会环境和社会特征可能影响语言学习和语言使用的诸多方式产生了更大的兴趣。十年后，《现代语言杂志》（2007）出版了一本专刊，以评估第二语言习得的社会方法的研究现状发生了多大改变。该书作者指出了几项重要成就，例如，在许多研究中优先考虑了社会文化和语境因素（Swain 和 Deters，2007），越来越多的实证数据说明了社会语境与第二语言使用和习得之间的关系（Tarone，2007），以及将学习者重新定义为目标语言的合理使用者（Mori，2007）。然而，仍有许多人对某些领域缺乏变革表示担忧，包括将社会方法融入第二语言课堂（Lantolf 和 Johnson，2007）和学习者身份认同的表层概念化（surface-level conceptualization）（Block，2007）。

显而易见的是，虽然社会语言学家在探索语言使用方面的目标一致，但第二语言习得研究者的目标不尽相同，这些目标有时甚至存在冲突。本章的目标既不是对任何单一的社会方法进行深入阐述，也不是要参与到社会认知鸿沟的辩论中 79
去。相反，我们试图考察第二语言习得的社会理论的范围、它们对语言学习知识的总体贡献，以及这些方法的整体特点。最后，有必要指出的是，这里所包含的社会理论范围相当广泛，不一定局限于社会语言能力习得或社会语言变异。

第二语言习得研究的社会方法示例

如前所述，本章重点介绍将社会影响放在语言学习首位的模型或方法。在一些情况下，我们选取了经典示例，可作为当前研究的基础，而在另一些情况下，这些例子仍然是卓有成就的研究分支。我们概述了每种方法，明确了该模型如何解释社会因素的影响，并基于每个框架，就社会（以及其他）因素在学习第二语言中的作用发表了看法。接下来，我们将简要介绍如何基于每一种方法进行第二语言习得研究。概述的最后对这些模型进行了批判性评估。

文化适应模型

早在 Firth 和 Wagner（1997）呼吁大家对第二语言习得和使用的社会维度进行更多研究之前，一些研究者就已经转向了“社会层面”，以试图全面解释学习者取得不同成就的原因。例如，John Schumann（1978a，1978b）的研究让他开创了第二语言习得的**文化适应**（Acculturation）或洋泾浜化模型。Schumann（1978a）观察到，在 10 个月的学习过程中，一名未受过训练的西班牙语学习者在英语否定句、*wh-* 疑问句、是非疑问句的倒装、屈折词法（inflectional morphology）和不同功能的辅助词（例如，*do-* 强调、进行、完成、情态）的学习方面取得的进步微乎其微。这位名叫 Alberto 的学习者成为 Schumann（1978a）开展的一项全面的案例研究的重点，该研究旨在考察 Alberto 英语习得中的语言和非语言层面。在语言层面的分析中，Schumann 呈现了 Alberto 的简化版英语与洋泾浜语言的几个共同特点。其中一个例子是，Alberto 喜欢用 *no* 来表达否定。另一个例子是，
80 Alberto 一般不会使用屈折词法。Schumann 通过这种跨语言的比较分析得出结论，即 Alberto 说的是一种洋泾浜化的英语，但“为什么”Alberto 的英语得到了简化与删减这一问题仍未得到解决。

Schumann（1978a）借鉴了 Smith（1972）关于洋泾浜化和语言社会化的研究，提出 Alberto 使用的英语“局限于”实现基本的交际功能，这导致了其英语的简化以及英语变体使用的减少。Schumann 进一步指出，这种“功能限制”源自 Alberto 与目标语言社区的说话者之间的社会和心理距离。换言之，Alberto 英语学习进展缓慢的原因是他对目标语言群体缺乏文化适应。Schumann（1986：379）将文化适应定义为“……学习者与目标语言群体的社会和心理融合”。在他的模型中，社会和心理因素可能影响学习者和目标语言群体中的说话者之间的交往。此外，整合这两组因素对于目标语言的习得至关重要。换句话说，成功的习得取决于学习者在社会和心理层面对目标群体的文化适应。

Schumann 的模型中一个至关重要的部分是他如何描述社会和心理距离。该模型中，与社会距离相关的因素来源于社会语言学领域以及与双语和种族关系相关的研究（参见 Schermerhorn，1970）。Schumann（1978a，1986）将一些结构视为可能影响学习者与目标语言群体成员之间交往程度的因素，如社会主导模式。表 4.1 总结了该模型包含的所有因素，以及每个因素的定义。

基于表 4.1 总结的每个因素，Schumann（1986）提出了第二语言学习的假设。例如，Schumann（1986）猜想，学习者群体的凝聚力越强，该群体中的学习者就越不可能融入目标语言群体的说话者。学习者与目标语言群体交往的机会减少，这反过来会限制他们与目标语言使用者的互动，并最终影响第二语言习得的水平。需要注意的是，这些因素并不一定相互独立，也非一成不变。相反，每个因素都处在一个连续体上，例如，从更具主导地位到不具主导地位或从属地位（在社会主导模式的情况下），或者从对目标语言群体更积极的态度到更消极的态度。这些因素共同决定了学习者与目标语言群体成员之间的社会距离。

Schumann（1986）提出的**心理因素**（psychological factors）包括语言冲击、文化冲击、学习动机和自我渗透，所有这些都有可能影响学习者与目标语言群体

表 4.1　对社会距离有影响的因素（基于 Schumann，1986 的研究） 81

社会主导模式	学习者和目标语言群体在政治、文化和经济上的地位关系如何
整合策略	包括同化（即采用目标语言群体的生活方式和价值观）、保留（即拒绝目标语言群体的生活方式和价值观，而使用自己的生活方式和价值观）和适应（即适应目标语言群体的生活方式和价值观的同时，保留自己群体的生活方式和价值观）
封闭程度	学习者与目标语言群体成员共享社会机构（如学校、教会）和职业的程度
凝聚程度	学习者与自己群体中其他学习者之间关系的密切程度
群体大小	与目标语言群体相比，学习者群体的大小，这对学习者群体成员交往的频率有影响
文化相近	学习者文化与目标语言文化之间的相似程度
态度	通过李克特式问卷来测量，比如“我认为美国人友好 / 不友好，聪明 / 愚蠢”等，或者“你有多喜欢美国人？”（Schumann，1978a：179，181）
打算居留的时间	学习者打算在目标语言群体所在地居住多久

之间的交往。这反过来会影响第二语言习得。自我渗透与 Krashen（1982；另见第一章）提出的情感过滤器这一概念类似，这个词旨在说明抑制第二语言的各个方面可能会降低学习者对可用输入的“开放性”，这会影响个人习得语言的能力[1]。与社会距离一样，心理距离也是一个连续体，相关因素共同决定了学习者与目标语言社区成员之间的距离。

回顾整个文化适应模型，我们会发现社会和心理的整合对习得至关重要，它 82
们都包含各自的“集群”或一组因素。Schumann（1986）将自然主义情境下的第二语言学习视为目标语言群体文化适应的结果。从本质上讲，文化适应影响可

用输入和互动的质量与数量，二者反过来又影响语言学习。因此，在第二语言习得过程中，文化适应模式赋予了社会因素一个至关重要的作用。

研究方法与文化适应模型

为了解释备受关注的语言结构的发展，采用了该模型（文化适应模型）的研究者运用了混合式诱导研究方法。除了诸如自发对话这种较难控制的诱导方法外，研究者还使用了更多的受控诱导任务，如模仿和双语句法测量（Burt、Dulay 和 Hernandez-Chavez，1975）。Schumann（1978a）的开创性研究还包括预先策划的社会语言互动。在这些预先策划好的互动中，Schumann 陪同 Alberto 参加了各种社交活动，例如，在餐馆点菜，并且观察了 Alberto 对所研究的语法结构的使用。除了收集在不同场景下产生的语言实例外，Schumann 还测量了大家感兴趣的社会和心理因素。一般来说，研究者需要综合考察实地观察结果以及每位参与者完成的详细问卷调查结果。调查问卷通常是专门用来衡量学习者对目标语言社区的成员和知识实践的态度，以及他们学习语言的动机。

对于那些对文化适应感兴趣的研究者来说，一个关键难题是确定如何评估影响学习者和目标语言群体之间的心理距离的因素。Schumann（1986）指出，对试图用实证研究来表征诸如语言或文化冲击和自我渗透等概念的研究者来说，为这些因素制定衡量标准是他们的主要难题。Masgoret 和 Gardner（1999）详细介绍了测量“文化适应压力”的研究尝试，即加拿大移民因离开祖国（西班牙）所经历的困难的程度。这项测量通过使用 19 种李克特式书面陈述问卷进行评估，结果表明，只有居住时间与文化适应压力相关：在加拿大居住时间较长的人文化适应压力水平较低。根据他们的汇报，文化适应压力与其他变量不相
83 关，例如，自我汇报的或实际的语言能力、语言同化或语言整合。因此，本研究提供的证据表明，与 Schumann 的模型相反，和目标语言社区的文化适应相关的压力似乎与语言交往以及随后的语言习得没有直接关系。为了检验 Schumann 的假设，研究者进行了大量研究，一些研究对此表示支持（例如，Kitch，1982；Maple，1982），另一些研究则反驳了该假设（England，1982；Kelley，1982；Schmidt，1983；Stauble，1981）。虽然这一假设在当代研究中并不常用，但它的确为研究文化认同与第二语言语音学习之间的关系（Lybeck，2002）提供了基础，也为研究跨文化互动的特征及其与旅居者或临时居民对第二语言态度的关系提供了基础（Culhane，2004）。

顺应理论

与文化适应模型一样，**言语顺应理论**（Speech Accommodation Theory）试图解释第二语言学习者在习得过程中取得的最终成就。更通俗地讲，言语顺应理论是一种社会语言学理论，探讨个体为何会在社会互动（social interaction）中调整自己的语言。如本书前几章所述，说话者根据与之交谈对象的特征等因素来调整自己使用的语言。例如，大多数人和祖母说话的方式不同于与兄弟姐妹说话的方式。言语顺应理论的支持者使其更为复杂一层，他们提出，说话者也会根据交谈对象的语言来调整（或不调整）语言，以应对众多的语境和 / 或心理变量。例如，研究生导师可能会调整他们语言的各个层面，以便和正在交谈的学生保持距离。在言语顺应理论中，人们将这种交际策略称为**离散**（divergence）。相反，同一研究生导师可能会调整自己语言的各个层面，让自己的语言更贴近该学生的语言，在这种情况下，人们将这种表现称为**趋同**（convergence）。尽管之前对这一理论的大部分研究都集中在言语顺应的语言层面，趋同和离散也可能表现为非语言行为（例如，点头、微笑）。

言语顺应理论起源于社会心理学领域，其中最为著名的是 Howard Giles 的研究。值得注意的是，社会心理学家将语言作为一种人际现象进行研究。这意味着，研究重点是个人语言行为与其交谈对象的行为是如何互相影响的。这与大多数社会语言学家所采用的语言研究视角不同，他们将语言作为一种个人现象来研究，抑或是研究个体或群体的语言行为如何受到话语本身的语言环境特征或方面的影 84
响[2]。在其早期的研究中，Giles（1973）让缺乏经验的听者根据有标准英国口音（即拥有较高社会声望的标准发音）的说话者以及有地域口音（布里斯托尔口音）的说话者的访谈来评估各个说话者的口音和语法是如何变化的。他发现，在使用标准语言变体的采访中，说话者更能调节自己的语言。这项研究对言语顺应理论的发展至关重要（Giles，1977；Giles 和 Powesland，1975；Giles 和 Smith，1979；Giles、Taylor 和 Bourhis，1973），随后的研究试图详细考察影响语言趋同和离散的因素。

Giles（1973）最初假设了几个影响特定说话者对所交谈对象的顺应程度的因素。这些因素包括口音忠诚度、社交态度和认知风格（第 102 页）。他指出，有些说话者在那些与自己的语言在某方面存在差异的人面前，只会或多或少地调整自己语言的各个层面，而不管交谈对象在年龄、社会地位或其他属性方面的差异。此外，社会态度，即个体的种族中心主义程度，也可能影响言语顺应，致使个体认为自己与交谈对象属于同一群体或语言社区。个体在社会互动中的实际参与程度，或场独立性，也可能影响语言趋同的程度。人们不仅从调整言语方面研究语言趋同，还从语言选择方面对其进行了探讨。例如，Giles、Taylor 和 Bourhis（1973）研究发现，说英语的蒙特利尔人在听到说法语的人使用英语交流时，更有可能用法语回答，而且他们还会认为说法语的人更“体贴”，愿意“弥合”英裔和法裔加拿大人之间的鸿沟。考察言语顺应的主要研究已经证明了社会因素可能会影响说话人在社会互动过程中的可变性，尤其是说话人对交谈对象的社会、语言层面以及周围社会环境的感知这些因素（另见 Beebe，1977；Bourhis 和 Giles，1977；Bourhis、Giles、Leyens 和 Tajfel，1979）。

虽然最初言语顺应理论并不是用来解释语言学习的，但因其在第二语言习得研究中的应用，特别是在第二语言使用中的可变性研究，我们将其归纳在本部分。言语顺应理论在第二语言习得中的应用已经在实践和理论上得到了发展，其中最著名的是 Jane Zuengler 的研究。这类研究的基本假设均相同：学习者（不）调整自己的语言以顺应母语或非母语交谈对象的语言，以此来弱化（或突出）互
85 动过程中的语言差异。然而，一个重要的区别是，根据学习者希望在互动过程中顺应对方语言的程度的不同，对语言进行的调整既可能被认为更准确或相似于目标语言，也可能被认为不太准确或不相似于目标语言（例如，Zuengler，1982，1991）。大部分研究第二语言言语顺应的前人研究都将种族认同作为影响变化的第二语言使用的潜在社会因素。例如，Beebe（1981）的研究发现，当与泰国采访者交谈时，说中文的泰语儿童学习者其元音发音方式比与中国采访者交谈时更像泰语。Zuengler（1982）的研究指出，当面对以英语为母语的面试官所做的种族威胁性陈述时，以英语为第二语言的使用者表现为，要么在发音上趋同以给出客观回应，要么在发音上离散以给出更主观或个人的回应。Young（1988）在一项对以英语为第二语言的学习者的研究中发现，种族以及母语交谈对象的其他属性（如年龄、性别和职业）解释了中国英语学习者表现出的语言趋同。总的来说，言语顺应理论在第二语言习得中的应用凸显了一种研究方法，即考察社会和心理因素与可变的第二语言准确性和使用之间的联系。

研究方法与顺应理论

基于顺应理论研究方法开展的研究已将访谈作为引导学习者语言产出的主要手段。为了能够衡量学习者与其交谈对象之间语言行为的趋同和离散，学习者通

常扮演被采访者的角色，而第二语言的母语者或更熟练的语言使用者则扮演采访者的角色。这种访谈设计不仅有助于研究采访者言语的语言层面如何影响学习者的趋同或离散，而且有助于研究年龄、性别和感知到的种族身份等非语言层面如何与学习者使用的语言模式相关联。数据分析方法与主流社会语言学研究方法一致（见第二章和第三章），社会因素在其中可被视为语言使用的个体影响变量。

社会文化理论

社会文化理论（Sociocultural Theory）是语言学习研究中最著名的社会学方法之一。人们看待认知过程和语言的方式使得该理论成为一种社会理论。在此框
架下，人类的思维或心理活动被认为来源于外部或社会，且语言被视为服务于 86
社会目的的工具。苏联发展心理学家 Lev Vygotsky 的译著为这一理论提供了指导性原则。他观察到，儿童在早期阶段必须依靠与看护者的人际互动来解决问题和完成任务或活动，因为他们缺乏独自完成这一任务所需的内部战略资源（参见 Wertsch，1980）。依赖看护者，或者通常来说，更熟练的个体来完成任务或活动的过程称为**他人调控**（other-regulation）。他人调控的一个关键特征是使用语言来**调节**（mediate）一个人的思维（即内部或认知过程）与外界环境（即外部或社会过程）之间的关系。基于这种观点，语言是调节过程中使用的符号工具，也是引导人们关注社会背景的关键特征的有力工具。人们将这种注意力引导称为**支架**（scaffolding）。作为搭建过程的一部分，看护者或熟练个体以合作性对话（collaborative talk）的方式来确定儿童的潜在发展水平。儿童的实际发展水平与其潜在发展水平之间的差距称为**最近发展区**（zone of proximal development）。最终，儿童将从社会互动中获得的知识和技能融入自己的意识，从而学会如何独立完成任务或活动。这种内化从社会互动中获得信息的过程称为**挪用**（appropriation）。被挪用的知识和技能使得个体能够控制自己的心理活动，进而使他们能够自己完成任务或活动。这种独自完成任务的能力被称为**自我调控**（self-regulation）。但要谨记重要的一点是，即使是熟练的个体也不能仅依靠自我调节。相反，当面临认知困难的任务或活动时，熟练个体可能依靠周围环境中的其他个体或物体（即物体调控）来指导自己的心理活动。在完成困难任务时，依赖个体或物体的帮助被称为**持续接触**（continuous access），这种接触有助于技术熟练的个体或成年人重新获得或恢复自我调控。一般来说，该理论将学习视为内化从社会互动中获得的信息以达到自我调控状态的过程，并且只要困难任务出现，该过程就可被

重复。

James Lantolf 曾将社会文化理论拓展到第二语言习得的研究中，人们如今已经广泛接受这一拓展。该框架下的研究出现在众多的著作（例如，Lantolf，2000；Lantolf 和 Thorne，2006）和论文中，其中介绍了对许多具有不同第一语言背景的第二语言学习者进行理论基础测试的研究。对调节和自我调控的研究表
87 明，学习者能够使用第二语言控制正在进行的任务。例如，在一项对 21 名具有不同母语背景（阿拉伯语、汉语、法语、日语、西班牙语等）且将英语作为第二语言的中级学习者的研究中，Frawley 和 Lantolf（1985）试图探究学习者在完成故事叙述任务时如何使用第二语言来获得自我调控。在命名参与者和图片中的事件以及使用进行体时，研究者观察到第二语言学习者试图获得自我调控。

在社会文化理论中，另外两个重要概念是**自言自语**（private speech）和**内部语言**（inner speech）。自言自语（Flavell，1966）是指用于完成任务或活动的外在言语表达。当儿童通过大声地自言自语来解决问题时，人们将这一行为看成是一种自我调控。同样地，第二语言学习者可能会大声地自言自语，以控制或调节自己完成的任务或活动。大声说话代表内在形式的**外在化**（externalization），这种策略用于控制或调节困难的任务。最终，儿童和第二语言学习者能够在不对外界发出声音的情况下进行自我调控。这种自我调控被称为内部语言，它代表了一个更加独立自主的思维阶段。与持续接触这一概念类似，在完成困难任务或活动时，成年人和第二语言学习者可能会转而通过自言自语来维持自我调控。

回到调节这一概念，先前的研究表明，学习者可能并不总是具有使用第二语言来调节思维的能力。例如，Darhower（2004）的研究表明，使用母语对话日记可以调节说英语的学习者对第二语言西班牙语的目标结构的使用，也可以用来叙述他们学习西班牙语的相关经历。通过对语言学习相关经历的叙述，Darhower 突出了学习者在学习过程中的能动作用。整个研究为目标调控提供了一个绝佳案例——在这一例子中，使用了母语对话日记来指导第二语言的思维。第二语言自言自语的相关研究结合了课堂学习者（例如 Centeno-Cortés 和 Jiménez-Jiménez，2004；Frawley 和 Lantolf，1985；Lantolf 和 Yáñez-Prieto，2003；McCafferty，1992；Ohta，2001）和自然主义学习者（例如 Anton 和 DiCamilla，1998；Itoh，1973）。总的来说，本研究的结果倾向于证明学习者使用自言自语来获得和 / 或维持对正在进行的任务的控制。此外，这些研究表明，随着任务难度增加，自言自语的使用频率也在增加。最后，研究表明在自言自语中使用母语也有助于完成

任务。

此框架下的第二类研究探索了第二语言学习中的最近发展区。例如，Aljaafreh 和 Lantolf（1994）研究了辅导课程中三名具有不同母语背景（日语、西班牙语和葡萄牙语）的 ESL（英语作为第二语言）学习者。学习者写了一篇 88
课堂小论文（最初是一份课程作业），然后与导师见面对其修改。修改文章包括一个代表支架的多步骤流程。首先，在辅导课开始之前，导师阅读文章，但不给予任何纠正性反馈。接下来，导师指导学习者独自阅读文章，并画线标记和 / 或进行自我纠正。最后，学习者和导师一起逐句回顾文章，这时老师会使学习者注意到之前没有发现的错误。注意到这些错误是一个循序渐进的过程，导师先总体询问学习者是否注意到整篇文章中的任意错误；之后，如有必要，导师引导学习者注意错误的形式和 / 或给予关于如何纠正错误的提示。该研究表明，调节的数量和质量（即隐性或显性反馈）因每个学习者而异。此外，有人认为发展可能具有从更加显性的调节形式转变为更加隐性的调节形式的特点（Lantolf，2011）。Nassaji 和 Swain（2000）指出，对调节的研究应考虑个体学习者的需求及其最近发展区。

在 Poehner（2005，2008）的研究推动下，人们通常将旨在考察最近发展区的发展的研究归为**动态评估**（dynamic assessment）研究。动态评估是一种综合的教学与评估形式，它使我们能够确定学习者可以通过仅使用第二语言和通过调节语言分别做什么。Poehner（2008）发现，在四个月的时间里，高级法语学习者描述愈发复杂电影场景的能力呈现出了不同的发展速度。重要的是，学习者能够在较简单的叙事中，使用从调节互动中获得的恰当方法，并将其应用于更为复杂的叙事。动态评估的研究重点是听力理解（如 Ableeva，2010）、形态句法（如 Lantolf 和 Poehner，2011）和位置测试（如 Antón，2009）的发展。虽然每项研究的侧重点不同，但它们都认同动态评估有助于学习者第二语言发展这一观点。同样地，研究者们证明了通过语言调节，每个学习者的第二语言发展水平千差万别。

研究方法与社会文化理论

对最近发展区的调节、调控和第二语言发展的研究需要某种研究方法去观察学习者使用第二语言完成任务和解决问题的行为。特别是对于调节和调控， 89
研究者常常给予学习者稍微超出其当前发展水平的任务，以便直接观察他们在解决问题时的行为。专注于考察正在发生的过程，这种方法被称为**成因法**（genetic method）（Vygotsky，1978）。关于学习时间，研究设计可以采用一次性任务，比较学习者之间的活动，也可以采用多个任务，比较按难度组织的各项任务中的单个学习者或较小的学习者群体。特别是关于最近发展区的发展性研究，我们可以在几次见面中，或延长几个月的时间内，检查学习者在给定活动类型中的第二语言使用情况（例如，Poehner，2005，2008）。无论采用何种引导方法，这类研究旨在观察那些被认为对发展过程至关重要的行为，比如，对实时发生的内部言语或物体调控的使用。

身份认同方法

第二语言习得的**身份认同方法**（identity approach）采用独特的角度来看待学习者与外部社会环境之间的关系。基于这种方法，学习者通过社会身份认同与学习环境产生联系。Bonny Norton（1997；Norton Pierce，1995）是引领身份认同方法理论和实证研究的核心人物，他将身份认同定义为“个体如何理解自己与世界的关系、个体如何跨时间和空间构建这种关系，以及该个体如何理解未来的可能性”（Norton，2000：5）。该方法有两个核心原则：（1）语言学习者的社会身份认同是复杂多变的，（2）通过社会建立起的权力关系会影响学习者与目标语言社区说话者互动的机会。我们对这一方法的讨论将呈现这两个原则如何致力于发展语言学习，这类语言学习将在寻求互动机会时的个人和环境压力纳入考量。

Norton 对第二语言学习中**社会身份认同**（social identity）的概念化来源于 Weedon（1987）提出的主体性后结构主义理论。Weedon 将社会身份认同或主体性描述为多重性、竞技场和一些随时间变化的事物（Weedon，1987）。将社会身份认同描述为“多重性”表明主体或个体被认为是动态的、分散的概念，并且核心往往是相互矛盾的。Weedon 不将它们看成是固定的、具有核心的事物，且不可以用一分为二的方式（例如，有动机的 / 无动机的、内向的 / 外向的）来表征。社会身份认同也被形容为“竞技场”，因为主体性是对立和动态的。换言之，身份矛盾和不断变化的性质意味着发展个人社会身份认同的过程是一个斗争的过
90 程，从这个意义上来说，它需要持续不断的重新评估和发展。主体一直尝试在话语中定位和 / 或重新定位自己，这种话语是由外部权力关系构建的。最后，由于社会身份认同是多重且矛盾的，它会随着时间而变化。从这个意义上来说，我们认为社会身份及其在语言使用和习得中的作用具有复杂性，而身份认同理论则体

现了在这一复杂程度上取得的重大成就。

身份认同理论中的另一个重要概念是**投资**（investment）。投资是指“……学习者与目标语言在社会层面和历史层面上构建的关系，以及他们对学习和使用目标语言的矛盾的想法”（Norton 和 McKinney，2011：75）。投资并不等同于动机（参见 Gardner 和 Lambert，1972）。身份认同理论研究者认为，学习者对第二语言的投资是为了增加自己**文化资本**（cultural capital）的价值（例如，Bourdieu 和 Passeron，1977 [1970]），而并不是想学习第二语言以获得更好的工作（即工具型动机）或者成为目标语言社区的一员（即融合型动机）。人们将文化资本定义为“与特定社会形式相关的不同阶级和群体所具有的知识和思维模式，并且具有不同的交换价值”（Norton 和 McKinney，2011：75）。换言之，学习者进行投资是为了收获良好的回报或者获取影响其文化资本价值的资源。当学习者认为他们为学习一门语言所付出的努力没有得到良好的回报时，他们在学习过程中的投资会受到影响。同样地，如果学习者认为自己在与目标文化和语言进行互动方面所做出的努力是有利可图的，那么他在未来将继续投入精力。

Norton Peirce（1995）对加拿大移民女性学习英语的研究具有开创性，其中探讨了投资与第二语言学习之间的关系。在该项研究中，五名参与者都表现出了学习英语的强烈动机。但即便如此，在某些社交场合中，说英语也会令她们感到不适。例如，Martina 是一名来自捷克斯洛伐克的母亲，作为家中主要负担家计的人，她想要学习和使用英语的动机是为了能够找到更多的工作。这些工作通常涉及与周围社区成员互动，以此实现诸如为孩子们找学校等目标，这些互动让 Martina 感到不适和自卑。久而久之，Martina 找到了更多使用英语的机会，且更加了解加拿大社会以及如何在这里生活。因此，在为期一年的研究中，Martina 对该语言的投资有所增加，以此来满足她想改变与目标社区关系的愿望。这种不断变化的关系最终对她的英语习得产生了积极影响。

人们也对课堂学习中的投资进行了研究。在一项针对两名加拿大日语学习者（一名为日裔加拿大人，另一名为讲英语的加拿大人）的案例研究中，Haneda（2005） 91
的研究说明了对日语写作的不同投资如何反映他们作为不同社区成员的各种身份以及他们不同的目标。对于日裔加拿大人 Jim 来说，日语写作似乎受到了他与族裔社区（heritage community）关系的影响。Jim 想通过提高对语言的掌握，从而成为该社区中一名“更完整”的成员。他还认为自己是一位优秀的英语作家，并希望将自己的身份特质延伸到自己的族裔语言中去。这就需要对第二语言写作进行大量投资。对于说英语的加拿大人 Edward 来说，他希望成为一名成功的商人，因此他在日语写作方面的投资较少。这是因为他认为擅长用第二语言写作不是实现职业目标的必要技能（相对于日语口语和阅读的重要性）。因此，Haneda（2005）的研究表明，投资与自我认知和社会身份构建有关。她的研究还表明，目标语言社区中真实和 / 或想象的成员身份是如何影响 Jim 和 Edward 的日语写作方法的。在简要讨论想象社区的概念后，我们将继续讨论这些研究发现。

想象社区（imagined communities）是身份认同理论中的一个核心概念。Norton 和 McKinney（2011：76）将想象社区定义为“一群我们通过想象的力量来联系的人，而非身边有形可触的人”。Wenger（1998）认为参与知识实践社区可以通过参与（即直接体验）和 / 或想象影响第二语言学习的语境来实现。Norton 对这一想法进行了拓展，这一拓展让她能够解释课堂中不参与和抵触的情况。研究者猜测，与尚未见面或即将见面的社区成员具有同一社区意识，以及与该社区的关联程度都会影响语言学习的进程。此外，研究者认为二者还会影响第二语言的身份认同（真实的和想象的）和投资。回到 Haneda（2005）的研究，两位学习者在真实和想象社区中的参与和成员身份影响了他们对写作的投资。Jim 加入了一个由作家组成的学术团体以及当地的日本社区，这对他的写作投资起到了很大的作用。Jim 想加强日语写作能力，以维持自己作为一名实力作家的身份认同感。同时，他希望提高自己的日语，以便与当前和未来或想象中的日本家人、朋友和亲戚共同参与活动。Edward 对写作的投资直接来源于他想象中与说日语的人交流的方式。作为一名未来商人，在他设想自己会加入的专业群体中，口语和阅读将比写作更重要。因此，这些不同的想象社区和（非）参与方式似乎
92 影响了每个学习者对第二语言的写作投资。

总的来说，我们可以将身份认同方法对语言学习的社会层面的关注看成是学习者相关因素（如投资）和学习环境相关因素（如真实社区和想象社区）的整合。就像语言一样，这些概念最终被理解成是通过社会来构建的，并且反映了可能对学习产生影响的权力关系。因此，学习第二语言的身份认同方法将学习视为一种社会文化实践，特别是“发生在特定社会文化语境中的特定说话者之间的关系活动”（Norton 和 McKinney，2011：79）。第二语言的发展反映了学习者更多地参与到了目标语言社区（真实的或想象的）中，并额外收获了专属于该社区的社会和文化实践经验。这一过程被称为**合法的边缘性参与**（legitimate peripheral participation），它会发生在特定社区的学习者（或“新来者”）和既定成员（或“老前辈”）之间。学习总是处于特定的社会情境中，与目标语言社区的边缘化

程度会影响相关实践的参与度。这种参与度最终会对每个人获得的学习机会产生影响。

研究方法与身份认同理论

由于身份认同方法关注的是在目标语言社区中的参与，因此，许多研究在本质上都倾向于长时追踪（至少一年）。这种长时追踪的方法与试图记录身份如何随时间变化的研究相一致。此外，个体和社会关系的复杂性以及如何在社会中构建权利使得详细描述参与者的经历变得很重要。基于此，身份认同的研究者通常关注叙事，要么通过对参与者进行多次采访（例如，McKay 和 Wong，1996；Norton，2000），要么考察现有的自传和传记（例如，Pavlenko，2001a，2001b，2004）。许多研究采用混合方法，使用叙述、问卷、日记和观察实地记录。虽然我们可以使用不同的方法或方法组合，但它们始终反映的是考察学习者经历的定性方法。

语言社会化方法

第二语言习得的语言社会化方法与学习者语言、文化和交际能力的发展密切相关（Duff 和 Talmy，2011）。从一开始，我们就注意到，这种方法下的习得第 93
二语言知识研究是基于一个更全面的角度，因为习得包括文化知识（如“道德或尊重立场”）和社会知识，或者“某些语言实践类型如何产生和反映社会分层、等级和地位标记”（Duff 和 Talmy，2011：95）。采用语言社会化方法的研究者还研究了其他社会层面，其中包括意识形态、认识论、身份认同和情感。因此，研究者用这种方法研究了与学习者和学习环境相关的社会层面。

更仔细地观察与学习者相关的层面，我们发现，该方法与身份认同方法的相似之处在于，人们认为学习者在第二语言和第二语言文化的学习中发挥了积极作用。学习者依靠知识更渊博或更熟练的语言使用者和目标语言社区的成员来实现社会化，从而不断发展自己的语言、文化和社会实践知识。社会化涉及与实践的语言和文化准则进行互动和接触，并发生在各种语境中，例如，在家中、工作场所、学校，甚至在一群朋友之中。然而，不仅是学习者会被目标语言社区的成员社会化，成员自身也会被学习者社会化。后者是语言社会化方法所特有的，社会化本身体现了一个贯穿一生的过程。

关于第二语言社会化的研究反映了人们认为在第二语言学习中起作用的一系列因素。之前的研究考察了与目标语言社区的接触及参与如何直接影响第二语言的学习和实践机会（例如，Morita，2004；Poole，1992；Toohey，1998）。研究还考察了学习者如何理解社会文化意义、语言和语言实践之间复杂的相互作用（例如，Friedman，2001），以及社会化与语用和语法学习的关系（例如，Ohta，1994，2001；Siegal，1994，1996）。虽然现在已有关于第二语言发展与社会化的研究，但该类研究的主要重点是学习者不断变化的有关社会实践和相关含义的知识，而不是特定语言形式的发展。研究者考察了在课堂和自然环境中以这种方式进行的发展，重点关注语用发展（例如，请求语；Li，2000）以及学习者与交谈对象（即其他学生和教师）的互动如何随时间变化（例如，Duff，1995；Duff 和 Kobayashi，2010；Kobayashi，2003，2004）。Agnes He 研究了华裔美国儿童将汉语作为一种传承语言（heritage language）的社会化现象，她的研究代表了基于这一方法所做出的研究贡献。她考察了教师指令的组织和影响（例如，He，
94 2000）、主语代词的使用和利用修正构建不同身份的示例，以及话轮结构（turn construction）中语码转换的作用（例如，He，2013）。她的研究不仅采纳了语言社会化的原则，而且也受到了身份认同理论和会话分析的影响。因此，通过对语言社会化的讨论，我们了解到，这种特别的方法不仅非常全面地看待习得第二语言的过程，而且在这一过程中，它为该主题的跨学科研究提供了重要途径。

研究方法与语言社会化方法

语言社会化的研究者们通常采用人种学方法来收集数据。这意味着，研究者要在实地花费大量时间来熟悉社区的语言规范和实践。随着时间的推移，研究者从各种渠道收集数据，包括录制的访谈、各种社会互动的音频和/或视频、与研究地点相关的实体资源以及实地记录的观察结果。在研究地点花费的时间不仅对收集相关数据以及更好地理解社区文化和社会实践来说必不可少，而且对记录社会化过程来说也不可或缺。因为社会化是一个动态的终身过程，所以语言社会化研究在本质上倾向于长时追踪。第二语言社会化研究者们进行的数据分析往往侧重于社会实践或语言事件，并经常考察在这些实践或事件中观察到的语言和文化行为。这种方法适用于课堂和自然主义学习者。因此，语言发展可以作为第二语言社会化研究的重点，不过人们总是认为它与外部的社会环境相关。

会话分析方法

会话分析（conversation analysis）是一种语言习得的社会学方法，其中心目标是考察“普通人在日常生活中参与和理解的方式”（Kasper 和 Wagner，2011：117）。参与和意义构建是社会秩序的基础，并且语言促进了日常社会互动中的参与和意义构建。会话分析的一个核心组成部分是考察日常生活中的社会互动。与社会互动相关的两个重要概念是互动秩序和互动能力，它们对会话分析的研究至关重要。**互动秩序**（interaction order）（例如，Goffman，1983）指参与者之间互动的有序性。换句话说，有序性包括参与者了解并系统化参与和管理社会互动的实践。例如，在星巴克点咖啡的实践活动由一组特定的模式和行为组 95
成，大概意思就是，等待我点单的员工希望我说出想要的杯型——中杯、大杯或超大杯——并假定我知道在说出自己选择的饮品的同时也提供该信息。如果我没有这样做，那么我的行为可能会在某种程度上被视为不可接受（因为身后排着一长串人），甚至有人还表现了出来（例如，当员工问我杯型时，他的语气很不耐烦）。这个例子说明了社会实践中的道德秩序，而干扰此类实践会被视为“违反道德规范”，参与者必须对其行为负责（Kasper 和 Wagner，2011：118）。与前两种语言使用和语言学习方法一样，会话分析显然远远超出了会话的语言要素。

前面提到的第二个重要概念是**互动能力**（interactional competence）。这一概念是指在一组实践中，参与互动的个体在互动过程中产生和理解特定的行为。这一概念包括有效互动所需的能力和给定互动中的可用能力（例如，Mehan，1979）。简单地说，有效互动需要个人以及互动的所有参与者都具备能力。回到星巴克的例子，有效互动不仅需要我知道如何通过互动来点单，而且还需要为我点单的员工也知道这一点。此外，“知道”如何在这种情况下进行互动涉及对互动秩序的共同假设。在咖啡连锁店中，这类互动知识可能因文化、地区或国家而异，所以“知道”如何互动可能不太容易从一种文化、地区或国家转移到另一种文化、地区或国家。因此，会话分析者试图揭示特定实践社区中日常社会互动的语言和非语言层面。

第二语言习得的会话分析方法将互动能力视为学习的手段和目的。学习者通过互动进行学习，但也需要获得必要的实践和行为，以便有效参与目标语言社区成员的互动。这个过程虽然是非线性的，但看起来简洁明了；然而，由于学习者的语言知识有时是有限且不断发展的，这一点极大阻碍了他们了解有效参与所需的实践和行为。从会话分析的角度来看，语言包括用于进行活动和在给定的社会环境中进行互动的语言资源。会话分析者考察这些语言资源在自然发生的会话中的使用情况。更具体地说，他们研究这些语言资源是如何塑造和影响社会秩序和社会互动的。

96 不同的语言有不同的语言方法来组织社会互动，这是会话互动中与语言资源使用有关的另一个观点。同样地，会话分析方法指出，语法组织社会互动，而同时社会互动又组织语法（Ochs、Schegloff 和 Thompson，1996）。例如，英语词序始终遵循主语－谓语动词－宾语结构，这有助于会话中的话轮转换：一旦说话者听到了句子的主语，他或她就知道接下来是什么类型的句法成分，或者说就知道了交谈对象的话轮是如何进行的。这与语序更灵活的那些语言大有不同，那些语言中有的句法成分并不会在话语中体现出来（例如主语和宾语）。例如，考察日语会话分析的研究者发现，自启修正（Fox、Hayashi 和 Jasperson，1996）和协作完成（Hayashi，2004）是说话者组织社会互动的两种不同语言策略。研究者认为这些策略可能反映其所在语言的结构要素。事实上，Fox、Hayashi 和 Jasperson（1996）研究了日语和英语这两种句法截然不同的语言中句法和修正之间的关系，发现它们的修正结构存在一些差异。在其他例子中，研究者发现修正中的结构差异与动词形态标记层面的跨语言差异（例如，在日语说话人的话语中发现了使用动词结尾的修正示例，但在英语说话人的话语中没有发现）和“填充”短语的句法结构有关（例如，说日语者在对话中以指示代词开始，而说英语者则“循环”前一短语的部分内容）。

Kasper 和 Wagner（2011）把采用会话分析法进行第二语言习得的研究分为两大类：（1）将语言学习视为社会实践的研究；（2）考察互动能力发展的研究。将语言学习视为社会实践的研究重点关注第二语言使用者如何通过日常参与社会互动来学习。这种通过社会互动进行的学习在课堂内（例如，Markee，2005）和课堂外（例如，Theodórsdóttir，2011a，2011b，与冰岛语学习者）均得到了解释。这些研究说明了学习者如何创造和参与以学习为中心目的的社会互动，无论是在课堂任务中展现话轮和修正知识（例如，Markee，1994，2000），还是努力使用第二语言而非第一语言以创造更多的学习和实践机会（Theodórsdóttir，2011a，2011b）。

在一组考察互动能力发展的研究中，研究者探索了参与和语言资源使用模式
97 的短期和长期发展（例如，Markee，2000）。短期发展研究考察了学习者完成给定活动中的不同实例。例如，M. Ishida（2006）记录了日语学习者在十分钟的任

务过程中对情态表达的使用情况。长期发展研究更倾向长时追踪（例如 Brouwer 和 Wagner，2004；González-Lloret，2008；Ishida，2009；Nguyen，2006，2008），不过 Kim（2009）对学习者使用两种韩语话语标记的研究采用了横断面设计。尽管这些研究涉及了大量的互动语境，但研究结果总是将学习与社会互动和参与社会实践联系起来。研究表明，当学习者发展互动和语言能力时，他们会将语言资源的使用拓展到其他语境，并更有效地在社会互动中组织对话。

研究方法和会话分析方法

如前所述，会话分析者对普通的日常会话感兴趣，以此来研究个人如何参与并理解周围的社会环境。因此，数据是自然发生的会话，分析者采用人种学方法来收集这些数据。因为关注点在于日常和普通生活，会话分析者不会事先确定研究的主题。相反，他们研究自然发生的互动实践，这些实践会在数据分析过程中呈现出来，该过程称为“无动机观看”（Mori，2004）。这些实践可以表现为单个实例或相关实例的集合，其中前者旨在揭示实践，而后者试图揭示参与者如何在对话中形成秩序意识。

基于会话分析的方法有一个惯例，即转写记录的会话，这是该方法的一个显著特征。根据会话分析的惯例，转写的详细信息用于从时间和空间上描述和精确解释读者感兴趣的互动时刻。表 4.2 呈现了会话分析转写惯例的示例，示例 4.1 呈现了使用会话分析风格惯例的转写示例。值得注意的是，不是所有会话分析研究都遵循这些精确的转写惯例。根据研究者试图向读者强调的具体互动细节，有些转写内容可能会被删除、添加或修改。

基于会话分析方法研究第二语言习得的研究者还关注让读者看到会话在本质上也是一种“第二语言”。因此，这种方法面临的一个方法论挑战是，在转写中能找到一种办法，使转写内容既能体现出外国口音，同时又不至于削弱第二语言学习者的特点。一般来说，转写不会为了反映外国口音而进行修改，尤其是当它在任何情况下均不会影响互动。从这一描述中可以清楚地看出，对话分析使用的数据诱导方式与其他许多方法中使用的诱导方式相同，其特别之处在于该数据库的分析方法。

98 **表 4.2　会话分析转写惯例的示例**

（基于 Markee 和 Kasper，2004：499—500 的研究）

说话者的身份	
T:	教师
LI:	特定学习者
LL:	几个或全部学习者同时对话
同步话语	
[L1: yes	两名说话者同步、重叠的对话
[L2: yeh	
话语之间的间隔时长	
(0.3)	0.3 秒的停顿
说话的特点	
?	升调、不一定表达疑问
!	特别强调、用降调
yes.	句号表示降（尾）调（final intonation）
so,	逗号表示低升调，表示继续
go:::d	一个或多个冒号表示前面音的延长；每增加一个冒号代表延长一个节拍
NO	大写字母表示提高音量
alright	程度标志（degree sign）表示降低音量
转写中的评论	
((coughs))	转写记录了对行为的口头描述，包括非言语行为
(radio)	单括号表示不清楚或不确定的内容

99 **示例 4.1**　依据会话分析惯例的转写（Ishida，2009：360）

节选 *3*，Fred 的寄宿妹妹（FR5，3/3/2005，2'11"）

Fred（FR）和他的朋友 Gordon 在 Gordon 的寄宿母亲（GM）的家里。根据从 Fred 的寄宿母亲那听到的消息，Gordon 的寄宿母亲正在谈论 Fred 的寄宿兄弟姐妹。在谈论了 Fred 的寄宿哥哥之后，她开始谈论 Fred 的一个寄宿姐姐（第一行）。

01	GM:	oneesan　wa suisu　ka dokka　ni
		older sister TP Switzerland or somewhere in
02		iru　deshoo.
		live I suppose
		'The older sister is in Switzerland or somewhere, isnt she?'
03	(0.7)	
04	FR:	[un n,
		yeah
		'Yeah.'

05　GM:　[°musume-san°
daughter
'The daughter of your host mother.'
06　(0.4)
07　FR:　Soo desu ne
right CP ne
'That's right'
08　GM:　hnn,
mm
'Mm.'
09　(0.8)
10　FR:　shitte iru
know
'I know that.'

社会认知方法

本章探讨的最后一种社会方法是社会认知方法，它通常与 Dwight Atkinson 有关。顾名思义，第二语言习得的**社会认知方法**（Sociocognitive Approach）考量了第二语言学习的社会和认知两个层面。然而，这些社会和认知层面并不是彼 100
此孤立存在的。相反，它们在一个动态、整体的系统中相互作用，这一系统包括头脑、身体和世界（Atkinson，2011a）。正是由于认知和社会之间的联系，本章才对这种方法进行了介绍。这种方法的一个显著特征是认知的具体化和嵌入性（Atkinson，2010a，2010b）。具身认知（Embodied cognition）指认知活动"以身体状态和行为作为基础"（Atkinson，2010a：599）。认知具有适应性，这意味着思维和思考过程会发生变化和发展，以便更好地在世界上发展和生存。人们认为认知嵌入在现实世界中。Atkinson（2011a）"驱动认知"的例子佐证了这一观点。他称我们不一定非得依靠认知才能到达最近的超市，因为道路和路线为我们做了大部分的路线规划或"思考"。因此，认知与周围环境进行了"功能整合"；也就是说，认知存在于这个世界，而不仅仅是我们自己的头脑（Atkinson，2011a：145）。

基于这种方法，整合不仅发生在头脑和世界之间，还发生在头脑和身体之间。

同步的人类行为（例如，Atkinson，2010a，2011a）和通过模仿的学习是身心整合的实例，有助于促进社会环境中的适应和合作。此外，在联合社会行动中，个体层面的身心整合并不独立于其他个体而存在；相反，个体之间是相**统一**（align）的。这种统一性（alignment）是**社会认知**（social cognition）的基础，它不断变化，并且对物质和社会环境的持续变化敏感。基于这种观点，当个体通过互动产生联结时，社会认知就会产生。因为这种统一可能是在类似顺应理论的方法下产生的，所以它并不局限于互动的语言层面，而是还包括身体行为，如姿势和手势。

基于这种方法，语言和学习的定义也变得不一样。Atkinson（2011a：146）将语言描述为社会行动的工具。换句话说，语言用于（联合）社会行动，促进人类行为和与周围社会环境的互动。语言本身具有适应性，包括交流的言语和非言语因素（如面部表情、手势等）。在社会认知的文献中，非言语因素受到了越来越多的关注（例如，Kinsbourne 和 Jordan，2009；Yu、Ballard 和 Aslin，2005），相关研究者认为，非言语活动进一步促进了协作社会行为（cooperative social action）。学习就是生活，个体只需要通过参与日常活动就可以不断学习。换句话说，学习被看成是在周围社会环境中互动的自然产物。将对学习的这种理
101 解应用于第二语言习得意味着语言学习的各个方面与周围环境密不可分，无论是目标语言社区的真实环境还是课堂环境。相反，学习者是周围自适应世界的积极参与者，语言学习是参与社会环境（人类和非人类）并与之保持统一的结果。

在我们已经讨论过的方法中，社会认知方法出现得最晚。不同于其他方法，社会认知方法完全可以说是仍处于早期发展阶段。迄今为止的实证研究集中在统一（Atkinson、Churchill、Nishino 和 Okada，2007；Mori 和 Hayashi，2006）和共生手势的使用（Churchill、Okada、Nishino 和 Atkinson，2010）。在他们关于统一的研究中，Mori 和 Hayashi（2006）考察了日语母语和第二语言使用者之间的互动，特别是从代表**具身完成**（embodied completion）的语言圆桌会议中提取的内容，或使用手势来完成口头上未说完的话。Mori 和 Hayashi 发现，母语使用者使用的手势有助于促进与日语能力有限的第二语言使用者之间的相互理解。之后，他们将手势的使用解释为一种适应社会环境的手段，学习或相互理解就发生在该环境中。Atkinson、Churchill、Nishino 和 Okada（2007）的研究提供了与社会认知方法中“统一”这一概念相关的几个例子。通过分析录像中 14 岁讲日语的英语学习者 Ako 和 Ako 的姑姑兼家教 Tomo 在辅导课上的互动，他们说明了 Ako 如何让自己的动作（即姿势、眼神、手势、言语等）与 Tomo 和周围环境中

的物体（Tomo 的餐厅）相协调，以便让自己与现实世界更紧密地统一。作者认为，这种统一对于发展活动的发生至关重要，因此也应该被认为是对人类生活必不可少的。Churchill 及其同事（2010）进行的研究也是基于英语学习者 Ako 和她的姑姑兼家教 Tomo 之间的互动，但重点放在 Tomo 对共生手势的使用。研究者基于他们从 Goodwin（2003）的研究中提出的关于共生手势的主张，将共生手势定义为“手势、谈话、身体方向 / 运动以及用于建立和组织交谈对象监视范围的环境物质结构”（Churchill 等，2010：236）。他们认为 Tomo 在他们分析的特定辅导课程中使用手势来凸显语法。具体来说，在一段摘录中，Tomo 在给出和时态相关的两个选项中的正确选项时，做了一个特殊的手势（她用手中的笔在空中画了一个小圆圈），这个手势在其他相似情况下重复出现，用于提示 Ako。研究者认为，这些手势不仅凸显了语法，而且还将与同一主题（语法练习中时态的选择）相关的互动联系起来，以促进学习者的参与。通过简要考察基于社会认知方 102
法进行的最新研究，我们发现，正是因为提出了现实世界与认知之间存在联系（在这种情况下，与语言使用和语言习得有关），才让该理论独一无二。

研究方法和社会认知方法

由于社会认知方法对头脑、身体和世界的整合感兴趣，因此研究设计中必须包括所有互动和相关工具（实物和符号）。基于该框架进行的第一个也是领先研究（例如，Atkinson 等，2007；Churchill 等，2010）通过在互动录像中捕捉必要的细节，以解释共生手势的统一和使用。作为分析的一部分，研究者倾向于在大段描述中加入视频截图。研究者还研究了互动中涉及的所有工具，包括工作表格和铅笔，以及参与者在完成任务或互动时如何与这些工具互动，并使用他们。由于这是一个新的领域，因此所采用的研究方法将来可能会继续发展，并利用不断发展的技术来捕捉所有被认为与认知有关的行为。

为了捕捉口语互动中的细节，基于社会认知方法的研究也经常使用会话分析中研发的分析工具。我们以示例 4.2 结束本节，它呈现了 Mori 和 Hayashi（2006：201—202）研究的第一个摘录的前三行。该示例显示了会话分析中的转录惯例，以及有关互动语言层面的手势指示。

示例 4.2 摘自 Mori 和 Hayashi（2006）的研究

1 Toru: nanode:: (1.0) hurui:: (.) kuruma wa:: (0.2)
so old car TP
2 nedan ga:: [(0.4)
price SP [
→ [((moves open right hand downwards repetitively,
→ [while gazing intently at Alan; Fig. 1))
'So::, (1.0) as for o::ld (.) ca::rs, (0.2)
their pri::ces ((hand gesture follows))'
3 Alan: u::::n ((while nodding several times; David also nods))
'I:: see:::.'

103

小 结

本章的目的是概述在将语言学习作为一种社会现象来研究时，其中一些最广为人知、最具发展前景或最基本的方法。这些理论或方法的共同点在于，它们都认为与学习者和学习语境相关的社会因素在语言学习中发挥着作用。具体来说，本文回顾的每一种理论都将语言使用和语言学习看成是受互动语境强力影响的活动。由于它们共享某些假设，同时又各自具有不同的假设，所以我们在表 4.3 中总结了这些理论。该表简要说明了每种方法考量的社会因素以及如何定义这些社会因素，并明确了语言学习是否（有时是如何）被纳入了某特定方法。最后，我们明确指出了目前是否有关于社会语言能力的第二语言习得研究。即使在有些情况下对最后一个问题的回答是否定的，相关研究路径也已有包含，这方面的研究有望在未来进一步扩展。

对社会方法的评价

表 4.3 列出了本章回顾的每种理论的贡献。然而，这些研究的第一个也是最重要的意义是，语言学习不仅限于第二语言语法，也不限于语言对第二语言学习过程的影响。相反，研究者必须承认，语言的使用发生在社会环境中，学习第二语言的过程会受到一系列社会和心理因素的影响。这些因素的表征方式因方法而异，但每种方法的核心都是这些因素在语言学习过程中对互动和社会语境的作用。

这一系列研究的一个重要意义是，对第二语言习得的研究将受益于对个体更仔细的观察，而不是只关注群体。这是因为个体的经历不尽相同，任何承认语境在第二语言习得中的作用的解释都必须有一个机制来评估这些语境的变化和个性化特质。

本章所述的某些研究特点将不会延伸至本书后面探讨的方法中。例如，这些方法只关注与语言使用相关但超出语言系统的实践和行为（文化或其他）。在其他方法中，即使是那些承认社会因素在语言使用和语言学习中的作用的方法，也很少对文化规范或实践做出解释。另一个显著的差异是，尽管语言发展的语言细

表 4.3　语言学习的社会研究方法总结 104–105

模型 / 理论 / 方法	第二语言学习	所考虑的“社会”因素	是否研究社会语言能力?
文化适应模型	社会与心理因素融合调节文化适应和后续的语言学习	与学习者相关的心理和社会因素；目标语言社区的社会文化及历史背景	是
言语顺应理论	无语言学习的相关叙述	学习者及其对话者的社会特征；口语任务的特点	是
社会文化理论	非学习理论，但第二语言中不断提升的自我约束与学习中的发展进步相对应	学习者个体差异（涉及不同的言语表现）；口语任务的特点	是
身份认同方法	社会文化实践活动利用	学习者及其对话者的社会特征（动态）；学习环境的社会、文化和历史架构	目前尚无相关研究
语言社会化方法	受社交介质和学习环境调节；研究语言和其他形式知识（文化、思想等）的发展	学习者身份及主观性；学习者参与交流的社区及社区成员特征	是
会话分析方法	逐渐参与利用第二语言语法知识进行的交流	学习者对社会交往的参与；学习者身份；交际环境的特征	是
社会认知方法	自然、不断适应的生态协同过程（Atkinson，2011a：144）	参与者之间的社会认知协同、第二语言中言语活动的外在功能可见性	目前尚无相关研究

节在不同程度上适用于本章描述的理论，但与社会成分相比，人们对它的关注减少了。例如，本章回顾的理论分析的总目标并非详细说明语法规则如何随时间发生变化。相反，人们往往从整体来看待发展，而成功可能被定义为互动效率的提 106

高或更多的互动机会。然而，除了这种差异之外，更显著的一点是社会和认知之间不存在明显界限。这里所说的“社会理论”也涉及语言要素、心理语法、认知等。换句话说，这些并不是纯“社会”理论，而是突出认知、语言使用和语言学习的社会层面的理论。当我们在第五章继续讨论时，我们将了解到我们之所以选择这些“认知”方法来进行概述，正是因为它们对语言使用和语言学习的社会因素起到了一定作用。我们将明白，社会认知的二分法并不能很好地说明语言研究的理论方法范围。事实上，我们最终将论证，最有效的理论正是那些同时解释语言习得的认知和社会层面的理论。

课外阅读推荐

a. Block, D. (2007). The rise of identity in SLA research, post Firth and Wagner (1997). *Modern Language Journal*, *91*, 863-876.

b. Culhane, S. (2004). An intercultural interaction model: Acculturation attitudes in second language acquisition. *Electronic Journal of Foreign Language Teaching*, *1*(1), 50-61.

c. Giles, H., & Ogay, T. (2007). Communication accommodation theory. In B. B. Whaley & W. Samter (Eds.), *Explaining Communication*: *Contemporary Theories and Exemplars* (pp. 325-344). Mahwah, NJ: Erlbaum.

d. Kobayashi, H., & Rinnert, C. (2003). Coping with high imposition requests: High vs. low proficiency EFL students in Japan. In A. Martinez, E. Us6 Juan, & A. Fernandez (Eds.), *Pragmatic Competence and Foreign Language Teaching* (pp. 161-184). Castellon, Spain: Servei de Publicacions de la Universitat Jaume I.

e. Norton, B., & Toohey, K. (2001). Changing perspectives on good language learners. *TESOL Quarterly*, *35*, 307-322.

理解与运用

A. 理解

1. 认知方法的重点是什么？社会方法与之有何不同？

107 2. Firth 和 Wagner（1997）注意到了什么不平衡？

3. 在文化适应模型中，哪些因素会影响社会距离？

4. 言语顺应理论试图解释什么？

5. 离散和趋同有何不同？

6. 言语顺应理论方法通常使用哪种任务？

7. 言语顺应理论与早期理论相比有哪些明显的变化？

8. 社会文化理论如何定义心理活动？

9. 什么是支架？

10. 动态评估试图衡量什么？

11. 在应用于第二语言学习时，语言社会化方法的中心前提是什么？

12. 身份认同方法的核心原则是什么？想象社区具有什么作用？

13. 在社会认知方法中，语言的功能是什么？

B. 运用

1. 现在你已经阅读了关于将语言作为一种社会现象来研究的方法，那么哪种方法对你来说最有用？你认为它的哪些方面最具逻辑性？你选择的方法解释了哪些其他方法没有解释的东西？

2. 想出至少三个文化适应模型的不足之处。然后，列出至少两点后续方法在将语言视为社会现象时所考虑的附加因素。

3. 群体凝聚力是影响社会距离的已知因素之一。想想你知道的一些具有亲密关系的群体（例如，一个家庭、一组朋友、一个团队、同事等）。对于群体中的成员，他们的语言是否有相似之处？你注意到了什么语言特征？你注意到其他社会因素在语言相似性中的作用了吗？在这方面，还有哪些社会因素比较突出？

4. 你已经了解了使用会话分析方法处理数据的研究示例。通过 YouTube，在你最喜欢的一个电影或电视节目场景中，找到一个六十秒的对话片段。转写对话，确保考虑到：（1）停顿，（2）重叠，（3）语调的升降，（4）话轮转换（谁说话）。然后，描述停顿的语境。你认为说话者为什么停顿？这有什么影响？重叠是在什么情况下发生的？语调的上升或下降意味着什么？从一个说话者的转写中你可以看到哪些迹象表明他或她理解了另一个说话者的话？

注释 108

1. 这个因素源于 Guiora 等人（1972）提出的“语言自我”这一概念，用于解释在习得第二语言的标准发音时不同程度的成功。

2. 对社会心理学和社会语言学的理论和方法差异的简要概述，参见对 Beebe 和 Giles（1984）的简介。

109 第五章　社会语言能力习得研究的认知方法

我们在第四章开始讨论了所谓的社会认知鸿沟，其中涉及着眼于学习环境的社会理论、可能影响学习的学习者外部因素，以及只关注心理活动和储存在学习者头脑中的语言结构的认知理论。我们已经了解到，许多理论既解释了学习者头脑中的语言结构，也解释了学习者自身之外的社会因素对语言发展的影响。因此，本章讨论的方法与第四章回顾的方法并不是对立的。事实上，在某些情况下，某种方法可能同时符合这两章所讲的内容。尽管如此，在本章所探讨的理论中，关注心理活动或认知是它们的共同点。对认知的研究可能是探索语言知识的结构、研究这些知识是如何形成的，或者是如何储存和使用的。当然，这些知识也可能包含社会信息。然而，有些理论认为语言或语言知识在世界上完全是通过社会互动，而不是个体心理活动来共同构建的，这类研究与本章关注的研究形成了对比。

第二语言习得研究的认知方法案例

毫无疑问，目前人们在习得研究中使用了各种各样的认知方法。其中一些方法已经存在多年，而另一些则相对较新。不过，关于语言在大脑中具有何种结构，以及这种结构如何在习得过程中被构建或改变，这些方法各执一词。鉴于各种方法数量众多，观点不一，本章不可能涵盖每一种语言认知方法，而是重点回顾那
110 些倾向于从某些方面兼顾社会语言变异的方法。对第二语言变异的研究结果表明，这些方法也非常适合用来探索第二语言习得中的社会语言能力。

优选论

本章首先回顾的认知方法是一个基于生成语法的语言模型。生成语法是一个

从深层表征（underlying representations）生成表层形式的系统。生成语法的早期模型（如 Chomsky 和 Halle，1968；Chomsky 和 Lasnik，1977）使用规则来解释或预测给定语言中可能出现的形式。换句话说，是深层心理结构催生了不同语言中数量有限的表层形式。然而，出现的一个问题是，由于给定语言的表层形式或输出上预先存在一些制约条件，所以这些规则经常被违反。因此，在早期阶段，虽然这些制约条件必不可少，但没有一种方法可以从理论上来对其建模，并从跨语言角度对其进行解释。这一难题成为了推动**优选论**（Optimality Theory）发展的主要动力，该理论最初由 Alan Prince 和 Paul Smolensky 在 20 世纪 90 年代初提出（Prince 和 Smolensky，1997，2008[1993]）。

优选论是一种基于制约条件的形式语言分析方法。该理论通过四个基本组成部分来运行。其中包括一个**生成器**（generator），它为给定话语生成所有可能的候选项（或输出形式）。从这个可能的候选项列表中，**评估器**（evaluator）选出符合实际语法的单个输出形式。该选择过程基于一系列**制约条件**（constraints），确保输出项不会违反两种类型的制约。第一组制约被称为“标记性制约条件”，它要求输出项符合普遍的语言规范。第二组制约称为“忠实性制约条件”，它们规定评估器选择的输出项必须尽可能与输入项相似。换句话说，评估器必须使输入项和输出项尽可能保持强相关性。最后一个组成部分是**词库**（lexicon），里面包含了输出项所需的各种特定语言结构。

优选论认为每种语言的语法中都存在生成器、评估器和所有的制约条件，因此心理语法遵循普遍原理。换句话说，输出候选项的生成过程对于所有语言来说都是相同的。此外，每一种制约条件都存在于每一种语言的语法中。为了突出不同语言中表层形式的差异，优选论理论学家主张这完全可以通过制约条件的不同 111
排序来体现。实际上，评估器本身就倾向于违反低层级、满足高层级的制约条件，于是，制约条件在不同语言中的排序差异体现在了表层形式的差异上。优选论的基本组成部分如表 5.1 所述（摘自 McCarthy，2007）。

为了弄清楚选择机制的运行方式，让我们来思考一个高度简化的示例，它仅基于两个可能的制约条件。第一个制约条件是，只有一个辅音的音节节首优先于有两个辅音的音节节首（一个标记性制约条件）。第二个制约条件是，输出项中的节首必须最大程度地与输入项中的节首保持一致（一个忠实性制约条件）。由于这些是普遍制约条件（即，存在于所有语言中），所以生成器将生成同时遵循和违反这两个制约条件的候选项。如果一门语言中，这种标记性制约条件排序高于忠实性制约条件，最佳输出候选项可能呈现出增音现象（即，添加元音，在这种情况下是为了拆分辅音群）。例如，这门语言不允许出现复杂节首，元音可用于拆分输入项中的两个辅音，在输出项中产生两个辅音 + 元音形式（例如，日语中 su-ki 表示“ski”）。而在忠实性制约条件排序较高的语言中，增音现象则不
112 会出现，因为输出项的节首会更接近输入项。该对比如表 5.2 所示。

表 5.1 优选论的基本组成部分

生成器（GEN）	运行部分：生成一组与输入项在各方面存在差异的候选输出形式
评估器（EVAL）	制约部分：在候选输出形式中选出一个作为该语法的实际输出项
制约条件集（CON）	制约部分：包括标记性制约条件和忠实性制约条件
词库	该语法的所有可能输出项集合

显然，表 5.2 中的示例已高度简化，真正的优选论语法中存在很多制约条件，所有的制约条件都是同时排列和运行的。此外，语法生成的可能输出项将远远不止两个。尽管如此，该示例说明了一组制约条件的不同排序可导致语言之间的差异。该理论更具吸引力的地方在于，它能够通过允许两个制约条件并行排序或允许制约条件排序可变来解释变异现象（参见 Coetzee 和 Pater，2011）。从这个意义上来讲，即使考虑到语言中的可变结构，该模型依然具有这样的功能。[1]

表 5.2 制约条件排序如何解释跨语言差异的示例

	制约条件排序	输入项	输出项
A 语言	输出项的节首必须等于输入项的节首 避免复杂节首	bla	bla
B 语言	避免复杂节首 输出项的节首必须等于输入项的节首	bla	be-la

第二语言学习的优选论方法也得到了发展，并且制约条件处于第二语言语法的核心。正如不同语言之间的差异可以通过制约条件的排序差异来解释，习得第二语言新语法的过程也可以通过这种排序来解释。本质上，第二语言学习者的任务是改变自己的制约条件排序，以便最佳匹配第二语言的制约条件排序。第二语言的发展可以看作是对制约条件进行微调或重新排序的过程，目的是让自己的输出与现有输入（即学习者接触的语言）实现最佳匹配。当学习者认为自己的输出
113 与第二语言的输入成功匹配，或者不再调整自己的制约条件排序以匹配第二语言时，发展就结束了（参见 Tesar 和 Smolensky，1993）。在其简洁性方面，该方

法更具吸引力的是，制约条件排序的变化可能只朝一个方向发生：制约只能减弱。这一事实很重要，因为它将习得与输入项中的真实数据联系起来：当输入项中存在现有排序的反例时，学习者可能对已有的制约条件进行降序，以解释表层形式中明显的违反现象。如果我们回到表 5.2 中高度简化的示例，我们可能会认为，母语为 B 语言（类似于日语）的人在习得 A 语言（类似于英语）时，将必须降低复杂节首的制约条件排序，以生成英语中常见的复杂节首。

基于优选论进行的研究已经探究了各种第二语言结构，涉及多种语言。最早将优选论应用于第二语言习得的一些研究非常关注第二语言的音节结构。Hancin-Bhatt 和 Bhatt（1997）研究了母语为西班牙语和日语的英语（作为第二语言）学习者在学习英语的复杂节首和节尾（例如，/tr/ 出现在单词开头，辅音群出现在单词结尾）时遇到的困难。经过优选论分析，作者能够解释超过标准错误率的发展和迁移效应，说明特定语言的制约条件排序如何影响解决复杂英语节首这一问题的不同方案（西班牙语学习者删除阻塞音，而日语学习者删除滑音）。作者们还发现这两组学习者更有可能增加节首和删除节尾，这些现象能够通过制约条件排序得到解释。在一项与泰国学习者有关的研究中，Hancin-Bhatt（2000）在他们使用的英语（第二语言）中发现了特定语言制约条件排序的相似效应。就母语的排序而言，非泰语使用的简单节尾中的替换变化更为一致：也就是说，替换通常涉及 [持续音] 和 [声性] 这两个特征的差异，而不是目标音的发音部位。

事实上，基于优选论方法来研究第二语言的音韵学和语音学非常普遍。特别是，研究者在简化（例如 Broselow、Chen 和 Wang，1998）和替代过程（例如 Lombardi，2003）方面已取得了卓越的成就。这些研究涉及拥有各种母语背景的学习者（例如曼达林语、俄语、日语），它们有助于发现第二语言的发音难点，并证明基于制约条件分析的解释力。尽管这种方法有一定的局限性，但它也已经被应用于第二语言的语法层面了（Eckman，2004；LaFond、Hayes 和 Bhatt，2001；Nagy 和 Heap，1998；Speas，2001）。无论探究的是哪一个语法领域，使用优选论的研究者都已利用自己的发现为基于制约条件的形式语言分析模型提供了支撑。

研究方法和优选论 114

优选论框架下，引导数据不限于某一特定方法；实际上，分析语言数据的方法是最具特色的。这种方法可能适用于口语数据、语法判断等，但所有研究的共同目标是，不同语言间进行对比或理解单个语言的语法时，使用制约条件排序来解释为什么给定语言中的评估器会选择某一特定输出项。为了说明这一点，我们使用了 Lombardi（2003）的研究，她分析了母语为俄语和日语的学习者在发英语齿间擦音 /θ/ 时发生的替换现象，这些学习者的母语语音库（phonemic inventory）中不包含该音段。Lombardi 观察到，一些学习者会用 [s] 替换 /θ/（尤其是日语学习者），而其他人会用 [t] 替换 /θ/（俄语学习者）。Lombardi 用优选论来解释学习者群体之间的这种差异。

为了能够理解她的分析，我们必须了解三个制约条件。前两个是标记性制约条件，第一个表示擦音比塞音更具标记性，第二个表示齿间擦音在语音库中不存在。第三个制约条件是忠实性制约条件，要求输入项的发音方式必须和输出项的发音方式保持一致。表 5.3 总结了这三个制约条件以及用于表示它们的符号。

利用表 5.3 中的制约条件，Lombardi（2003）解释道，虽然目标语言将齿间擦音不存在（即 *θ）这一标记性制约条件排序低于忠实性制约条件（发音方式
115 保持一致），但不发该音的学习者将标记性制约条件排序高于忠实性制约条件，从而导致该音段发生替换。因此，习得就会表现为对制约条件进行降级（降低 *θ 这一制约条件的重要性）并最终发出该音。更重要的是，Lombardi 解释了为什么一些学习者使用了一种替换方式，而其他人却使用了另一种不同的替换方式。具体来说，她猜想用 [t] 替换 /θ/ 的学习者的母语应该是遵循标记性制约条件 *[cont]>>*[stop]。换句话说，因为这种语言中擦音比塞音更具标记性，所以学习者用塞音 [t] 替换英语中的 /θ/。与之相反，用 [s] 替换英语 /θ/ 音的学习者的母语将忠实性制约条件“分解”为其子特征，然后选择不违背这些特征的忠实性的输出项。换句话说，忠实性制约条件 Ident Manner（即发音方式保持不变）可以分成两个忠实性制约条件，即 IdentCont（保留擦音特征）和 IdentStop（保留塞音特征）。因此，“Cont”和“Stop”是“Manner”的子特征。在第二组学习者中，[s] 被用来替换 /θ/，这是因为它不违反排序高于 IdentStop 的 IdentCont。在表 5.4 中，我们总结了目标语言的特征以及 Lombardi（2003）在研究中观察到的两种不同的学习者替换策略。

表 5.3 Lombardi（2003）研究中的相关制约条件总结

*[cont] >> *[stop]	标记性制约条件；擦音（持续音）比塞音更具标记性
*θ	标记性制约条件；齿间擦音在语音库中不存在
Ident Manner	忠实性制约条件；输入项的发音方式和输出项的发音方式保持一致

这一示例体现了基于优选论的分析方法如何运作，从中我们应该清楚地知道，我们可以解释第二语言学习者如何选择输出形式，并确定选择非母语形式背后的语言动机（即母语制约条件的影响）。

表 5.4　Lombardi（2003）研究中的第二语言替换总结

	目标语言（英语）	学习组 1（俄语为母语）	学习组 2（日语为母语）	
生成的音	/θ/	/t/	/s/	
是否违反了忠实性制约条件？[Ident Manner]	否	是	是	
是否可用标记性制约条件来解释替换？	否，没有发生替换。	是，由于擦音比塞音更具标记性 *[cont] >> *[stop]，所以学习者生成了塞音。	是，学习者发齿擦音是因为该音保留了持续音特征的发音方式，并且这一条件比塞音特征的发音方式排序更高。只有当母语中存在引发这一重新排序的事实时，该现象才会发生。	116

联结主义

本章回顾的第二种语言使用和语言学习的方法称为**联结主义**（Connectionism）。事实上，这一术语包括一组模型，它们试图用计算的方式来证明人类思维的**过程**（processes）和这些过程背后的行为（McClelland 和 Cleermans，2009）。这些过程或心理活动包括感知、认知以及信息储存与检索。鉴于联结主义对认知加工的关注，其模型起源于认知科学也就不足为奇了。然而相关研究者在更广泛的认知科学领域内对行为和心理状态的本质有着独特的看法："……我们对行为和心理状态的理解应该通过并受制于我们对神经过程的认识，这一过程是认知的基础（McClelland 和 Cleermans，2009：177）。简而言之，基于联结主义框架的研究者对人脑中信息处理的"方式"非常感兴趣。

当对这一理论方法进行探索时，我们有必要了解大脑本身这一模型是如何被建立的。人脑由**节点**（nodes）和这些节点之间的**连接**（links）或联结组成。
每个节点都是一个简单的单元，根据具体的模型，它可以表示字母、单词或特征 117
（McClelland、Rumelhart 和 Hinton，1986）。不管每个单元代表什么，基本观点是：该单元太小，本身没有意义。相反，表征产生于单元间的关联模式，被称为**分布**

式表征(distributed representation)。整个节点和连接系统被统称为**神经网络**(neural network ）。在神经网络中，每个单元的基本功能是接收相邻单元的输入，根据接收到的输入计算出一个值，然后将该值输出到其他相邻单元。单元之间的传输强度（即相邻单元之间相互影响的程度）各不相同，但直接反映了每个单元自身的**激活**（activation）程度。因此，单元之间的连接或联结是加权的，因为它们可能根据激活的强度而变弱或变强。综上所述，沿着这些加权联结，激活信号在不同单元之间进行传播，于是加工得以实现（McClelland 和 Cleeremans，2009）。神经网络中各单元之间的布局可以解释语言变异模式。

有了对心理结构和加工的基本了解，我们将注意力转向语言学习。首先，更宽泛地来说，基于联结模型的学习中，加工单元（或节点）之间联结的权重会随时间逐渐调整。上文提到过联结权重取决于单元之间的激活强度。人们认为我们的经验（特别是我们大脑接触的周围环境中的刺激）会随时间的推移影响激活强度和后续的关联模式。回到语言学习，联结权重的调整是通过反复接触语言输入来实现的。学习者从他们所接触到的输入中发现规则，并逐渐从这些规律中提取、加工和学习语言形式的模式。这种建立语言学习模式的方式称为**涌现**(emergent)，因为说话者基于环境与一般学习能力之间的相互作用而形成或发展语言。此外，习得一种语言的说话者利用线索或指示来帮助自己通过非特定语言的学习机制对语言进行推断或假设（Poll，2011）。除非第二语言学习者已经掌握了一种语言，否则第二语言学习也是如此，即具有一套关联模式和联结权重的第一语言经过调整与基于第一语言的输入保持一致。采用联结主义模型研究第二语言学习的研究者认为，第一语言和第二语言中存在的关联模式（即重叠区域）代表了迁移的关键区域（Gasser，1990）。事实上，**统一（竞争）模型**（Unified（competition）
118 Model）（MacWhinney，2008）是一个相关的涌现模型，它认为母语对学习第二语言的影响很大，以至于“……不可能构建一个不考虑母语结构的第二语言学习模型”（MacWhinney，2008：342）。与联结主义模型一样，MacWhinney 模型中的加工和后续学习也基于关联模式，这一模型对语言输入中**提示**（cues）的强度和有效性十分敏感。

在采用联结主义学习模型进行第二语言习得的研究中，一项成果颇为丰富的研究考察了形态句法习得的计算机模拟。我们知道联结主义模型主要关注点是发现和解释第二语言学习中的加工。因此，这类研究首先使用人类数据（human data）来说明成年学习者的实际行为，然后测试联结主义网络能够在多大程度上模拟所研究的特定结构的学习。鉴于这一领域的研究很多，我们选择重点介绍三项经典研究（Ellis 和 Schmidt，1997；Kempe 和 MacWhinney，1998；Sokolik 和 Smith，1992）和一项最近的研究（Rosi，2009），以说明何种研究类型可以支撑该模型，以及该模型是如何发展以解释第二语言学习的。

联结主义框架下对第二语言进行的探究最早的研究之一是由 Sokolik 和 Smith（1992）完成的。该研究表明，基于计算机的网络模型可以准确可靠地为一组未经学习的法语名词匹配语法性别。计算机模型没有使用任何类型的规则进行编程，而是使用了一组名词和联结模式（即学习经验），该联结模式允许模型依靠名词本身的结构来为新出现的名词匹配性别。这项研究的一个显著方法论优势在于，它创建了一种与成年第二语言学习者更相似的联结主义模拟。研究者首先在零联结模式下运行模型，这意味着模型中没有编码好的先验经验。他们发现，该计算机模型能够以高准确率和高速率为法语词汇匹配语法性别。鉴于人们认为儿童的学习速度要比成年学习者快得多，成功率也更高，所以该模型与第一语言习得非常类似。接下来，Sokolik 和 Smith 对模型进行编程，从三组起始权重中随机选择一组，以表示初始习得时的经验偏差。他们发现，这些起始权重对习得法语词汇性别的影响微乎其微。研究者还降低了学习速度，以反映出成年学习者较慢的学习速度（与儿童学习者相比），但实验结果显示这对习得没有任何显著 119
影响。因此，除了证明法语词汇性别匹配的学习可以通过计算机建模外，他们的研究还佐证了学习的关联机制。这一研究表明，我们可以对这些计算模型进行设定，以发现关于成年第二语言学习大家一致认同的方面。

Ellis 和 Schmidt（1997）的研究是将简单的联结主义模型应用于第二语言学习的第二个经典案例。具体来说，研究者想知道成年学习者是否可以学习一种人工第二语言的规则和不规则复数词缀，并通过一个关联学习计算系统进行建模。此外，研究者想知道在这两种情况下，频率如何影响形态学的习得。Ellis 和 Schmidt 称，对于成年学习者来说，规则词缀的学习速度要快于不规则词缀；学习频率较高的词缀的学习速度也快于学习频率较低的词缀。规则性和频率之间也存在显著的交互作用，因此频率效应对不规则复数词缀的影响大于规则复数词缀。有趣的是，联结主义模拟呈现出了相同的结果：规则词缀的学习速度比非规则词缀快，高频词缀的学习速度比低频词缀快，成年学习者会遇到的规则 - 频率交互也在模拟中得到印证。这些结果表明，复数词缀的二语习得可以用简单的联想学习机制来解释和建模。作者称这些发现能够支持说明第二语言学习的规则类行为，但不能说明规则支配的行为（Ellis 和 Schmidt，1997：158）。换句话说，第二语言行为反映了从输入的分布特征中抽象出来的模式。

在相关研究中，Kempe 和 MacWhinney（1998）考察了以英语为母语的学习者对德语和俄语格位标志理解的习得情况。具体来说，研究者假设学习者对具有宾语–动词–主语（OVS）词序的句子的理解会受到提示有效性的影响，因此，更强的提示会比更弱的提示具有更大的加工优势。通过词汇判断任务和图片选择任务的结果，研究者证明，正如预测的那样，俄语学习者在学习的早期阶段比德语学习者能更好地使用格位标志作为提示。然而，随着德语学习者逐渐学习该语言，他们更少依赖格位标志作为标记施事身份的提示。此外，两组学习者在选择施事者时都表现出了对生命度（animacy）的敏感性（如果第一个名词是有生命的，则更有可能被选为施事者），尽管这种语义特征对俄语学习者加工的影响程度低于德语学习者。最后这项发现据说是因为在俄语格位标志范式中，生命度的语法
120 化程度更高。Kempe 和 MacWhinney 认为这些结果可以佐证第二语言学习的关联学习方法，他们通过对德语和俄语第二语言中的格位标志习得进行联结主义模拟，进一步验证了这一发现。该模拟不仅能够成功再现针对成年学习者的研究发现，而且还能够帮助研究者准确找到影响所观察的习得模式的变量。影响格位标志习得的主要变量是输入频率、提示强度和提示竞争（竞争发生在不同发展水平的提示之间）。结合前面的研究，该研究进一步证明了基于联结主义框架来描述的关联学习机制可以用来解释第二语言习得。

刚刚介绍的经典研究为联结主义语言学习观提供了大量的早期证据，由此我们已经奠定了基础。接下来我们转向最近的一项研究，以说明这类研究在当今仍然颇富成效。Rosi（2009）对第二语言意大利语体的习得进行了联结主义模拟测试。人因数据（human data）来自母语分别为西班牙语和德语这两个学习群体，他们对无声电影《现代》中的三个场景进行了口头和书面叙述。Rosi 的结果为体假设（Andersen 和 Shirai，1994）和语篇假设（Bardovi-Harlig，1995，2000）提供了证据，因为学习者倾向于用过去完成体形态标记目标前景谓词，用未完成体形态标记未完成背景谓词。Rosi（2009）还报告了母语的影响，结果表明以西班牙语为母语的人比以德语为母语的人表现得更好，并且在频率方面，他发现输入中未完成体形式的使用频率较低会影响其在不同发展阶段的使用。在对人因数据的分析中，Rosi 的联结主义模拟表明，母语不同，第二语言意大利语体的表现也有所不同。此外，该模型能够发现行动性和基础性之间的相互作用，因此关联联想（例如，背景状态上的未完成标记）比非原型联想（例如，前景和背景中对目标的未完成标记）在更早的阶段被标记。对于那些主张第二语言学习中存在一种基于认

知的关联学习机制的研究者来说，人因数据和联结主义模拟的融合将继续为他们提供支撑。

研究方法和联结主义理论

与优选论一样，人因数据的来源可能多种多样，而且数据收集方法也并非唯一。因此，我们可能会发现，研究者采用口语输出或书面引导任务来收集数据， 121
而这些数据收集方式可以普遍运用到各种理论方法中。然而，考察关联模型能够在多大程度上体现第二语言学习时，使用计算机模拟的方式对联结主义来说却是独一无二的。因此，在这一小节，我们将用前面介绍的 Ellis 和 Schmidt（1997）的研究为例，说明联结主义的网络模拟。简而言之，我们试图探索联结主义网络的运作方式。为了理解这一点，我们必须记住，加工单元具有不同的激活值，并且单元之间的连接是加权的。在联结主义模型中，激活值范围从 0 到 1，同时用一种学习算法调整单元间连接的强度。根据 Ellis 和 Schmidt，最常见的学习算法是反向传播。**反向传播**（Back propagation）是指关联网络在每次学习试验中将其输出与目标输出进行比较的学习过程。如果一个差异（即错误）被识别，关联网络会将该信息传输回中间层（被称为隐藏单元权重），同时也传递给输入权重，以减少未来的错误（见 Ellis 和 Schmidt，1997：155），这正是他们使用的研究方法。因为网络模型具有输入层、输出层和中间层（即隐藏层），所以被称为三层网络。

Ellis 和 Schmidt（1997）的模型由 22 个输入单元、32 个输出单元和 8 个隐藏单元组成。这些单元代表提供给关联模型的信息。在输入单元中，有 20 个单元代表人工语言中一种文字形式的一张图片，一个单元表示刺激是独立个体还是成对中的一部分，最后一个用于训练和模式泛化。在输出单元中，20 个单元代表所研究词形的基本形式，10 个代表不规则词缀形式，一个代表规则词缀形式，最后一个也是用于训练和模式泛化。该模型对词干和复数进行训练，以调整联结强度，从而模拟学习体验并提升学习表现。有必要指出，在这类研究中，因为联结权重是随机的，所以研究进行了几次试验模拟以确保模型的可靠性。此外，为了检查诸如频率等变量如何影响性能，研究需要许多试验组合来反映输入和输出中可能存在的所有低频和高频形式的可能组合。这种研究方法试图告诉我们，关联学习模型是否可以通过编程来获得和学习者一样的模式。若答案是肯定的，那么我们就找到了合适的证据来支撑基于这种关联联结框架的学习模型。

122
基于使用的模型

本章探讨的第三种方法是所谓的基于使用的模型。我们可以认为这些语言模型和语言习得模型在一定程度上与前一部分讨论的联结主义模型存在交叉。形成这种交叉的原因是基于使用的联结主义模型以及其他涌现模型、功能主义和计算语言学，都认为说话者的语言知识是不断变化的。此外，这些方法将语言知识视为语言经验的积累，反映了形式 – 意义连接的统计属性。具体来说，他们探讨了语言经验如何影响我们把符号（即语音形式的字符串）与所指（即交际意图）联系起来。这种语言观遍及认知语言学中更广泛的领域，包括认知研究中采用基于使用的语言研究方法的子领域。

除了与认知语言学中其他方法共享的一些特征外，**基于使用**（Usage-based）的语言模型特别关注语言使用对其认知组织的影响（Bybee，1985，2001，2006；Langacker，1987，2000）。语言使用泛指特定说话人对语言的使用以及他或她与周围环境中的语言接触。语言经验是头脑中语言结构的基础。在基于使用的模型中，研究者对语言结构的认知组织提出了一些基本假设（更多细节见 Bybee，2008）。例如，基于这一框架，语言结构的基本单元是**结构**（construction）。结构可以是通过语言经验建立起来的单个单词、语素或一串单词（如习语或习惯性表达）。在语言中接触到一个结构时，这个结构会被储存在记忆中，并通过映射被分类。不同于那些认为特定机制只与语言有关的模型，基于使用的方法主张，广义认知机制可以解释结构的储存和加工。其中一些机制包括固化（entrenchment）（即保存）、范畴化（categorization）和图式形成（schema formation）。固化是一个通过对事件进行重复来使其成为习惯的过程，这样一来，这些事件就很容易被提取并作为一个单元储存起来，使用时不需要太多的注意力（Langacker，2000）。范畴化是根据特征、相似性和差异性对记忆中的事件进行整理和组织的能力（Bybee，2006）。最后，图式形成也叫作抽象化，可以看成是范式的呈现，这些范式是基于大量个体经验中固有的相似性（Langacker，2000）。尤其是范
123 畴化和图式形成可以用来解释观察到的规则现象，并促进更加高效的语言解码。

回到语言经验的中心性，基于使用方法的研究者观察到的一个重要事实是，我们的语言经验在某些方面具有偏向性。具体来说，一些结构比其他结构出现得更频繁，或者只是被重复的次数更多。研究者已经证明这种分布偏向会影响语言结构在记忆中的表征。换句话说，我们储存语言结构的方式反映了这些结构在我们周围语言中出现的频率。因此，基于使用方法的研究者试图揭示使用频率如

何影响语言结构和变化。该方法中，对频率的一个重要区分是标志频度和类型频度。**标志频度**（token frequency）是指给定元素在我们所接触的语言中出现的次数，而**类型频度**（Type frequency）是指特定范式在给定语言样本中出现的次数（Bybee，2008：218）。因此，计算 [b] 在短语 “busy bee” 中出现的次数、单词 “thou” 在《圣经》中出现的次数，或者一个特定的短语，例如 “你好吗？”，都是采用了标志频度的示例。相反，计算组合音 [tr] 在给定语言的语料库中出现的次数（而不是单个 [t] 或 [r]）或常用形态范式出现的次数，例如英语中的规则过去时后缀（-ed），都是类型频度的示例。每种频度都对语言储存和使用有不同影响。

基于使用的研究已经详细说明和检验了标志频度的三个效应。第一种称为**守恒效应**（Conserving effect）。这种效应是高频语言形式几乎不发生变化的原因。例如，英语中的不规则过去式动词，如 “kept” 和 “slept”，被认为具有抵制规则化的能力（即 “*keeped” “sleeped”），这是因为它们的频率更高，随后在记忆中的可提取性也更高。然而，其他诸如 “leapt” 或 “wept” 这样的动词已经发展成了规则化形式（即 “leapped” “weaped”），这是因为它们的频率较低，所以可提取性也较低。标志频度的第二个效应是**自主性**（autonomy），它指的是单个单元未被分析的高频率序列。一些例子包括英语中的 “gimme” 或 “gonna”（参见 Bybee，2008），西班牙语中的 *hay*，以及法语中的附加疑问句 *n'est-ce pas?*。标志频度的最后一个效应是**简化效应**（Reducing effect）。它是指高频词和短语呈现出语音简化的现象。英语中一个常见的例子是 “because” > “cuz”。语法结构也呈现出这种效应，例如 “would have” > “would[s]”。当神经运动序列随时间重复时，出现的发声方式重叠可以解释这种效应（Bybee，2008）。这种重复和发声方式重叠具有提高发声效率或减少语音协同发声的效果。

关于类型频度的影响，Bybee（2008：221）解释说，一种结构重复（即，能 124
适用于许多其他结构）的频率与其在多大程度上能被用到新的结构中有关。换句话说，类型频度决定了一个结构的能产程度，或者说决定了说话者能在多大程度上使用其来分析或解释其他语言结构。例如，一个知道 “construct” “destruct” “construction” “destruction” 等单词的说话者可以使用结构 “-ion” 来解析其他具有相同结构的单词（例如，“addition” “confusion” “location” 等）。此外，结构的频率越高，它就被认为具有越牢固的心理表征，因此更有可能拓展到新的用法上（例如，“Californication” 是一首红辣椒歌曲的标题）。

剩下的两个基于使用的语言模型的核心概念是语法化和预设。首先，**语法化**（grammaticalization）（也称为文法化）是指词汇或词汇与语法成分的组合随时间的推移而变成仅作为语法语素的过程（Bybee，2008）。该过程证明了语言的认知表征随着使用而不断变化的论断。在这种特殊情况下，一些语言结构可能被频繁使用，以至于它们失去了意义和 / 或语用推理用法，因此容易在语法范畴或语义功能上发生变化。可以说，英语中最常见的两个例子是“be going to”（早期用作进行体短语，但现在用作将来标记词）和“will”（过去表示“想要”，但现在用作将来标记词）。这一过程在之前对各种语言进行的研究中受到了相当多的关注，并且近年来在解释跨语言语音和形态句法变异方面尤为重要。这是因为我们经常看到形式在语法化过程中发生变异。第二个概念是**预设**（prefabs）（或预设序列），指语义上可预测的常规序列。这些可能是不常使用的短语或表达（例如，“beyond repair”和“need help”（Bybee，2006）），但母语者立刻能识别出它们表达的意思。基于用法的理论家将这两个概念结合在一起，进一步证明了语言经验是认知表征和语言知识组织的基础这一观点。

因此，从基于用法的角度来看，成年第二语言学习者会不断遇到第二语言中表现出频率效应的语言形式和结构，并且它们在某种程度上不断受到使用的影响。
125 可以想象，这样一个系统可能会给成年第二语言学习者带来许多挑战。表 5.5 总结了 Bybee（2008）讨论的其中一些挑战及其对第二语言学习的影响。

表 5.5　Bybee（2008）研究中的学习者挑战总结

挑战	说明
重复	形式的重复保证学习者对这些形式接触更多。这对高频的不规则形式特别有效果，但对低频不规则形式则没有，因为低频不规则形式很可能被学习者规则化。重复也会产生组块，如果不正确的形式在学习者的认知表征中得到了加强，那么这将是不利的（类似于石化）。
自主结构	在第二语言学习者对自主结构的交际意图有一定了解的情况下，这些高频结构可以促进学习早期阶段的交际。
简化	在口语方面存在的理解和产出困难可能部分源于简化效应。第二语言经验较少的学习者可能会发现，在他们各自的母语中，高频的简化结构不仅难以拆分理解，而且如果产生的序列对他们各自母语的音位结构来说不常见或不合理，那么也很难生成。
126 对范式的了解	对第二语言范式的了解可以促进学习和产生新的、相关的形式。也就是说，学习者必须接触各种呈现特定范式的语言结构，以便能够在将来的第二语言使用中有效或创新地使用它。
偏向输入	和母语者一样，学习者也能从他们接触到的“偏向”输入中获益。对基于范式的学习，高频形式可以作为低频形式的参照标准。

Bybee（2008）还从基于使用的角度探讨了母语在第二语言学习中的作用。从本质上讲，母语的结构是第二语言结构的基础。当第二语言的结构与母语的结构相似时，这种关系可能有助于第二语言学习（例如，西班牙语 *es*，动词“to 127
be”的第三人称单数现在形式类似于英语中的“*is*”，也是同一动词的第三人称单数现在形式）。又或者，学习可能会由于一些相似结构在不同语言中有细微差别而受到阻碍。也就是说，即使一些结构在两种语言中比较相似，但细节上的差异可能会阻碍学习（例如，动词“to be”在西班牙语中用两个动词表示，即 *ser* 和 *estar*，而英语中只有“to be”一个动词）。

基于使用的模型在第二语言习得研究中的应用正日益受到人们的关注。我们在这里简要回顾两项最近的研究，它们从基于使用的角度考察了第二语言的发展。第一项是 Eskildsen（2009）进行的研究，他考察了一名成年课堂学习者在一段时间内使用英语情态动词“can”的变化情况。考察的学习者名叫 Carlos，以墨西哥西班牙语为母语。提交分析的数据来自四年内收集的 120 小时课堂录音的转写。[2] Eskildsen 的分析表明，Carlos 对 *can* 的使用最初似乎是从以下四种重复出现的句型发展而来的：*I can* V（erb）、*Can you* V、*Can I* V 和 *You can* V。他的分析还表明，这些特定句型的出现与学习环境中的交际需要有关。例如，研究者可以在不同的地方找到几个表达 *I can write* 的例子，但每次出现都与 Carlos 自愿在黑板上写字有关。此外，并非所有句型在所有考察的时间点上都常被产出（即，呈现出高类型频度）。Eskildsen 认为这一发现说明了第二语言发展的非线性特质。2012 年，Eskildsen 对第二语言英语中否定结构的学习进行了研究（Carlos 和另一位母语为墨西哥西班牙语的说话者），研究结果也证明了这一结论，并佐证了第二语言语法发展的基于经验的解释。

Blom、Paradis 和 Sorenson Duncan（2012）研究了第二语言学习者的英语第三人称单数 -*s* 的学习情况，他们的研究为基于使用的第二语言学习方法提供了又一证据。他们的长时追踪研究考察了具有不同母语背景（广东话、普通话、罗马尼亚语和西班牙语）的儿童学习者在自由发挥环节中产生的自然数据。输入频率较高的动词，其第三人称单数 -*s* 标记的准确率更高，这就佐证了基于使用的学习方法。与研究英语母语儿童的结果类似，这些儿童第二语言学习者也表现出倾向于更频繁地省去 /ɪz/，而不是 -*s* 的其他词素变体。这一发现可以解释为这个特定后缀的类型频度较低，不太可能成为一种能产模式。Blom 及其同事还发现，掌握更多能产性词汇或接受性词汇的儿童对使用第三人称单数 -*s* 呈现出较高的准确率。此外，他们的研究揭示了母语的影响：母语具有丰富屈折变化的儿童（即罗马尼亚语、西班牙语）表现优于母语不具有屈折变化的儿童。这一发现佐证了这样一种观点，即在适用的情况下，母语的结构是第二语言结构的基础。

研究方法和基于用法的模型

基于使用的第二语言习得研究中普遍采用的数据收集和分析方法反映了语言经验在第二语言学习中的中心地位。首先，迄今为止进行的大多数研究在本质上都属于长时追踪。长时追踪不仅对于详细考察语言经验至关重要，而且对于考察结构的先前使用及其对后续使用的潜在影响也至关重要。基于使用的方法的第二个特点也说明了考量语言经验的重要性，即从个体学习者那里收集大量数据样本。通过大量数据集，研究者可以更好地了解学习者的第二语言经验（在研究期间内
128 的发展）。反过来，使用大量数据集可以让研究者精确识别使用实例，并将其与研究中给定结构的早期和后期使用联系起来。这进一步让研究者能够在早期阶段就辨别出具有能产性且有利于后期学习的模式（参见 Eskildsen，2009）。因此，该方法中使用的数据引导方法为分析不断变化的关联模式提供了特定的工具。

基于使用的方法的最后一个方面对其研究来说必不可少，涉及的是测量频率的方法。事实上，测量频率并不像看起来那么简单，有些问题必须考虑在内。例如，研究者必须决定是测量一个单词的频率（例如“go”），还是测量包含该单词的搭配结构（例如“I go”“I will go”与“I go”）。反过来，这一选择将反映出研究者如何看待这些元素与频率的关系——是考虑单个元素本身是否频繁出现（例如，“go”），还是考虑它们在语境中是否频繁出现（例如，“I’ll go”可能比“I go”更频繁）。第二个需要考虑的问题是这项测量的对照组。例如，对频率的测量是描述一个单词或搭配相对于同一语料库中的其他元素的频率，还是进行跨语料库比较？如果要跨语料库进行比较，那么选择这个对照组的标准是什么？例如，研究者可以对比在产出模式、方言地区、任务类型等方面不同的示例。此外，对其中几个差异进行比较将难以推断其中任何一个与频率之间的关系。在许多情况下，这些问题的答案在很大程度上取决于所研究的语言结构，以及是否可以获取到相关资源。然而，鉴于频率是该方法的一个核心概念，如何测量和理解频率需要仔细思考和实证实践，这两者最终都将影响每一项研究的结果。

基于系统的理论

第五章讨论的最后一组方法统称为基于系统的第二语言学习理论或方法。我们将重点介绍的两个示例是复杂性理论和动态系统理论。可以肯定的是，这些理论各有特点，并且被用于不同的研究方向。然而，由于它们确实有一些共同的基本假设，因此这里将它们归类在一起。我们首先讨论这些理论的共同点，然后分别概述每种方法，以便凸显它们各自的特征。

基于系统（Systems-based）的一类理论或方法将知识视为一个随时间发展的 129
复杂系统（de Bot，2008：167）。在探讨这对认知、语言和语言学习意味着什么之前，我们有必要理解复杂系统的含义。首先，**系统**（system）被简单地看成是自发形成的一组相互作用的元素或施事者（Larsen-Freeman，2011）。例如，一个原子的细小微粒或一群鹅就符合这个定义。在科学中，人们认为这些元素或施事者（agent）的相互作用会引起有序复杂性（organized complexity）的问题。这种相互作用是**复杂的**（complex），因为在任意给定系统中，我们不能限制每个变量发挥作用，而且其中的一些（或全部）变量可能以我们无法控制的方式在运行。同时，这些元素或主体自然地作为一个整体发挥作用，从而形成复杂的**秩序**（order）。因此，系统方法试图理解一个整体中共同发挥作用的各部分之间的关系（Larsen-Freeman，2011：50）。

提倡采用系统方法进行语言学习的研究者认为，这一涌现的复杂秩序的形成过程是一种自然发生的现象，不仅适用于语言，还适用于人类思维。换句话说，与本章和第四章中探讨的其他众多方法一样，它们并不将语言知识视为一种特定类别的知识，需要单独的机制才能运作。相反，语言知识以及语言学习与用于其他功能共享一般的认知机制。在讨论基于这些模型的语言习得之前，我们可以先理解这几个复杂的系统特征（请参阅 Beckner 等（2009）[3] 和 Larsen-Freeman（2011）了解每个模型的更多细节）。首先，复杂系统由多个相互作用的施事者组成。回到我们前面的例子，这里的**施事者**（agents）可能是单个原子或一只鹅。其次，复杂系统具有开放性，可以从系统外部接收能量。换句话说，它们不断受到周围活动的影响，而非孤立存在。系统的动态性和适应性就是由这种持续的影响或外部的能量输入导致的。换句话说，系统外部的能量被“供应”到系统中。这种输入反过来会影响系统内部各部分之间的相互作用；因此，系统会发生变化以适应新的状况。随着外部能量的不断加入，一个越来越复杂的系统出现了。很明显，这种方法并不将语言系统（或任何其他系统）看成是静态的。此外，这些系统被认为是自组织的，这意味着它们能够在没有外部帮助的情况下自发地创建复杂秩序。换句话说，不需要额外的机制来组织系统内的信息。最后，系统中的变化是非线性的。这意味着系统变化不是每次都与驱动它的外部效应成精确的比例。

130 提倡基于系统的语言方法和语言学习方法的研究者都奉行一个重要的准则，而我们所描述的复杂系统的特征正说明了这一准则：没有单一变量可以解释在语言或语言学习中观察到的模式（通常是非线性的）。相反，正是几个不同层面上的一些变量的交互作用，解释了复杂系统的组织或其随时间变化的方式（de Bot、Lowie 和 Verspoor，2007）。此外，不同层面上变量的这种相互作用被看成是一个整体，而不是其各个部分的总和（参见 Finch，2004）。因此，语言中观察到的模式被认为是复杂系统中的稳定因素，或者简单地说，是人类互动和交流的自然副产物（Larsen-Freeman，2011）。人们认为语言学习是通过反复接触这些模式来实现的（基于使用的理论家也都认同这一观点）。

动态系统理论

从对复杂系统本质的共同假设出发，我们首先介绍这种方法的第一个示例。复杂系统方法之间差异的一个来源是每个理论所关注的系统层面不同。例如，**动态系统理论**（Dynamic system theory）起源于数学，强调考察一段时间内系统中的行为和变化。该理论的一个重要方面是多系统嵌套（nested system）。这一概念说明了每个系统实际上都是另一个系统的一部分（de Bot、Lowie 和 Verspoor，2007：8）。这种观点想表达的是，追踪这样一个系统在一段时间内的确切发展是不可行的，因为每个系统（不断与其他关联系统相互影响）的每个变量都在不断变化，并且与其他动态变量不断相互作用。然而，并不是说系统中的每个元素都在不断变化就意味着系统必然是“混沌”的。相反，动态系统可能会逐渐稳定下来，或达到所谓的稳定状态（attractor states）。动态系统的另一个重要考量因素是初始状态。动态系统的初始状态非常不稳定。因此，系统中的细微变化或“干扰”可以严重影响其发展轨迹。这一概念通常被称为**蝴蝶效应**（Butterfly effect），因为系统初始状态的细微差异可能会在以后产生更大的影响（Larsen-Freeman，2011）。细微变化在发展的初始阶段会产生很大的影响，这一观点不仅强调了初始状态在动态系统中的重要性，还再次强调了相互关联、相互依存的一个整体概念。动态系统理论与语言学习问题尤其相关，它将学习者视为更大的
131 嵌套社会系统中的一个子系统（de Bot、Lowie 和 Verspoor，2007）。基于这种观点，

语言发展需要不断地输入能量和资源，这些能量和资源可以是内部的（例如学习能力、动机等），也可以是外部的（例如现实环境、现实环境中的学习材料等）。鉴于一个相互关联的整体中不断输入的能量，语言发展必然是非线性和内在可变的。此外，发展中的系统受到了许多因素的影响，而不仅仅是语言系统内部因素的影响。

复杂性理论

第二个复杂系统方法是**复杂性理论**（Complexity theory），它也强调随时间发生的变化，但它涉及如何更好地理解组成整体的各个部分之间的关系（Larsen-Freeman，2011）。因为复杂系统的各个部分都在不断变化，所以整个系统也在不断变化。尽管如此，这种变化不会剧烈到让系统完全失去了它的特性。尽管系统在不断发展，但不同时期出现的稳定性使系统作为一个整体能够保持其特性。与这一点最贴切的例子是语言，虽然人们感觉上认为它在不断地发生变化，但它同时又保持着足够的稳定性和独特性（拉森·弗里曼，2011：51）。

Diane Larsen-Freeman（1997）在她一篇重要的文章中表示，这种基于系统的方法与第二语言学习尤为密切。具体来说，她详细介绍了复杂系统与第二语言习得之间的相似之处，说明了动态系统 / 复杂性理论视角如何解决第二语言学习领域中一些反复出现的问题。这些相似之处包括动态性、复杂性和非线性。就像动态复杂系统一样，我们可以认为第二语言习得是动态的，因为第二语言语法也在不断地发展。同样地，第二语言系统是复杂的（即单一或少数诱发因素或变量不具有解释力），并且是非线性的（即对第二语言的语言结构和概念的掌握不是循序渐进的）。她指出，在许多二语习得的模型、方法和理论中，二语习得的确切机制尚不清楚。此外，也无法解释第二语言研究中观察到的第二语言输出的复杂性。因此，Larsen-Freeman（1997）提出了动态系统理论 / 复杂性理论的方法来研究第二语言习得，因为这一理论有可能观察到复杂系统随时间如何发展，也有可能对此类系统中明显的适应性和可变性进行概念化。

自 Larsen-Freeman 首次提出基于系统的理论，它的应用受到了越来越多的关注，该理论在解释第二语言学习方面已经得到了进一步发展。Larsen-Freeman 132
（2006）和 Verspoor、Lowie 和 van Dijk（2008）这两项实证研究为基于该视角进行的第二语言研究提供了有力的模型。Larsen-Freeman 的研究采用了一种动态描述的方法（定义见本章下一节）来考察五名以汉语为母语的英语学习者的中介语模式。她给出了具体的示例来证明她观察到的在第二语言使用中的重复模式和第二语言发展的非线性。Verspoor、Lowie 和 van Dijk（2008）的研究用相似的方法考察了一名说荷兰语的英语学习者第二语言运用的可变性。通过对三年多来收集的 18 篇学术论文的复杂性和词汇创造性进行定量测量，研究者展示出了这种可变性的变化程度。此外，他们能够说明与这一可变性相关的变量其相对重要性如何发生变化。在这两种情况下，作者都说明了动态系统方法如何解决先前研究中未曾涉及的问题。

研究方法和基于系统的理论

与前面介绍的基于使用的方法一样，研究者用到的第二语言数据也许可以通过多种方式来获取，并且与其他第二语言习得方法使用的收集方式没有差异。然而，不同之处在于如何建模和 / 或描述这些数据中的模式。借助 van Gelder 和 Port（1995）的研究，Larsen-Freeman（2011）确定了研究复杂动态系统的三种方法，其中包括定量建模、定性建模和动态描述。顾名思义，**定量建模**（Quantitative modeling）涉及数量，并利用数学来研究复杂系统。这并不是研究人类系统最有效的方法，因为组成人类系统的变量不一定能用数据来表示。相反，**定性建模**（Qualitative modeling）或许可以为研究人类的复杂系统提供更合适的方法，因为计算机可以模拟这些系统并运行多次迭代。尽管如此，这些都是在现实世界中对动态系统进行建模的方法，因此，它们代表的是一个近似值，而非对现实世界数据的精确描述。第三种方法是**动态描述**（Dynamical description），这种方法对现实世界中动态系统的某些方面或过程进行概念化。使用人种学的工具（例如观察和详细描述），我们可以深入了解特定语言学习环境的动态、相互关联的性质。例如，对课堂学习环境进行详细、长时追踪的描述，我们就能够理解这一特定系
133 统内各部分的动态和相互关联的性质。因此，这种方法可以更好地了解系统的当前状态或未来发展。然而，它不能解释一个给定系统的最终状态或绝对状态。

小　结

本章的目的是概述一些用于研究语言的最广为人知、最新的认知方法。虽然这些理论优先考虑认知在语言和语言学习中的作用，但它们看待认知的方式可能千差万别。下表 5.6 汇总了本章涵盖的方法。与第四章中的汇总表类似，对于每

一种方法，我们都给出了语言学习的定义，明确了所涉及的认知层面，并指出是否具有对社会语言能力的研究。

表 5.6　第二语言习得的认知方法综述

模型 / 理论 / 方法	第二语言学习	考量的“认知”层面	是否有考察社会语言能力?
优选论	更改制约条件的排序以最佳匹配第二语言的制约条件排序	心理语法的组成部分，包括生成器（GEN）、评估器（EVAL）、制约条件集（CON）和心理词库	是
联结主义	调整分布式神经网络中各单元之间的连接权重（已完全适应于母语）；加工导向型	神经网络中单元之间的连接模式；关联学习机制	目前没有相关研究
基于使用模型	语言经验和语言使用影响第二语言的认知表征，具有突发性	语言形式的重复及其对第二语言经验的影响	是
基于系统的理论（动态系统理论、复杂性理论）	复杂系统中的涌现稳定性；具有动态性和非线性特征	可变性；研究变量的动态和非线性特征	目前没有相关研究

对认知方法的评价 134

对于本章回顾的方法，它们的一个主要贡献是在研究语言和语言学习中承认了认知的作用。与前一章介绍的许多方法不同，这种对认知的关注让这些理论的研究者能够考察语言学层面的语言及其习得。例如，优选论能够解释语言普遍性（所有语言具有相同的制约条件）、跨语言差异（制约条件的排序不同）和易习得性（一个简单的制约条件降级过程）的作用。相反，联结主义和基于使用的方法将语言知识建模为形式和意义之间的关联。虽然各不相同，但它们都解释了语言知识的习得和储存。这些较晚形成的方法的一个优点是，它们还可以解释由于额外经验而导致的母语和非母语语法变化。换言之，语言系统的动态视角为将社会因素纳入语言模型提供了一条清晰的途径。因此，我们了解到了建模社会语言能力的几种方式、语言变异涉及的种种因素，以及最重要的是这种能力如何随时间发展。

一般来说，在第二语言习得领域，基于前两章介绍的方法进行的研究较少。
135 因此，尽管每一个模型都有发展前景，但只有优选论和联结主义被用到二语使用研究超过十年。然而，本章介绍的其他模型在将语言建模为一种社会情境现象方面表现得更好。幸运的是，更新的、基于使用的复杂系统方法目前是许多讨论和争议的对象（参见 2013 年和 2014 年在重要的第二语言研究会议上举行的座谈会和全体会议，如*美国应用语言学协会*、*第二语言研究论坛*等），我们预计这些领域在未来十年将有巨大的发展。下一章讨论变量论模型时，我们将意识到，这些领域可能不仅具有兼容性，而且在未来将成为一个广泛的跨学科研究领域。

课外阅读推荐

a. Blom, E., Paradis, J., & Sorenson Duncan, T.S. (2012), Effects of input properties, vocabulary size, and L1 on the development of third person singular -s in child L2 English. *Language Learning, 62*, 965-994.

b. Broselow, E., Chen, S., & Wang, C. (1998). The emergence of the unmarked in second language phonology. *Studies in Second Language Acquisition, 20*, 261-280.

c. Eskildsen, S. W, & Cadierno, T. (2007). Are recurring multi-word expressions really syntactic freezes? Second language acquisition from the perspective of usage-based linguistics. In M. Nenonen & S. Niemi (Eds.), *Collocations and Idioms 1*. Papers from the First Nordic Conference on Syntactic Freezes, Joensuu, Finland, May 19-20, 2006 (pp. 86-99). Joensuu: Joensuu University Press.

d. MacWhinney, B. (2008). A unified model. In P. Robinson & N. Ellis (Eds.), *The Handbook of Cognitive Linguistics and Second Language Acquisition* (pp. 341-371). Routledge.

e. Verspoor, M., Lowie, W, & van Dijk, M. (2008). Variability in second language development from a dynamic systems perspective. *The Modern Language Journal, 92*, 214-231.

理解与运用

A. 理解

1. 优选论运行的四个基本机制是什么？

2. Lombardi（2003）中包含哪些制约条件？为了在生成时将 /θ/ 替换成 [s]，应该怎样对制约条件进行排序？替换成 [t] 呢？

3. 联结主义试图说明什么？它包括哪些过程？ 136

4. 什么是分布式表征和神经网络？

5. MacWhinney 的统一（竞争）模型提出了什么假设？提示（cues）在该模型中有什么作用？

6. Sokolik 和 Smith（1992）得出了什么结论？

7. 对于规则在第二语言学习中的作用，Ellis 和 Schmidt（1997）得出了什么结论？

8. 基于使用的模型的重点是什么？这些模型包括哪些机制？

9. 标志频度和类型频度有什么区别？哪三种效应与标志频度相关？

10. 什么是语法化？

11. 根据 Blom、Paradis 和 Sorenson Duncan（2012），为什么相比于 *-s* 的其他词素变体，学习者更易删除 /ɪz/？

12. 在基于系统的理论中，复杂系统的五个特征是什么？

13. 定量建模和定性建模有何不同？

B. 运用

1. 优选论、联结主义、基于使用的模型和基于系统的理论有哪些瓶颈？他们的优势是什么？你觉得哪一个最具吸引力？为什么？你能从自己的语言学习中给出证据吗？

2. Nikolai 和 Hiro 这两位英语学习者对单词 *thin* 的发音很不一样。Nikolai 发成 [t]in，而 Hiro 发成 [s]in。Lombardi（2003）将如何使用优选论来解释这些差异？

3. 在英语中，删除 *that-* 是一个常见现象，因此短语“I think that we should go”经常变成“I think we should go”。另一方面，“I hypothesize that we should go”不太可能变成“I hypothesize we should go”。基于使用的模型的研究者将如何解释这种差异？

4. 在回答上一章的一个应用问题时，你转写了你最喜欢的一个电影场景的一部分。设想一下，当你在转写时，你不小心把单词“objective”写成了“goal”，尽管这两个词听起来一点也不一样。Bybee 和其他基于使用的模型的研究者将如何解释这一现象？

5. 基于系统的理论家认为，语言学习者的语法是系统的，但也是不断变化的。

回想你在第二语言中使用过的非目标语言的例子。你说了什么单词或结构？在该
137 语境下，母语者更有可能使用什么单词或结构？你的使用如何证明你遵循了一些规则？由于语言学习是动态的，你现在很有可能不会在相同语境中使用该单词或结构。你在第二语言中还注意到了哪些变化？

注释

1. 可变的制约条件排序是优选论（参见 Boersma 和 Hayes，2001）和最大熵模型（比照 Goldwater 和 Johnson，2003；Hayes 和 Wilson，2008）随机解释的特征。读者可以进一步阅读这些文章。

2. 所有转写都来自多媒体成年学习者英语语料库（MALEC），这是国家实验室为成年第二语言学习者而汇编和维护的大型语料库。

3. 这篇文章有十位作者：Clay Becker、Richard Blythe、Joan Bybee、Morten H. Christiansen、William Croft、Nick C. Ellis、John Holland、Jinyun Ke、Diane Larsen-Freeman 和 Tom Schoenemann。

第六章　社会语言能力习得研究的变异学方法 138

前两章概述了多种不同的方法，它们都归属于同一个更大的总称（umbrella term）（社会或认知方法），而本章与前两章有所不同，我们将看到本章只侧重于一种特定的方法：**变异学方法**（Variationist Approach）。变异学方法与第四章和第五章的一些理论是可以兼容的。例如，无论是说明个人层面（如年龄或教育水平），还是个人使用语言的语境层面（如国外与国内），变异学理论赋予了这些社会因素一定的角色。此外，由于该方法对语言自身的模式进行了建模，而不是在对大脑如何运转的特定理解中找到其根源，因此该方法与第五章所介绍的几种涌现理论是兼容的。在我们看来，关于第二语言变异方法的最后一章是前两章概述的一系列理论之间的有效桥梁，所以本书的后续几章将更多地关注这一方法。

语言研究的变异学方法起源于更广的社会语言学领域。要说明一点，许多研究语言变异和变化的方法往往都属于“社会语言学”这一总称（Preston，2004）。例如，定量或变异社会语言学（variationist sociolinguistics）、言语人种学（ethnography of speaking）、互动对话分析（interactionist conversation analysis）、语言社会心理学（social psychology of language）和语言社会学（sociology of language）等等。尽管如此，正如本章标题所示，我们将只讨论研究第二语言变异的变异学方法或定量社会语言学方法。一直以来，该方法试图确定影响语言可变性（variability）的内部（即语言）和外部（即社会）因素。[1]

与前面关于语言变异的基础章节（第二章和第三章）不同，本章讨论了以变异学为导向的第二语言研究者所使用的具体模型，重点是语言变异的概率模型（probabilistic models）（例如，Preston，2000，2004）。在介绍了这些模型之后， 139
我们讨论了收集和分析数据的工具，以及该研究领域中最常考察的一些因素。一旦完成了这些准备工作，我们将概述人们最初是如何理解第二语言变异模型的，以及这一理解是如何随着时间逐渐变化的。最后，我们批判性地分析了变异学方法，以及它与其他试图解释第二语言变异的模型之间的兼容性。

变异的概率模型

变异的概率模型起源于社会语言学的子领域，即变异社会语言学或定量社会语言学（quantitative sociolinguistics）。这一子领域旨在考察一些内部和外部因素，这些因素会影响语篇中具有相同含义的两种或多种形式的使用。该子领域的名称来自变异社会语言学家考察这些因素的方式——研究者为研究中的语言变异提供了定量模型。然而，该模型并非只是简单地计算出一种变体相比于其他变体的使用频率。相反，它旨在揭示每个变体使用分布的特点，并使用与定量相关的概念来识别影响因素，这些因素导致该变体的使用分布不同于其他“同等”变体。换言之，这些模型评估了一种语言形式的使用频率，以及该形式使用的语言和社会制约。

但是，为什么说这些定量模型是概率性的，而不仅仅是描述性的呢？先前的大量研究采用了变异学的方法来研究语言变异，这为以下观点提供了强有力的支撑：通过仔细考察影响选择的内部和外部因素的相互作用，可以预测在多种语言形式之间会做出何种选择。也就是说，当存在与话语的语言或社会语境相关的一些特定因素时，语言使用者倾向于（可以说是有意识和/或无意识地）选择使用两种或多种形式中的一种。因此，研究者建立了一个选择特定形式的模式。该模式作为将来选择形式的基础，这一过程同样将受到内部和外部因素相互作用的影响。这种描述或建模语言变异的方式是**概率性的**（probabilistic），因为它试图揭示使用者在何种情境下（即，存在哪些因素）可能选择某一特定形式。因此，该框架下使用模式的研究可以形成一个数据集，并用于预测在相同条件下相同形式的使用模式。

为了解释这些观点，让我们以英语中音节尾塞音的删除为例，这是一种可变的语言现象，而且已经在多种英语方言中被研究过（例如，Guy（1980，1991a，
140 1991b）研究的费城和纽约市的标准美式英语；Labov、Cohen、Robins 和 Lewis（1968）研究的纽约市非裔美式英语；Santa Ana（1992）研究的洛杉矶墨西哥裔英语等）。不同方言中单词末尾 /t/ 和 /d/ 的可变删除（例如，“mist”“missed”）受若干内部或语言因素的影响，包括它后面的音段类型（辅音后面的音段更有可能被删除）、前面的音段类型（“与前面的音段具有类似特征的音段更有可能

被删除”），以及 *-t* 或 *-d* 的语法地位（如“mist”等单语素词（monomorphemic words）中更有可能出现删除）。关于这一问题的研究表明，出现在辅音前面的 *-t* 和 *-d* 并非一定会被删除。同样地，并非所有规则动词的过去式（*-ed*）被删除的概率都是 100%。确切地说，当这些因素共同出现时，*-t/d* 被删除的可能性变大。这使得研究者能够根据每个相关因素出现或不出现来考察一个语境，并了解特定形式出现的概率。变异学的社会语言学家已经研发出了一些工具，以便从定量的角度来仔细讨论该情况发生的可能性，这就是我们现在要讨论的问题。

数据诱导（Elcitation）和分析工具

如第二章所述，社会语言学家研发出了分析语言数据的特殊工具，以及从特定社区的说话者身上诱导此类数据的具体方法。我们对此进行了简要概述，重点介绍了如何将其运用在第二语言学习者身上。从 William Labov 进行的第一次变异社会语言学研究（例如，1963，1966，1972a）开始，研究者就已经设计出了许多数据诱导方法，这些方法一直都被用于发现语言变异的不同方面。最受欢迎的数据诱导方法之一是访谈，与研究者一对一进行或在小组内进行。访谈之所以受欢迎，是因为访谈有可能诱导出大量数据，尤其是对于分析语音系统的变化而言。此外，人们认为访谈有助于生成自发性的口语（vernacular speech）（非正式）。事实上，社会语言访谈（sociolinguistic interview）是一种特定类型的访谈，能够最大限度地诱导不受监控的（unmonitored）输出。因为需要洞察一种语言形式的不同使用水平，社会语言访谈由此产生；理想情况下，所要研究的变量能以一种从最随意（例如：访谈期间的自发对话）到最严谨的方式（例如，朗读最小相对体的单词表）被输出。然而 Labov（1972b）指出，由于研究者的存在，即使在最随意的语境下，说话者也会倾向使用较为严谨的语言，他将这种现象称为观察者悖论（见第二章）。为了尽量减弱这种影响，社会语言访谈与其他类型的访谈 141
有所不同，它涵盖的交流话题可能是充满感情的、个人的，并且对说话者来说足够重要，所以访谈的重点是表达的内容，而不是表达的方式。例如，研究者可能会要求说话者讲述他们觉得自己濒临死亡的时刻，或者讲述童年的记忆或故事。这一目的是希望受访者在谈话内容中“忘我”，并较少地关注由采访者带来的压力。对于第二语言学习者，研究者也采用了相同的采访方式，但使受访者投入的话题会有所变化。例如，对于留学生来说，访谈内容可能涉及在东道国所经历的挫折。尽管存在这种差异，但对第二语言受访者的期望仍然是一样的：诱导非正式的、不受监控的语言输出。

除了设计能最大限度减弱研究者影响的访谈问题之外，Labov（1972b）在其著名的百货公司研究中也关注了这一现象，该研究考察了不同职位（例如，库存员、销售助理）和种族背景（例如，非裔美国人、高加索人）的店铺员工对元音后 /r/ 的发音情况（详情见第二章）。该研究中，Labov 的研究团队与店铺员工取得了联系，向他们询问了与店铺相关的问题，这些问题可以诱导出“fourth floor”这一短语。研究者还重复诱导出这一短语，以便观察到经过谨慎思考的输出。与店铺员工交谈结束之后，研究者凭借自己的印象来记录短语中每个单词的 /r/ 是如何发出的。因此，除了社会语言访谈外，“快速调查”代表了另一种在社会语言学研究中使用的数据诱导方法。这种诱导任务用在第二语言学习者身上可能稍微有些困难，但其背后的原理已经在相关的研究中被有效应用了。Schmidt（2014）的研究就是这样一个例子，他试图研究西班牙语的第二语言学习者在多大程度上表现出了词尾 /s/ 与其后辅音之间的语音同化现象。Schmidt 使用的诱导任务要求参与者说出每个人带去派对的物品数量。研究者展示了一些人物（图片下方显示姓名）照片，上面附有物品的具体数量。当某一物品有两件时，被诱导出的短语就类似于 *Ernesto vende dos vestidos*（Ernest 出售两条裙子）。对于一些物品，它们的名称以浊辅音开头，而其他物品则不是。因此，说话者生成了目标语境，但他们的关注点却在内容上。显然，这不同于百货商店中的非个人经历，但这种简短的话语是受试者在关注意义而非形式的情况下被产出的，因此也被纳入了第二语言的研究中。

142 用于研究第二语言变异的最后一种方法是书面情境化任务（written contextualized task）。这项任务是对社会语言访谈的重要补充，因为它允许研究者在相同的语境中考察众多说话者的形式选择过程。使用这种数据诱导方法，研究者可以选择相关语言变量的特定子集进行操作，同时保持其他变量不变。如果我们回到前面删除 -*t*/*d* 的案例，我们可能会倾向于操纵每个标记的语法类别以及前面的音段，同时保持后面的音段不变。因此，这种方式确保每位参与者都能接触到每个感兴趣的语境。此外，对于形态句法变量，其中直接宾语的指称、事件的时间范围、其他句子或语篇层面的特征等结构非常重要，研究者能够确保所有参与者都以相同的方式看待该情境。这就避免了需要正确解释说话者的意图以对语言语境进行分类这一难题。但如果第二语言学习者尚未达到形式准确的水平，这对他们来说可能特别困难（见第七章和 Woolsey，2008）。尽管书面情境化任务的回答格式可能有所不同，但它并不总是局限于对给定情境做出的回应。相反，通常情况下，这些做法会引出说话者的偏好，说话者因此可能在一个语境使用多种形式。换句话说，说话者的回应方式可能向研究者透露出一些关于他们对语言变异的认识，这取决于研究项目本身的目标和回答格式的制定方式。在接下来的两章中，我们将看到研究中采用这类任务的几个案例。[2]

讲完了数据诱导方法，我们现在将注意力转移到如何对这些方法诱导出的数据进行定量建模。最著名和最常用的定量分析方法是**多元回归分析**（Multivariate regression analysis）。回想一下，变异社会语言学家采用了一种概率变异模型，通过分析语言形式出现的频率和影响使用率的内部和外部因素的相互作用这两者之间的关系，我们可以预测一种形式出现或被说话者使用的可能性。该模型可以通过回归分析进行构建，回归分析是一种统计“……方法，可以让你看到大量的**解释变量**（Explanatory variables），并决定哪些变量可以独立解释你所测量的变量”（Larson-Hall，2010：176）。这里测量的变量指因变量——也就是说，研究中的可变语言现象（例如，词尾 *-t/d* 的删除）。另一方面，解释变量是独立的语言因素和社会因素，人们认为它们与特定形式的使用有关。对于删除 *-t/d* 这一现象，这些解释变量可能包括前面和后面的音段以及社会变量，如性别或教育水平。

在大多数情况下，变异社会语言学家以二元的方式来研究可变的语言现象（例 143
如，诱导数据中保留或删除词尾 *-t/d*）。这意味着因变量有两类，换言之，变异通常被视为两种形式（意义相同或功能相同）之间因语言和社会因素而发生的转换。因此，把因变量限制为两个种类可能与最常用于建模这种变异的统计模型（即二元逻辑回归[3]）特点有关，而不是为了考察数据集来确定实现特定功能的形式范围。不过，我们将在本章后面的部分以及第七章中看到，也有其他统计模型允许多种类因变量，这些统计模型已经应用于第二语言变异的研究中了。

研究者从两个方面使用了回归分析：（1）确定所考察的解释变量能够在多大程度上解释在响应变量（response variable）（或因变量）中观察到的方差，或（2）建立最能解释观察到的方差的预测模型（Larson-Hall，2010：204—205）。在任何一种情况下，回归分析都使用一组标注好的观察结果来绘制一条线，以说明解释变量之间的关系。图 6.1 给出了这些观察结果的简化版本，研究者基于两个解释变量（一个在 x 轴上，另一个在 y 轴上）对它们进行了标注。我们可以看到一条通过散点图绘制的趋势线。通常，其斜率表明，x 轴上的数值越高，相应 y 轴上的数值也越高。当然，该趋势中存在例外，它们的观察结果或数值点往往落在

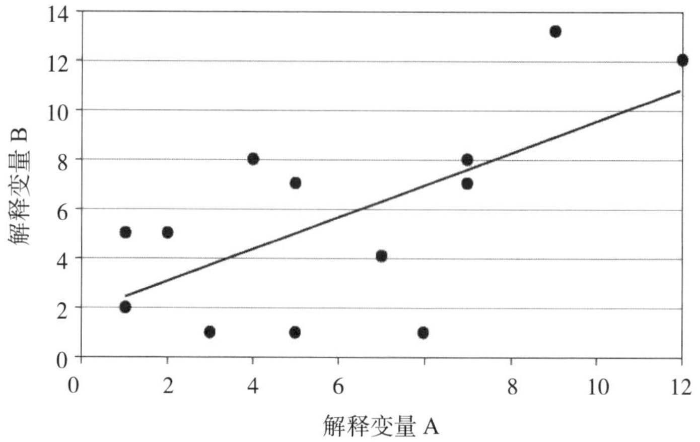

图 6.1 带有线性趋势线的样本散点图

144 离趋势线更远的地方。该趋势线由数学公式（$y = \alpha + \beta_1 x_1 + \beta_2 x_2 + ... +$ 误差，其中 a 为截距，β 为斜率）计算得来，用于实现上述回归分析的两个目标。

变异社会语言学家最常用的统计软件工具是 Goldvarb X（Sankoff、Tagliamonte 和 Smith，2012）。该工具还可以让研究者使用与回归分析相同的概念框架进行多元分析。然而，定量输出并非用于解释方差，而是将概率权重分配给统计分析中的因素（或解释变量）。**因素权重**（factor weight）表示变异发生在（通常为）二元因变量之一的一个层面或类别时（称为**应用价值**（Application value））统计分析中每个自变量的影响程度。因素权重高于 0.50 表示变量对应的类别有利于选择应用价值，而因素权重低于 0.50 则表示变量对应的类别不利于选择应用价值。为了提供一个具体的示例，我们来探讨一下 Howard、Lemée 和 Regan（2006）关于爱尔兰法语学习者在法语中删除 /l/ 的研究，表 6.1 展示了研究结果。

为了理解表 6.1 中的信息，我们必须首先了解应用价值。在 Howard、Lemée 和 Regan（2006）对爱尔兰学习者在法语中删除 /l/ 的研究里，因变量有两类（即，是二元的）。也就是说，学习者在输出中保留或删除了 /l/。研究者选择将删除 /l/ 作为应用价值。因此，其定量结果应与删除 /l/（而非保留）相关。换句话说，考察每个自变量对删除 /l/ 的影响，以及每个支持或不支持该现象发生的自变量的类别。当我们自上而下浏览表格的第三列时，我们将那些大于 0.50 的因素权重加粗，以帮助读者一眼就能确定统计分析中的哪些类别的自变量允许删除 /l/，或具有应用价值。他们的分析考察了五个自变量的影响，表 6.2 总结了分析结果，其中明确了每个自变量类别对删除 /l/ 的影响程度和方向。

Howard 及其同事（2006）也报告了输入值和对数似然值。**对数似然值**（log likelihood）用于确定 Goldvarb 的分析和结果模型与数据的拟合程度（越接近 0 越好）。当比较从同一数据集的多个分析中获得的模型时，这些值可以用来选择最合适的模型。**输入**（input）是指应用价值出现的概率。因此，在 Howard、Lemée 和 Regan 的数据集中，删除 /l/ 的发生率约为 26.4%。

如前所述，语言变异的概率模型通常按照 Regan、Howard 和 Lemée（2009）

表 6.1　Howard、Lemée 和 Regan（2006）研究中删除 /l/ 的 Goldvarb 结果（摘自第 14 页表 2） 145

组别和因素	删除标记的百分比	因素权重
代词		
il 非人称代词	45	0.632
il 人称代词	20	0.353
ils/elles	29	0.520
elle	6	0.151
后面的音段		
元音	34	0.459
辅音	32	0.546
前面的音段		
元音	38	0.524
辅音	27	0.441
停顿	33	0.521
后面的语法范畴		
动词	23	0.405
代词	47	0.639
其他	31	0.513
输入 = 0.264		
对数似然值 = –984.607		

表 6.2　Howard、Lemée 和 Regan（2006）的研究发现总结

自变量	范畴	发现结果	因素权重
代词	*il* 非人称代词 *il* 人称代词 *ils/elles* *elle*	*il* 非人称代词和 *ils/elles*，允许删除 /l/	分别为 0.632 和 0.520

（续表）

自变量	范畴	发现结果	因素权重
146 后面的音段	元音 辅音	当后面带有辅音时，允许删除 /l/	0.546
前面的音段	元音 辅音 停顿	当前面带有元音或出现停顿时，允许删除 /l/	0.524 和 0.521
后面词的语法范畴	动词 代词 其他	当后面词的语法范畴是代词或者其他时，允许删除 /l/	分别为 0.639 和 0.513

的示例进行建模。也就是说，几乎在所有情况下，研究者都调整了因变量或响应变量，使其以二元的方式呈现。回到删除 /l/ 的例子，这意味着分析的数据只关注是否存在删除，但没有说明删除的程度。在某些情况下，这不仅是所采用的统计测试的产物，也是观察特定现象的最佳方式的产物。然而，在其他情况下，我们了解额外的类别将是有帮助的。例如，对西班牙语中音节尾 /s/ 的研究可以很好地解释 [s] 的产生与送气音 [h] 以及 [Ø] 的完全省略相关。仅描述 [s] 的出现与否将忽略重要的细节。当变异范围包括两种以上的变量时，这对前面所述的分析模型提出了挑战，并带来了至少两种不同的解决方案。第一种也是最常用的方法是对因变量的各个类别进行分组，以适应统计分析。例如，在保留 /s/ 的情况下，[s] 将与所有其他变体进行比较。尽管如此，这种方法上的调整虽然告诉了我们一些导致 /s/ 保留的因素，但可能无法解释这些相同的因素如何支持或不支持一种或另一种简化形式（例如，与 [Ø] 相比，[h] 的生成）。

鉴于统计建模对语言变异的变异学方法的重要性，确定模型如何解释因变
147 量的其他类别（或层面）至关重要。这一研究领域在一定程度上比较新，我们介绍了两个案例，用于说明第二语言变异的最新研究如何应对统计建模的挑战。也许最简单的解决方案是在一个不同的统计软件包中使用回归分析，该统计软件包允许出现因变量中的其他类别。例如，在主语表达形式的例子中，Linford 和 Geeslin（2013）试图将变异范围扩展到显性和零代词主语形式的比较之外，以涵盖全词汇名词短语（full lexical noun phrase）。在他们的研究中，基于一项书面情境化任务，所有的都包含了之前在语篇中提到的主语，因此，它们本应该仅为代词形式提供一个良好的语境。然而，他们囊括了三种响应选项（零主语代词、显性主语代词和全词汇名词短语），并发现母语者和非母语者都有规律地使用这

三种形式。因此，他们必须采用能够充分模拟这种变异的统计测试：每个独立的语言变量和社会变量对这三种主语形式的相对影响。为此，Linford 和 Geeslin 采用了多项式回归分析，这可以让他们考察三个响应选项中的每一个选项相对于其他两个选项的选择模式。Gudmestad 和 Geeslin（2013）在对将来时表达的研究中采用了相同的方法。在该项研究中，研究者试图比较几种语言变量和社会变量对选择三种形式的相对影响，这三种形式都可以在西班牙语中表述将来（简单现在、形态将来和复合将来）。由于多项式回归和二元逻辑回归模拟变异的方法相似，因此习惯使用二元逻辑的研究者不用费太大力气就能学会多项式回归。

上述两项研究采用不同类型的回归分析对各自数据集中出现的变异进行建模，而与它们有所不同的是，有一项研究采用了不同类型的建模方式，这种方式可能需要更多的统计知识。不过，在这个案例中，研究方法的复杂性是由所要研究的现象决定的。Gudmestad、House 和 Geeslin（2013）采用贝叶斯多项式概率单位模型来考察母语者和高级非母语者使用的所有西班牙语第三人称主语表达形式。该定量模型的独特优势是能够检验非二元变量。此外，在两个、三个、四个或更多变体或因变量层面之间的选择被理解为对非基线变体的“偏好”（相对于基线变体）。例如，在 Gudmestad、House 和 Geeslin 的研究中，因变量第三人称主语表达的四个层面包括零主语、显性人称代词、词汇名词短语和其他代词（即指示代词、不定代词和疑问代词）。因为这些表达在他们的访谈数据中都 148 得到了证实，所以有必要将其全部纳入到分析中。在他们的模型中，选择“零主语”变体作为基线；由此，他们对人称代词、词汇名词短语和其他代词的研究结果可以说明说话者对这些变体的偏好高于零主语，或者低于零主语。该模型的另一个优点是能够解释数据集中的相依观察（dependent observation）。这是相对于回归模型（如在 Goldvarb 中进行的回归模型）的一个重要优势，因为它假设了观测具有独立性。即使改进版的 Goldvarb，如随机森林算法（Breiman，2001；Gudmestad、House 和 Geeslin，2013），其优势也不如该模型。可以肯定的是，还有其他方法可以替代该方法，比如在 Rbrul 中使用的模型可以解释数据集中的相依观测，但这些模型仅处理二元相依变量（参见 Johnson，2009）。因此，Gudmestad、House 和 Geeslin 找到了一种可以考察多类别因变量和多个自变量之间关系的方法，以此为第三人称主语使用形式的母语和非母语模式提供新信息。尽管这类分析的技术要求很高，但未来的研究很可能会继续加强统计学家与语言学家之间的合作，因为这类分析可以呈现出更多的细节。

在结束本节之前，我们有必要更深入地讨论相依或独立观察（independent

observation）的问题。语言学家经常使用的许多统计检验（如卡方检验或二元回归分析）都假设**观察结果具有独立性**（independence of observation）。然而，这种情况鲜有发生（Labov 对百货商店的研究可能是一个例外）。这是因为几乎每一个变异分析都包括单个个体产生的多个标记。因此，我们不能将该个体产生的标记视为彼此独立。换言之，语言学中最常使用的这些方法却被统计领域质疑。但是有必要指出，我们并不是在贬低采用了当前中心分析模式的研究，我们想要说明的是，近来有研究正努力克服这一统计挑战。例如，在 Kuriscak（2006）对第二语言西班牙语中请求和投诉的研究中，她使用了一个多级回归模型，该模型可以让她将参与者变量（将适用于多个标记）囊括在一个层级中，并将语言变量（适用于单个标记）囊括在另一个层级中。由此产生的统计分析可以解释每个独立变量的影响，同时研究也主张观察结果具有独立性的假设。在更新的研究中，
149 语言学家已经开始采用广义估计方程检验（Generalized Estimation Equation test）（Hanley、Negassa 和 Forrester，2003；Hardin 和 Hilbe，2003）。该模型说明了这样一个事实，即每个个体都有可能对数据集中观察到的变异有影响。换句话说，它并不认为每个标记独立于其他所有标记。该方法已用于研究主语表达（Geeslin、Linford、Fafulas、Long 和 Díaz Campos，2013）以及现在进行时和简单现在时之间的对比（Fafulass，2012），研究的对象都是西班牙语第二语言学习者及其母语者对照组。尽管这类分析仍然存在一定的局限性，但我们很可能会见证研究逐渐转向这些更复杂精准的统计模型。

预测因素

我们已经讨论了如何将自变量对特定社会语言变量的影响进行统计建模。尽管如此，这些因素本身仍值得仔细斟酌。虽然一个变异学概率模型应该涵盖一些与语言背景相关的独立变量，并且其中的因素是探究的现象所特有的，但还有一些其他因素能普遍用于所有研究，它们应该能为第二语言研究者提供指导。这些因素通常属于以下三种之一：与说话者相关的因素、与对话者相关的因素和与说话语境相关的因素。研究者已经对**与说话者相关的因素**（factors related to the speaker）做了很深入的研究，并根据所研究的言语社区采用了各式各样的方法。这些因素包括年龄、性别、种族、社会阶层、职业、教育和原国籍等（见第三章）。我们将了解到，这些因素也通过各种方式应用在第二语言语境中。例如，Adamson 和 Regan（1991）发现，来自越南和柬埔寨的英语学习者之间的 *-in* 和 *-ing*

差异受到了性别的影响；男性说话者使用简化变体的频率高于女性，更有趣的是，甚至高于与之对应的男性母语者（另见 Pica、Holliday、Lewis、Berducci 和 Newman，1991）。尽管如此，这些因素的影响通常没有语言自变量的影响大（Preston，2000）。这可能是因为，由于第二语言的基础加工限制，学习者倾向于更多地关注局部因素（local factor），从单词层面开始，然后延伸到句子，最后延伸到语篇，但这也可能是参加研究的受试群体的总体情况反映。正如我们将在下一章节中了解到的，关于这一话题的大量研究都集中在受过大学教育的第二语言学习者身上。因此，在给定的参与者群体中，社会阶层等特征的多样性往往 150
会比较受限（例如，Geeslin 和 Gudmestad，2010；Regan、Howard 和 Lemée，2009）。

与对话者相关的因素（factors related to the interlocutor）和**与说话语境相关的因素**（factors related to the speech context）在变异社会语言学研究文献中也受到了关注。例如，Rickford 和 McNair-Knox（1994）研究了一位说话者的说话风格（定义为听众适应，参见 Bell，1984；Giles 和 Powesland，1975）如何根据她的对话者以及她和对话者的谈论内容来进行切换。Rickford 和 McNair-Knox（1994）研究的对话者特征包括种族、性别和与参与者的关系（即，家人、朋友或陌生人）。对于话题，研究者观察到，人们对零系动词（例如，“they stupid”）和 be 动词原型（例如，“She be happy”）这两类特征的使用存在差异，在谈论政治话题时较少使用这些特征，而讨论他人的私人关系时则经常使用。另一项考察与说话语境相关因素的研究来自 Medina-Rivera（1999），他研究了波多黎各卡瓜斯土著居民对单词末尾的西班牙语拍音 /ɾ/ 和颤音 /r/ 的发音情况。Medina-River 称，与口头陈述相比，说话者更倾向于在群体对话情境下使用非标准变体。他还观察到了话语类型的影响，即在对话和叙事中，非标准变体更受青睐。这些因素在第二语言环境中的实际运用通常被归入“基于任务的变异”这一总的概念。然而，研究者发现一些影响与对话者的特征密切相关。例如，采访者的种族（Beebe 和 Zuengler，1983）和采访者表现出的文化移情程度（Berkowitz，1989）都与使用上的差异相对应。同样地，还有一个研究子领域探索了诱导任务本身的特征如何与可变语言输出或形式选择相关联。例如，Medina-Rivera（2004）将其对语篇类型和主题的研究扩展到了西班牙语第二语言学习者层面，访谈了四位西班牙语水平几乎接近母语者的学习者。在处理访谈数据时，他进行了系动词的对比、过去时态 / 未完成体的对比，并分析了语气选择。结果表明，在以家庭或宗教为主题的对话中，以及在叙事和辩论话语中，这些语言结构使用的准确率均降低了。虽然 Medina-Rivera 之前对母语者的研究表明，叙事时会产出更多的非标准形式，而辩论时恰好相反（Medina-River，1999），但 Medina-Rivera 认为，迫使母语者讲标准语言的压力放到非母语者身上情况可能就不一样了。在不同的任务中，学习者语言的差异可以解释为是由不同话语类型（Cadierno，2000）、不同说话主题（García-Amaya，2008，2012；Liskin-Gasparo，2000；Medina-Rivera，2004；
151 Selinker 和 Douglas，1985），或是不同的话语控制程度或提前规划程度引起的（例如，Ellis，1999；Ellis 和 Yuan，2004）。因此，尽管大多数第二语言研究通常将“任务”作为基本的自变量，但被用来解释不同任务之间差异的往往是环境或对话者的特征。表 6.3 总结了变异学研究中考察的非语言预测因素。

当我们探讨第二语言变异的研究时，与说话者、对话者和说话语境有关的因素可能同其密切相关，即使它们在第二语言语境中的应用需要进行调整以适应情境。此外，最好使用本章前面介绍的建模技术来考察这些因素，不要把它们分开来看。最后一个读者可能注意到的联系是，考察母语者之间这种互动的研究者通常通过考察风格转换或风格变化来进行研究（例如，Bell，1984；Giles、Coupland 和 Coupland，1991；Tarone，1978，1979）。更重要的是，这类研究可能以诸如顺应论（见第四章）等理论来进行阐述，不过当前的分析还是试图使用本章所述的方法。因此，我们不断发现各种方法之间存在着重要的交叉，同时也提醒我们，一种方法的目标和分析方法常常与另一种方法相吻合。

表 6.3 变异社会语言学研究中的预测因素

与说话者相关	与对话者相关	与说话语境相关
年龄	年龄	主题
性别	性别	任务
种族	种族	话语类型
与对话者之间的关系（比如，家人、朋友、陌生人等）	与说话者之间的关系（比如，家人、朋友、陌生人等）	
教育		
职业		
收入水平		
社会阶级		
地理位置		
原国籍		

第二语言变异模型 152

既然我们已经探讨了变异社会语言学中的一些数据诱导方法，以及对语言变异进行建模的技术，我们现在将注意力转向第二语言变异是如何被概念化的。第二语言变异模型通常反映了变异社会语言学中两种方法的影响。第一种是早期的拉波夫范式，第二种是动态范式（Preston，1996）。在早期的拉波夫范式中，出现了一种名为**持续胜任力模型**（Continuous competence model）（或**变色龙模型**（Chameleon model））（Tarone，1982，1988，1989）的方法[4]，该方法考察了学习者产生的与文体变化这一概念相关的语言形式。与母语者一样，人们认为学习者的语言会随着关注度而改变。随着学习者对语言的关注度提高，输出更“有声望”或更像目标语言形式的概率也随之增加。与之相反，随着对语言的关注度下降，输出“有声望”或像目标语言形式的概率也随之下降。这与 Labov（1972b）的早期研究结果一致（见第二章）。基于这种方法的早期二语变异研究，就是在不同的数据诱导任务中来考察变异。例如，Dickerson 和 Dickerson（1977）通过自由发言、对话阅读和单词表阅读任务来获取数据，发现日语说话者在英语（r）和（z）的输出方面存在系统性差异。之后，在许多不同语言背景的说话者中，研究者发现很多变体都存在类似的效应（Adamson 和 Kovac，1981；Adamson 和 Regan，1991；Bayley 和 Preston，1996；Beebe，1980；Geeslin 和 Gudmestad，2008a；Salaberry 和 López-Ortega，1998；Weinberger，1987；Zampini，1994）。

尽管大家对基于风格的变异对第一语言和第二语言话语的影响仍然颇有兴趣，但我们已经知道，不同任务之间的差异不再被认为是由对形式的关注度不同而引起的。这一变化反映了社会语言学理论的发展，比如认识到许多情境因素对我们所产出的语言具有影响（例如，Bell，1984）。对于第二语言语境，与第一语言语境一样，这些因素包括了前文提到的各种因素，与说话者、对话者特征，以及产出话语的主题和类型有关。然而，与第一语言语境的研究关注可变形式（可能具有不同程度的相关声望）不同，第二语言语境的一些研究也关注非母语错误，以及从一个任务到另一个任务非母语错误频率增加的程度。这就促使了另一类研究的出现，即研究不同任务中产生的语言语境类型。例如，Tarone 和 Parrish（1988）重新分析了从 20 名英语学习者中收集的数据，其中 10 人以阿拉伯语为第一语言，10 人以日语为第一语言。他们发现了通过不同任务诱导出的名词短语类型差异， 153
以及这种差异与不同任务中准确性差异的相关程度。最初，Tarone（1985）发现学习者在语法判断任务、口头访谈和口头叙述任务中使用名词短语的准确性存在差异。通过将名词短语分成四种不同的类型，Tarone 和 Parrish 发现，学习者在两项口头任务中每一种类型的名词短语产出数量都不相同，不过某些类型的名词短语在所有任务中始终比其他类型出现得更频繁。此外，在单个任务中，每种类型的名词短语的准确率也不尽相同，在某些情况下，三个任务中的准确率都不同。这项早期的研究表明，指导较多和指导较少的任务之间的一个关键差异在于实际产出的语言，而在评估各种任务的整体准确性变化之前，未能评估这些差异就忽略了变异的一个重要来源。这些发现后来被 Geeslin（2006）以及 Geeslin 和 Gudmestad（2008a）应用于可变结构的研究中，他们证明了可变结构的使用也因任务类型而异。尤其是 Geeslin 和 Gudmestad（2008a）的研究，不仅表明了任务影响母语和第二语言西班牙语中系动词 *ser* 和 *estar*，以及虚拟语气或指示语气的可变使用，而且影响这些可变结构使用的语言因素也因任务类型而异。总之，我们注意到，基于任务的变异仍然有价值，但目前理解这种变异的方式有两个主要的变化。首先，正如社会语言学家不再声称风格转换是由于对语言关注度不同一样，研究基于任务差异的第二语言研究者也不再只着眼于关注度，而是探究其他可以共同解释差异的任务特征。第二个变化是，根据 Tarone 和 Parrish（1988）、Geeslin（2006）、Geelin 和 Gudmestad（2008a）的研究结果，人们不再把基于任务的差异局限于特定形式使用频率的变化。相反，已有证据表明，在不同条件下，同一学习者的使用频率和 / 或使用限制可能有所不同。然而，不变的是人们对基于任务的变异的兴趣，以及在第二语言研究中采用多种诱导任务的重要性（另见第七章）。

影响第二语言变异研究的第二种理论方法是**波动理论**（Wave theory）。在这一理论中，变异被视为在特定说话者群体内出现的一种语言创新，然后随着时间的推移向外传播到其他说话者群体中。从一个群体到另一个群体的传播通常发生在社会维度的某些方面（例如，年龄或性别），不过地理相邻也可能会引发传播。一些研究者将波动理论的基本机制应用于第二语言变异，如 Gatbonton（1978）
154 和 Huebner（1983）等将学习者中介语的变异建模为：随时间的推移，与目标语言相似形式的使用在增加或拓展。Gatbonton（1978）的研究考察了 27 名男性法裔加拿大人在说英语时，三个语音变量— /ð/、/θ/ 和 /h/ 的使用情况，从而提出一个模型，用于说明第二语言学习者如何逐渐用这些变量的正确变体替换错误变体。她表明，学习者对变体的使用在很大程度上佐证了所提出的逐步扩散式启发模型。例如，对 /ð/ 的非母语变体的使用首先在“最重的”语音环境（即，在元音之后）中减少，最后在“最轻的”语音环境（即，清塞音之后）中减少。类似地，Huebner（1983）对一名成年苗族－老挝双语学习者习得英语中 *is*（*a*）的长时追踪研究（例如，*But Sunday, Saturday and Sunday, isa stop* 'But as for Sunday, Saturday and Sunday, stop working'，第 71 页）揭示了这一形态句法变量的使用如何变得越来越像目标语，以及随着时间的推移，它如何拓展到目标语言的其他功能上（例如，从前面示例中观察到的主题－评论标记到系动词，如 *Pao Xiong isa fifteen dollars*，第 116 页）。在这些早期的研究中，语言变化的机制（被理解为遍及各种社会群体的波动）被运用到了第二语言语境。然而，波动模型的社会维度并未被提及。因此，我们可以看到，更新的研究探索了学习者性别对语言变异的作用，如 Regan、Howard 和 Lemée（2009），这些研究可以利用这种建模方式，同时通过解释语言变异的社会性质，显示出这类研究的重大进展。

到目前为止，我们已经呈现了两种研究第二语言变异的方法，它们受到了变异社会语言学，以及语言变异和变化模型的影响。在第一种情况下，研究者将第二语言变异理解成与目标语言相似和不相似形式之间的交替使用，这种交替按照正式程度的一个连续体进行转换。使用第一种方法的研究者精确指出了影响使用与目标语言相似和不相似形式（例如任务类型）的外部或非语言因素，以及这些因素的相对影响程度。在第二种情况下，研究者考察学习者对与目标语言相似变体的使用是如何从一个（语言）使用语境拓展到另一个使用语境中的，以及学习者对语言形式的功能性使用是如何随着时间的推移而增加的。这两种模型代表了早期探究第二语言语境中语言变异的重要尝试。尽管如此，这些方法并没有解释第二语言话语中可变性的心理语言学基础。也就是说，它们没有解释为什么选择一种变体而不是另一种变体，也没有解释影响该选择的内部和外部因素。

Dennis Preston（2000）的中介语变异的心理语言学模型（另见 Preston，1996，2002）解释了语言变异的心理语言学本质。在该模型中，第二语言中的变 155
异是通过概率方面的术语来理解的。回想一下，变异的概率模型试图揭示语言使用者在何种情况下*有可能*选择某一特定形式。Preston 的模型也反映了同样的观点，其中“情况”包括那些被认为在特定的语言结构变体中，影响选择差异的语言和社会因素（研究者选择）。此外，所考察的语言和社会因素往往对学习者选择某一语言结构的特定变体的影响程度不同。因此，特定变体的使用受到这些因素不同程度的影响，Preston 将其描述为抛一枚加权硬币：

把一个双向变量想象成一枚硬币，在未加工前抛起这枚硬币，……抛起时，

> 它正面朝上和反面朝上的概率相同……可以（并且已经）制造不均等的硬币。如果我在硬币的反面加权，然后将它抛起，那么它更有可能正面朝上；我加的权重越多，它正面朝上的概率就越大。（Preston，1996：33—34，37）

从 Preston 的描述中，我们可以看出，选择一种形式而非另一种形式就像抛一枚加权硬币。在这个类比中，硬币哪一面落地的可能性或概率取决于每一面的“加权”程度。换句话说，选择一种形式而非另一种形式的可能性取决于内部或外部因素对选择特定变体的影响程度。这种抛硬币隐喻的选择模式已经成功地应用于第二语言变异。我们还将了解到，它解释了关于第二语言变异的一些实证研究的发现，并与第四章和第五章概述的一些社会语言学模型所提出的概念相一致。

Preston（1996）的模型将抛硬币隐喻拓展到了三个层面。每一个层面指一类因素，并且这些因素被认为会以概率的形式影响说话者选择特定语言变体。这些因素包括社会因素（第一层面）、语言因素（第二层面）和时间因素（第三层面）。在下文，我们将简要概述这些层面，并通过考察这些因素的实证研究，对每个层面进行说明。

第一层面的因素

第一层面的因素涉及了**社会因素**（Social factors），或更宽泛地说，**外部因素**（External factors）对变异的影响。先前研究的社会或外部因素范围很广，简单列举几例，包括学习者的特征（例如，Beebe，1981；Beebe 和 Zuengler，1983；Gatbonton、Trofimovich 和 Magid，2005；Mougeon、Nadasdi 和 Rehner，
156 2010；Pica、Holliday、Lewis、Berducci 和 Newman，1991），话语语境的特征（例如，Selinker 和 Douglas，1985），以及学习环境（例如，Rehner、Mougeon 和 Nadasdi，2003；另见本书第八章）。因此，对第一层面因素的研究侧重于考察这些外部因素对使用或选择特定社会语言变量的影响。

在对第一层面因素的研究中，一个很好的案例是 Gatbonton、Trofimovich 和 Magid（2005）的研究，他们探究了学习者的族群归属和发音准确性评级之间的关系。准确的发音被定义成“与母语相似的、没有口音的第二语言语音，或不受第一语言影响的第二语言语音”（第 489 页）。他们的研究分两部分进行。在第一项研究中（基于 Gatbonton 在 1975 年进行的一项早期研究），他们研究了法语族群归属程度不同的同龄人如何感知说法语的英语学习者的英语发音。24 名英语学习者听完母语为法语者用英语和法语朗读同一段文章后，对其进行评估。

24 名学习者听众根据对族群归属的自我评估被分为每组八人的三个小组：民族主义者听众、非民族主义者听众和自由主义者听众。尽管研究者发现，学习者自我评估的族群归属对他们评估同龄人的语言没有影响，但他们确实发现，同龄人的第二语言发音越不带法语口音，学习者对他们的评估就越“亲英语”。

对于研究的第二部分，研究者试图确定第一项研究中的模式在多大程度上适用于不同种族的学习者。因此，他们探究了中国英语学习者对带口音和不带口音的第二语言语音的感知情况。他们研究的参与者是 84 名母语为普通话的学生，均在蒙特利尔的两所大学就读。在这些学习者中，有 30 名学习者用汉语和英文朗读了同一篇文章，研究者对其进行了录音。随后研究者挑选了其中的 6 份录音，并让 84 名学习者对他们的族群归属进行评估。[5] 在这部分研究中，Gatbonton、Trofimovich 和 Magid（2005）发现，当中国学习者只听到说话者说英语时，他们将口音更重的评估为“亲汉语”。而在另一方面，当他们听到同一说话者说汉语时，他们把口音中等的评估为不太“亲汉语”。后一项发现违背了研究者基于第一组发现进行的预判，尽管他们发现，口音中等的人说的汉语并不标准。尽管如此，Gatbonton、Trofimovich 和 Magid 的研究总体上揭示了族群归属和第二语言口音之间的关系。在第二语言变异研究过的许多第一层面的因素中，族群归属（ethnic 157
group affiliation）是其中之一（其他第一层面的因素见汇总表 6.6）。

第二层面的因素

第二层面的因素包括影响第二语言变异的**内部因素**（Internal factors）或**语言因素**（Linguistic factors）。与考察第一层面因素的研究一样，对第二层面因素的研究也考察了各种因素对使用或选择特定社会语言变量变体的影响。然而，我们不可能精确列出有关第二层面因素的研究考察过的所有因素，因为这些因素取决于所研究的特定语言结构。回到本章前面介绍过的由 Regan、Howard 和 Lemée（2009）进行的研究，只有联系到删除 /l/ 这一现象时，在分析中囊括前面和后面的音段才符合逻辑。因此，我们给出了一个此类研究的示例，尽管这些因素本身并不一定会出现在其他研究中。

Bayley（1996）研究了在中国英语学习者语音中观察到的语音变异，他的研究包含了第一层面和第二层面的因素。Bayley 旨在揭示中国英语学习者说话中词尾 *-t/d* 的可变删除模式。这些数据由 3000 多个词尾辅音群（final consonant clusters）组成（例如，*-lk* 和 *-rk*，分别如单词“walk”和“bark”等），是从一小时的社会语言访谈中提取出来的。每个词都标注了在该语境中与形态句法和语音特征相关的一些语言因素。表 6.4 总结了这些因素。

表 6.4 Bayley（1996）研究中的语言因素总结

语言因素	范畴
动词的语法范畴	单语素词、半弱动词、规则分词或者规则过去式
前面的音段	流音、塞音或鼻音
后面的音段	元音、停顿、滑音、塞音或流音
发音（C_##）	异类发音、同类发音；前面带有音段
音节重音	重音、非重音
音群长度	CC##，CCC##

158 为了说明如何对每个词标注这些语言自变量，我们以“barked”为例，它在假设的句子“the dog barked all night”中输出为 [bɑɹkt]。首先，词尾删除 *-t/d* 标为因变量。在这个假设的输出中，/t/ 被保留了，因此我们标“0”以表示“未删除”。接下来，我们对每个独立的语言因素进行标注。表 6.5 总结了该标注方法。

Bayley（1996）的分析是通过 Varbul 2（提供因素权重的回归分析）来进行的。该分析表明，在所探究的六个语言因素中，四个准确预测了删除 *-t/d* 的情况。具体而言，在规则过去式、前面为塞音或鼻音、后面为流音或塞音和滑音，以及浊音和前面音段相同时，尾音 *-t/d* 的删除率明显更高。我们将在第七章中看到，这类研究有许多案例也证明了形态句法现象具有类似效应。

表 6.5 对“the dog barked all night”中“barked”的标注总结

语言因素	种类（编码）
动词的语法范畴	规则过去式（规则动词“to bark”的结尾为 -ed）
前面的音段	塞音（[k]）
后面的音段	元音（“all”中的 /ɑ/）
发音（C_##）	同类发音（从清音 /k/ 到清音 /t/）
音节重音	重音
音群长度	CCC##（音群中包含三个辅音，[ɹ]、[k] 和 [t]）

第三层面的因素

Preston（1996）介绍的第三个层面或因素类型是**时间**（time）。将时间纳入
分析模型的研究考察了表征学习者中介语变异的社会和语言因素的影响如何随时
间而变化。在第一语言语境中，社会语言学研究的主要目标之一是描述语言变化。
不过，将时间纳入分析的第二语言研究的案例较少。Tarone 和 Liu（1995）的研 159
究是一个例外，他们考察了一位学习者在 26 个月内，话语中疑问结构的使用和
其他语言特征（如复杂性）。研究对象 Bob 是一名五岁的中国男孩，研究期间
居住在澳大利亚。Tarone 和 Liu 的研究中分析的话语来自 Bob 在以下四种情况下
用英语交际的视频：与幼儿园同龄人和工作人员、与小学教师、与小学同龄人，
以及与研究者（Liu，1991）。Tarone 和 Liu 的分析揭示了互动语境的不同导致
了 Bob 不同话语的差异。例如，相比于与同龄人交谈，Bob 在与研究者交谈时说
的话更复杂。研究者还发现，Bob 与同龄人和研究人员交谈时会发起更多的对话，
但较少回应对方的主动对话。Tarone 和 Liu 进一步将观察到的基于语境的变异与
Bob 疑问结构的中介语发展及其发展速度联系起来。研究者发现新结构首先出现
在研究者参与的互动语境中，其次是同伴参与的语境，最后是教师参与的语境。
根据这些发现，研究者认为，在互动较少的语境下，发展速度可能较慢——在本
案例中，这些互动较少的语境指的是 Bob 的老师参与的语境。这项研究不仅是
一个将时间作为因素来分析的恰当案例，而且还引发了关于某些语法结构的习得
路径是否取决于语言语境的讨论。

Preston 模型总结

Preston（1996）将第二语言中的变异理解成抛一枚加权硬币。硬币的加权反映了多种类型因素的影响，每种类型的因素共同决定了在某一特定时刻选择某一特定变体的概率。综上所述，第一个层面的因素涉及社会对语言变异的影响，第二个层面的因素涉及语言制约，最后，第三个层面的因素涉及随时间的变化。正如前面概述的 Bayley（1996）对第二语言英语中删除 *-t/d* 的研究所述，语言因素（第二个层面）与所研究的结构直接相关。与之相反，第一层面和第三层面的因素更有可能普遍存在于学习者和学习环境中。为了对已经提供的具体示例进行补充，我们在表 6.6 中对这两类因素进行了更大范围的总结。

160 **表 6.6 Preston（1996）模型中三个层面的总结**

第一层面（社会因素）	第二层面（语言因素）	第三层面（时间因素）
学习者的特征（年龄、性别、种族等）	与研究的具体语言变量有关	随着时间而变化
对话者的特征（年龄、性别、种族等）		习得的相对时间
学习环境		自上而下变化
互动语境		自下而上变化
任务		
话题		

第二语言变异中的其他理论思考

本章，我们概述了一些对第一语言和第二语言使用者进行变异学研究和建模语言变异（包括描述性和预测性）的工具。然而，在后续章节继续概述第二语言习得变异的研究之前，我们还必须了解一些其他问题。这些问题涉及第二语言变异的性质以及变异类型之间的一些重要区别。我们在第一章中注意到，早在Corder（1967）那时起，第二语言的研究者就注意到了语言使用具有系统性。换句话说，第二语言受规则的支配，并独立于第一语言和第二语言语法，反映了类型学模式、学习策略等。我们在前两章对语言变异方法的概述表明，“规则”可以通过多种方式来理解，但第二语言的发展与一系列影响因素有关，这一假设在众多方法中都成立。在这些关于第二语言变异的早期研究中，所考量的变异几乎仅限于与目标语言相似和不相似的形式。Ellis（1999）曾猜想，在短时间内，这两种形式甚至可能是一种**自由变异**（free variation），或不受社会或语言因素制
161 约的变异。[6] 据说这种自由变异是为了让学习者在语法中纳入新的、与目标语言相似的形式，并验证使用这些形式的恰当语境。随着学习者的进步，这种自由变异会让位于制约变异，例如受任务影响的变异，并最终让位于目标语言的形式。

除了自由变异，研究者在第二语言语境中还考察了另外两种变异，这一额外的区别在剩下的章节尤为重要。第一种类型的变异被称为发展变异（如 Adamson 和 Regan，1991）或**第一类**（Type I）变异（如 Rehner，2002），指的是一种本土形式与一种或多种非本土形式之间的变异。当学习者处于发展阶段时，这种类型的变异就会出现，但一旦学习者习得了某结构，该变异就会消失。这种变异的一个典型案例就是儿童英语和第二语言英语中“goed”和“went”这两个形式。对于所有的成功学习者，“goed”形式会随着时间的推移而不再使用，变异也会

消失。第二种类型的变异被称为水平变异（如 Adamson 和 Regan，1991）或**第二类**（Type II）变异（如 Rehner，2002），指在一种语言的成年母语者中发现的两种或两种以上与目标语言相似的形式之间的变异。可以肯定的是，这并不意味着两种形式在正式语境中享有同等的声望或可接受度，而是对于该语言的母语者来说，变异具有这两种形式。在这种情况下，社会因素可能与这两种类型的变异都有关，例如性别可能会影响一种形式的习得方式，但只有第二类变异与习得社会语言能力有关。这是因为，像母语者一样改变个人语言的这种能力仅仅指掌握一些使用模式，成年母语者常用这些使用模式来反映一些个人和情境因素。因此，虽然变异学方法确实被用来分析发展变异（第一类），但当我们对社会语言能力习得的实证研究进行批判性概述时，我们将只关注第二类变异。

对变异学方法的评价

语言变异的变异学方法让我们可以考察母语者和第二语言使用者在输出或选择形式时，其中存在的语言和社会影响。基于该框架进行的大量研究形成了非常精准的分析方法，能以更创新和更具创造力的方式诱导出更少被监控、更随意的话语。此外，研究者已经对若干变体进行了广泛研究，从而以越来越有效的方式证实并在实践中检验了二级因素，因此现在可以开始评估研究结果在多大程度 162
上适用于不同的言语社区、话语语境，甚至在某些情况下，适用于不同的语言（Torres-Cacoullos 和 Travis，出版中）。[7] 该方法的一个很大优点在于，语言和社会因素在分析中都占据了突出地位。这与几乎只关注其中一个因素的方法形成了鲜明对比。该方法的第二个优点在于它仔细描述了可变形式的频率和使用方式。描述真实数据集的准确性让研究者能够开发预测模型来更全面地解释使用模式。

变异学方法的一个潜在弊端是，从心理语言学或认知角度来看，语言数据模型与理解语言如何习得、存储和使用之间的联系有时会比较薄弱。为了回应这一评价，Preston 提出了抛硬币的隐喻，从而以心理语言学的角度准确地说明变异是如何发生的。诚然，我们还需要更深入地了解大脑是如何运作的，但不能说变异学研究没有试图解决这一问题。此外，几位著名的研究者（Bayley 和 Preston，2008；Preston，1993，1996，2000；Tarone，2005，2007）指出，第五章概述的一些模型实际上与语言变异模型可以兼容。例如，联结主义或其他基于使用的模型可以很容易地与“经验”结合，使社会信息与语言信息（从认知层面）相联系并存储起来，这些社会信息会在之后影响语言使用。总而言之，准确地说，因为认知过程与语言变异有关，因此建模认知过程的研究有限，但即便如此，也不意味着变异学方法与心理语言学方法会相互排斥。

对于研究第二语言的变异学研究者来说，他们面临的另一个挑战是，在采用新方法（即变异学）研究第二语言的同时，仍需解决语言迁移或语言普遍性等长期问题的能力。例如，如果一种方法无法让我们考察第一语言对发展中的第二语言语法的影响，或者不再呈现出习得阶段，我们可能会犹豫是否采用这一方法。为了应对这些挑战，已有研究说明了可以如何理解这些问题，同时又能识别出语言差异。例如，Preston（1993）证明了变异学分析如何使用这些工具为我们
163 提供语言迁移和语言普遍性的新视角。Berdan（1996）对 Alberto（Schumann，1978b）的数据进行分析，这是从现有数据集获得新见解的一个经典案例。Alberto 是一名成年英语学习者，被认为已达到了“僵化”状态，无法习得语法的某些正式属性。Berdan 对这些数据的再分析表明，若将时间（第三类）纳入分析，有明显的证据表明，变化和发展会随着时间产生。同样地，Geeslin（2011b）认为，即使从错误分析转向变量形式的概率模型，我们仍然可以呈现出习得阶段，并解决本土和似本土的差异等问题。我们将在随后的章节中更深入地探讨这一研究。我们将看到，现在有很多的研究实例证明，这种方法在解决第二语言习得领域长期关注的问题方面是有效的。

课外阅读推荐

a. Bayley, R. (1996). Competing constraints on variation in the speech of adult Chinese learners of English. In R. Bayley (Ed.), *Second Language Acquisition and Linguistic Variation* (pp. 97-120). Amsterdam/Philadelphia: John Benjamins.

b. Guy, G. R. (1980). Variation in the group and the individual: The case of final stop deletion. In W Labov (Ed.), *Locating Language in Time and Space* (pp. 1-36). New York: Academic Press.

c. Huebner, T. (1983). *A longitudinal analysis of the acquisition of English*. Ann Arbor: Karoma.

d. Medina-Rivera, A. (2004). Mood, tense, and copula verb selection in nearnative speakers of Spanish. *Issues in Applied Linguistics*, *14*, 133-152.

e. Tarone, E., & Parrish, B. (1988). Task-related variation in interlanguage: The case of articles. *Language Learning*, *38*, 21-43.

理解与运用

A. 理解

1. 变异学方法起源于哪个更广的领域？
2. 为什么说变异社会语言学采用了变异的概率模型？
3. 在社会语言访谈中，研究者期望得到什么样的语言？
4. 观察者悖论是什么？
5. 因素权重高于 0.50 表明什么？低于 0.50 呢？
6. 与说话者相关的五个因素是什么？
7. 变色龙模型做出了哪些预测？
8. 波动理论假设了什么？ 164
9. Preston（2000）的抛硬币隐喻说明了什么？
10. 第三层面的研究包含哪些因素？

B. 运用

1. 根据研究变量 /t/ 和 /d/ 删除的研究者（例如，Guy，1980），如何解释“mist”比“missed”更具删除的特征？为什么“I missed John”比“I missed it”更容易出现删除现象？为什么“She shredded it”比“She played it”出现了更多的删除现象？

2. 在诸如 Gatbonton、Trofimovich 和 Magid（2005）的研究中，说话者对其他说话者进行评价，你从中看到了哪些潜在的偏向？如果你要给别人的话语打分，你能想出一些可能会干预或导致你给一位说话者的打分高于另一位说话者的因素吗？

3. 一些研究融合了学习者语言随着时间变化的作用，本章对这些研究进行了思考。找到您所学习的（或当前正在学习的）第二语言课程的论文或家庭作业。在你的写作（或口语，如果你有录音）中找出你的第二语言产出随着时间而变化的证据。发生了什么变化？

4. 表 6.1 呈现了 Regan、Howard 和 Lemée（2009）对删除 /l/ 的研究结果。对表中的因素权重做出解释。这些值在删除方面意味着什么？输入值是什么意思？

5. 假设你明天要做一次演讲。什么因素会影响你在演讲中使用的语言？除了其他可能相关的因素外，还应考虑与你（即演讲者）、对话者和说话语境相关的因素。

注释

1. 研究变异的这种方法也被称为变异学研究的“第一波浪潮”，并与第二波和第三波浪潮形成对比，后者表明人们越来越关注社会因素和变异的社会意义（Eckert，2012）。

2. 尽管我们在第二章也探讨了诸如配对变语测试之类的数据诱导方法，但本章并未介绍这些方法，因为它们通常不适用于第二语言学习者（Ringer-Hilfinger，2012 是一个例外，可供参考）。

3. 回归分析包含了一些假设，一旦违反这些假设，就会削弱统计结果的可靠性。有关进一步讨论，请参阅 Larson-Hall（2010）的《使用 SPSS 进行第二语言研究统计指南》第七章。

4. 第二种方法也是基于 Krashen（1977）的监控模型。与变色龙模型一样，监控模型将学习者语音的变异描述为输出与目标语言相似或不相似的形式。然而，
165 与变色龙模型不同，监控模型从学习者对两种语言知识系统之一的接触中得出了学习者语言中的变异，一种语言知识是显性的或元语言的（即学习的），另一种是隐性的（即习得的）。

5. 请读者参考原文，以获得对说话者和听话者更详细的描述。

6. Preston（1996）认为，自由变异只是制约条件暂不明确的变异。然而，这并不会形成严重的冲突，因为 Ellis（1999）特别指出这一自由变异为期不长，并且是特定发展阶段的特征。

7. 一个能很好地说明这一点的例子是，大量关于西班牙语主语形式的研究引发最近对相同语言制约对英语主语表达的影响的研究（例如，Torres-Cacoullos 和 Travis，出版中）。

第七章　对社会语言能力习得的实证研究 166

我们在第六章探讨了变异理论在第二语言习得中的应用，发现这种研究和分析语言使用模式的实证方法可能与第四章和第五章概述的几种社会和认知模型相契合。本章，我们将注意力转向基于变异学框架对第二语言社会语言能力发展进行的实证研究。这一领域仍然相对较新，但近几十年来，尤其在过去的几年中，对该主题的研究取得了可喜的进步。我们首先概述第二语言变异研究的重要进展，然后再介绍社会语言能力习得的最新研究实例。由于社会语言能力通常涉及使用变异的语言结构，而不是完全绝对的语法规则，因此变异学方法提供了一种机制，用于解决第二语言习得领域长期存在的问题，而无需再次使用错误分析。换言之，这一系列实证研究让我们能够继续讨论一些话题，例如母语对第二语言习得的影响，不同语法层面之间的界面，以及高阶第二语言使用者通过评估特定形式的使用频率及其使用限制（而非准确性）可以达到的类似本土语言使用模式的程度。因此，本章的目的是呈现如何使用变异学方法解决第二语言习得领域的重要问题，而不是全面概述该领域的所有现存研究（全面概述见 Bayley 和 Tarone，2013；Geeslin，2011a，2011b；Gudmestad，2013b）。

第二语言变异的早期发展 167

我们在第六章探讨过，考察学习者语言变异性的早期研究同时受到基于两个更广范式（早期拉博文范式和动态范式）的理论和研究的影响。我们没有解决的问题是，为什么这些特定的方法对第二语言变异的研究有影响，并且也许更重要的是，为什么对第二语言变异的研究率先出现。因此，我们通过先解决后一个问题来阐述第二语言习得研究在这一子领域的发展。也就是说，我们要先解决是什么促使了第二语言变异研究出现这一问题。在 Corder 的革命性著作中（1967；

详见第一章），他指出中介语具有系统性，而错误可以带我们一窥二语使用下这个基于规则的系统。基于这一视角，一些研究者通过证明中介语的外在表现与所有自然语言一样，以此推动了这一领域的发展。例如，这意味着中介语本身也是可变的（参见 Dickerson，1974；Huebner，1979）。这两种观点结合在一起（即中介语是系统的和可变的）驱使第二语言研究者去寻求描述和解释这种变异性的方法。由于社会语言学的一个中心目标是展示语言形式使用中的变异是如何具有系统性的，因此社会语言学领域给出了在第二语言语境中适用的模型。这些变异模型吸引了那些试图揭示第二语言变异的系统性的研究者。因此，第二语言研究者随后采用并修改了这些模型的原则、惯例和工具，以考察和解释中介语的变异性。正是在这种背景下首次出现了对第二语言变异的研究，并为持续至今的研究奠定了基础。

我们在第六章讨论了与语言习得相关的变异（第一类）和涉及两种或两种以上与母语相似形式的变异（第二类）之间的重要区别。第二种类型的变异也存在于母语者的语言中，与社会语言能力有关。最早对第二类变异进行的研究几乎完全集中在法语或英语第二语言学习者身上。其中最著名的研究之一来自 Adamson 和 Regan（1991），他们考察了居住在费城和华盛顿特区的越南和柬埔寨移民对**可变 -ing**（variable *-ing*）（例如“eating”“walking”）的习得，这项研究成为了后续研究的一个典范。[-ing] 的各个形式之间的变异是一个已被充分研究的社会语言学现象，它在各种语言语境中表现为 [iŋ] 或 [ɪn]，包括进行时态的动名词（例如“I am eating”“she was eating”等）和名词短语（例如“I like
168 swimming”）。这种可变结构在美式英语（如 Fischer，1958；Labov，1966）和英式英语方言（如 Houston，1986；Trudgill，1974）中都得到了研究，并且表明其受到了语言和非语言因素的影响，比如它出现的语音环境以及说话者的性别和社会阶层。Adamson 和 Regan 研究了讲越南语和柬埔寨语的人（10 个越南人和 4 个柬埔寨人）对这两种 *-ing* 变体的使用有何不同。具体而言，他们试图找出影响使用变体 [ɪn] 的因素，并了解这些变异模式与母语者对照组（由 31 名费城居民组成）的相同或不同之处。因此，他们首先呈现了对照组中的母语者在将 *-ing* 发成 [ɪn] 时有何差异，结果发现他们对简化变体的使用取决于单词的语法类别、单词后的语音环境、说话者的性别和说话风格。他们的 Varbrul 2 分析（参见第六章的概述）表明，在标记为进行体的动词中，以及后面的音段为舌尖音或唇音时，[ɪn] 出现的概率更高。对于非语言因素，男性说话者和不受监控的说话风格更喜欢发 [ɪn] 这个音。与之相比，对越南语和柬埔寨语的学习者来说，当后面的音段为唇音和舌尖音时，他们也更倾向于发 [ɪn] 这个音。然而，与母语者组不同的是，当后面的音段是一个软腭或硬腭音，或者元音时，非母语者更有可能发成 [ɪn]。对于单词的语法类别，其结果受语言水平影响，例如，较低水平的说话者不产生任何 [ɪn] 的标记，而高水平的说话者在数据集的所有语法范畴（例如，名词、动名词、形容词、将来式等）中都有几个发成 [ɪn] 的例子。最后，关于说话者的性别和说话风格，研究者发现男性比女性使用更多的 [ɪn] 变体，这表明非母语者似乎符合社会层面变异的本土规范。然而，尽管男性和女性母语者在未受监控的话语中使用更多的 [ɪn]，但非母语者组只有女性在未受监控的话语中更多地使用 [ɪn]。相比之下，男性在监控模式下使用 [ɪn] 的频率高于非监控模式。费城本地人和学习者语言的社会语言变异分析结果总结在表 7.1 中。

表 7.1　Adamson 和 Regan（1991）的研究结果总结

因素	母语者：容易产生 [ɪn] 的因素	第二语言使用者：容易产生 [ɪn] 的因素
词性	进行体（0.63）	较低水平的学习者没有产生该变体 较高水平的学习者在不同的语法范畴中出现了几个使用 [ɪn] 的例子
语音环境	后面的音段为舌尖音（0.61）或唇音（0.56）	后面的音段为舌尖音（0.52）或唇音（0.59） 后面的音段为软腭或硬腭音（0.82） 后面的音段为元音（0.57）
性别	男性（0.77）	男性使用更多
说话风格	不受监控（0.72）	只有女性表现出在不受监控的语境下使用更多 男性表现出在受监控的语境下使用更多

之所以说 Adamson 和 Regan（1991）的研究是第二语言变异研究的一个典范，原因有几个。首先，他们使用来自同一地理区域的母语者为对照组，这为评估他们的学习者组习得该社区社会语言规范的程度提供了具体且恰当的依据。同样地，他们使用的变异学分析方法可以详细说明语言和社会对每个受试者组使用模式的影响。最后，他们的阐述不仅表明诸如性别等社会因素的确会对第二语言言语的 169
产出起作用，而且还表明学习者对母语中固有的变异模式非常敏感，并且随着时间的推移，可能会习得用母语的方式来转变话语的能力。

自 Adamson 和 Regan（1991）的研究以来，研究持续不断地拓展到了英语和其他第二语言的语法结构上。例如，我们在第六章中了解到，Bayley（1996）分析了说汉语的英语学习者以及他们对 *-t/d* 删除这一可变使用的习得。同样地，Adamson、Fonseca-Greber、Kataoka、Scardino 和 Takano（1996）将这种方法拓展至研究说西班牙语的英语学习者在叙事中对时态标记的可变使用。英语叙事中时态标记的一个特点是，在前景从句（即推进叙事的从句）中，动词可能表
170 现为过去时或现在时的屈折形式（Kumpf，1984）。在叙事中的前景从句中使用现在时被称为*历史现在时*。基于先前对越南裔英语说话者的研究结果（例如，Wolfram，1985；Wolfram、Christian 和 Hatfield，1986），Adamson 及其同事想知道哪些语音、词汇和语篇层面的限制影响了说西班牙语的受试对过去时标记的使用，以及居住时长对观察到的过去时标记模式的影响。他们研究中的参与者是七名在美国生活了 2 到 14 年的中学生（只有两名在美国出生）。他们的研究数据是通过社会语言访谈获得的，从中挑选出了叙述中涉及过去事件的动词，并根据以下因素进行了标记：动词和动词类别（例如，“be”、“go”、-t/d、前面的音段、后面的音段等），以及小句类型（背景或前景）。研究者还标记了说话者的性别和语言水平，后者被认为与居住时长直接相关（例如，少于四年 = 语言水平低）。结果显示，高水平组的过去时标记率较高。对使用限制的分析表明，对于前景从句中的动词，学习者在现在时和过去时之间表现出更多的可变标记，类似于母语模式。研究者还称，在辅音或停顿之前标记为过去时的动词中，*-t/d* 的删除率更高，这一发现在一些美式英语变体中有出现过，但没有在其他语言中出现。[1] 因此，Adamson 及其同事进行的研究更加证明了第二语言使用者可以习得使用的社会语言规范。

对第二语言为英语的社会语言能力的研究呈现出从语音层面的可变结构向语篇层面拓展的走向。如前所述，研究也从第二语言为英语拓展到了其他第二语言。例如，关于说法语的学习者在国外学习环境中习得社会语言变异这一问题，人们已经进行了广泛的研究（例如，Regan，1995，1996），第八章将对这项研究进行详细概述，重点关注国外学习在习得社会语言能力中的作用。同样地，关于第二语言为西班牙语（综述见 Gudmestad，2013b）和汉语（例如，Li，2010）的研究也越来越多，下文也将概述这些研究的一些案例。如今，在该领域，基于变异学方法，我们看到了有的案例在探究一些早期研究中的问题，如 Hansen Edwards（2011）关于中国英语学习者删除 *-t/d* 的研究，也见证了这种力量在推进整个第二语言习得领域的新发展，同时也在解决长期存在的难题。本章的后续部分致力于探讨这些问题如何与描述和理解第二语言社会语言能力习得相联系。

关于第二语言的社会语言能力发展 171

对中介语中系统性变异的兴趣促使第二语言研究者采用社会语言学的原则来解释母语和第二语言固有的可变性的限制；同时，人们一直在致力于不仅要理解第二语言习得的产物，还要理解这一过程。伴随这一趋势，对单一语法结构习得阶段的解释（如 Wode 1977 年对英语否定的研究或 Van-Patten 1987 年对西班牙语系动词对比（copula contrast）的研究）取代了早期对多语素习得顺序的研究（如 Krashen、Dulay 和 Burt，1982）。有人认为，要理解第二语言学习的本质，最好的办法是追溯这一发展过程，了解使用模式如何从一个阶段演变到另一个阶段。为了达到这一点，研究者必须关注结构是如何使用或功能是如何实现的，而不仅仅是关注学习者是否正确使用结构。习得阶段在不同学习者群体中体现的程度，甚至是那些具有不同经验（例如，自然主义与课堂）和特点（例如，不同的第一语言）的学习者群体，引发了关于这些习得阶段是否真的具有普遍性的争论。虽然有些人认为，不同群体之间只是习得概率不同，但其他人则认为习得的途径也不一样（见 Gass、Behney 和 Plonsky，2013）。事实上，我们在第六章了解到，Tarone 和 Liu（1995）认为习得的路径可能取决于语境，因此这些路径可能因环境而异，即便对同一个学习者来说。显而易见的是，关于第二语言习得的本质还有很多需要学习的地方，只有当我们能够研究中介语是如何随时间变化时，我们才能回答所提出的问题。因此，对基于变异学框架的研究者来说，重要的是纳入新的分析方法，同时保持将习得作为一个过程来进行研究的能力。本节，我们概述了一些变异学研究的实例，它们采用了横断面设计（cross-sectional design）和变异学分析来绘制习得路径。总之，这些研究考察了习得第二语言的社会语言能力这一过程。

对社会语言能力发展研究最全面的案例之一来自 Sax（2003）对以法语为第二语言的说美式英语学习者的研究。通过分析三个水平的学习者在模拟正式和非正式语言环境的角色扮演中如何使用三种可变结构，她考察了文体变异（stylistic variation）的发展。三个可变结构中的第一个是 **ne 删除**（*ne* deletion），也称动前小品词（preverbal particle）*ne* 的删除，如示例 7.1 所示。

172 **示例 7.1** Ne 删除

a. *Je **ne** mange pas de fruits de mer.* “我不吃海鲜”

b. *Je **Ø** mange pas de fruits de mer.* “我不吃海鲜”

ne 的删除率从巴黎人正式语言中的 40% 到非正式语言中的 61% 不等(Ashby，1976)。魁北克省和安大略省的 *ne* 删除几乎是绝对的，对蒙特利尔法语的分析表明（Sankoff 和 Vincent，1977），*ne* 的删除率是 98%；而 Poplack（1989）对渥太华说话者的分析表明，*ne* 的删除率是 99%。社会语言学家已经说明了 *ne* 删除与动词类型、小句类型、存在另一个附着代词（clitic pronoun）与否（例如，Armstrong，2002；Coveney，1996，1998；Sandy，1997；Tannant，1995）以及词汇化短语的出现有关（Ashby，1976，1981）。此外，*ne* 的删除情况根据年龄（年轻人删除得更多）、性别（女性删除得更多）、社会阶层和风格（非正式语言中删除得更多）而有所不同（Ashby，1981）。先前由 Dewaele 和 Regan（2002）对 27 名荷兰法语学习者进行的研究表明，第二语言学习者在口语访谈中删除 *ne* 时表现出了与母语者相近的对说话风格的敏感性，尤其是那些更高水平的学习者。因此，对 Sax（2003）来说，Dewaele 和 Regan 的发现中一个值得注意的方面是，我们更可能在高级学习者中观察到与母语者相似的或第二类变异的 *ne* 删除。

Sax（2003）研究的第二个可变结构是第二语言法语中 **nous 和 on 之间的交替使用**（alternation between *nous* and *on*），如示例 7.2 所示。*nous* 相当于英语中的“we”，*on* 大致相当于“one”，但它可以用来代替 *nous*（以及其他主语代词，如 *tu*“you”）。

示例 7.2 *On* 和 *nous* 的交替使用

a. ***Nous*** allons à la piscine. “我们去游泳池”

b. ***On*** va à la piscine. “某人 / 我们 / 你们去游泳池”

在各种法语变体中，*nous* 的使用频率低于 *on*（参见 Laberge（1977）对蒙特利尔法语的研究；参见 Boutet（1986）和 Coveney（2000）对大都市法语的研究）。先前对 *nous* 和 *on* 的交替使用的研究表明，当所指物具有特定性和限定性时，使用 *nous* 的可能性更大（Boutet，1986），并且老年人、女性和中产阶级的使用频率更高（Laberge，1977）。这一社会语言变量对说话风格特别敏感，因此 *nous*

在正式语言中的使用也更为频繁（例如，Coveney（2000）研究的大都市法语；Deshaies（1986）研究的加拿大法语）。关于第二语言学习者先前表现出的语言行为， 173
Dewaele（2002）报告称，在从 32 名说荷兰语的法语学习者中获得的口头和书面语言中，*on* 的使用受到更多语言或内部变量的影响，如语素词汇的（morpholexical）准确率、*ne* 删除的出现，以及口语词汇的使用。尽管如此，第二语言中的互动仍在近似母语的 *on* 使用中发挥了作用。

Sax（2003）考察的第三个也是最后一个可变结构是 /l/ **删除**（/l/-deletion），如示例 7.3 所示。

示例 7.3　法语中的 /l/ 删除

a.　**il** va　　“他走”　　[il.va] → [i.va]

b.　**il** y a　　“这儿有”　[i.li.ja] → [ija] 或 [ja]

社会语言研究表明，*il* 的删除率非常高：在 Ashby（1984）和 Laks（1980）的研究中分别达到 88% 和 94%。影响法语中 /l/ 删除的语言因素出现在非人称短语中（例如，*il faut*“某人应该”）或某些词汇中（例如，阳性人称代词 *il* 和 *ils* 的删除多于阴性人称代词 *elle* 和 *elles*）。Armstrong（1996）还指出，女性的删除率高于男性，这让 /l/ 删除成为了一个很适合用来考察风格影响的可变结构。

Sax（2003）研究中的受试是 30 名女性法语学习者，她们是美国中西部一所大型高校的二年级、四年级或研究生法语学习者。Sax 还找了该系四名母语为法语的研究生助教，以及一名非该系但也在同高校的博士后，以便有一个本土标准作为参照。所有受试都被引导着完成了两个角色扮演任务：一个是受试接受工作面试，另一个是他们第一次见到新来的法国室友。工作面试角色扮演旨在模拟正式的说话场景，而室友见面场景旨在模拟非正式的说话场景。在结束社会语言研究后，Sax 标注了一系列语言和非语言因素，如表 7.2 所示，并用 Varbul 分析了她的数据。

Sax（2003）发现，学习者在所研究的每个变量中使用的变体种类与母语者相同，但变体的使用分布存在差异。变量 *ne* 删除呈现出了最丰富的文体变异种类，其次是 /l/ 删除，再然后是 *nous/on* 的交替使用。Sax 还发现，对于这些学习者，国外经历和高语言水平可以很好地预测变异。Sax 观察到，非正式变体的使用随

174 **表 7.2　Sax（2003）研究中的编码方案总结**

变量	**考察的因素**
ne 删除	后面的音段（元音、辅音、半元音）
	动词的句法结构（比如主动词、助动词、系动词、情态动词）
	词汇化（比如是否出现在惯用语中，如 *je sais pas*“I dont know”）
	动后否定词（post-verbal negator）（*pas* 或者其他词，比如 *rien*“没什么”或 *plus*“更多”）
	主语类型（代词、全名词短语（full noun phrase））
	宾语代词的出现
nous/on 的交替使用	特定性（specificity）和限定性（比如，说话者可以命名小组的所有成员）
/l/ 删除	后面的音段（元音、辅音、半元音）
	附着词的类型（人称、非人称）
	附着词的数（单数、复数）
	主语类型（人称、非人称）
	Il y a“这儿有”与其他表达
所有标记	**非语言**
	当前年级等级
	待在说法语的国家中的时长
	大学之前学习法语的年限
	学习大学法语的年限和大学法语课程
	课堂外接触法语
	课堂外说法语
	态度
	语境的正式程度

着先前国外经历的增加而增加。第二，Sax 发现，随着先前国外经历的增加，风格变异的种类也增加了，但 *on* 的使用除外。最后，这些变体的使用模式朝着母语的规范发展，但中等水平组中的 *on* 除外。基于这些模式，Sax 提出 *on* 是出现的第一个文体标记，接着是 /l/ 删除，再然后是 *ne* 删除。最重要的是，她表明学习者确实可以习得社会语言层面的第二语言使用，并且社会语言变体的发展轨迹是渐进的。

关于法语的社会语言能力的发展性研究，Sax（2003）的研究并不是唯一案例，
175 但由于其他研究大多发生在国外学习的背景下，我们将在第八章对它们进行更深入的探讨。因此，我们现在转向第二语言西班牙语的社会语言能力发展。在这类对西班牙语的研究中，最早的案例是 Geeslin（2000）的研究，她考察了在定语

语境（即形容词）中，说英语的学习者对西班牙语**系动词的使用**（copula use）这一发展，这些学习者的西班牙语处于四种不同的水平。在西班牙语中，许多形容词允许在定语语境中使用 *ser* 或 *estar*。示例 7.4 说明了这种对比。

> 示例 7.4　西班牙语中的系动词对比
>
> a. *Ella* ***es*** *bonita.*“她很漂亮（ser）”
>
> *Ella* ***está*** *bonita.*“她看起来很漂亮（estar）”
>
> b. *El perro* ***es*** *sucio.*“这只小狗脏兮兮的（ser）”
>
> *El perro* ***está*** *sucio.*“这只小狗脏兮兮的（estar）”

与迄今为止概述的对法语的研究不同，西班牙语中的这种结构的使用受到句法、语义和语用因素的制约。为了考察系动词对比的使用是如何随时间而变化的，Geeslin（2000）从四个不同教育等级的 77 名高中西班牙语学习者身上获取了数据。每个受试都完成了半结构化访谈、图片描述任务和情境化语法判断问卷。调查问卷包含 15 个情境化的话语，研究者鼓励学习者从三个选项中选择他们喜欢的版本：一个带有 *ser* 的句子，一个带有 *estar* 的句子，或者两个都喜欢。每个标记都根据表 7.3 列出的语义和语用特征进行了编码。

Geeslin（2000）发现，*estar* 的使用率上升了一个等级。这一发现特别重要，因为它与使用错误分析法对该结构进行的研究结果一致，这说明了变异学方法对分析数据依然具备早期研究中的重要视角。除此之外，研究还表明，由于一些预测因子变化到了下一水平，因此每个水平的预测模型在性质上均不相同。这带来了一种可以描述发展特征的机制。具体而言，对易变性的限制在最低水平上十分显著，并且随着时间的推移，该限制的重要性降低了。相比之下，参照系的限制并没有包括在较低水平的预测模型中，但对于较高的两个水平，它已经成为了 *estar* 使用的重要预测因子。综合这些研究结果，西班牙语中系动词对

表 7.3　Geeslin (2000) 的编码方案 176

文本特征	各编码类别的区分点
形容词类别	该形容词的词法类别是什么（例如，物理状态）?
模态	系词的选择是否会（完全、稍微、毫不）改变该形容词的意义?
动态性	所指是否是一个动态体?
对变化的敏感性	该形容词易于改变吗?
对经验的依赖性	描述是否依赖于对所指的已有经验?

（续表）

文本特征	各编码类别的区分点
方向性	该形容词是否是单一方向（例如，年龄），双方向（例如，情绪状态），或无方向（例如，种族）？
动态性	隐含的动词短语是否指向一种持续能量的输入（例如，焦虑）？
完整性	说话者是否认为所描述的时间是完结的或进行中的？
所指的范围	所指是否能与某一类别的词相联系或仅能与其本身相比？
有界性	隐含的动词短语是否有其自然的结束点？

比的发展表现为对易变特征的敏感性降低和对语用特征（如参照系）的敏感性增加。最近关于这一主题的研究得益于对分析中所包含的有关语言限定的操作化定义得到了发展，以及请更高级的学习者和母语者参与到研究中（批判性讨论参见 Geeslin（2005））。此外，受控的诱导工具，如书面判断问卷，已经可以更好地控制相关语言因素（如 Geeslin，2003），并完善我们对特定语言限制的理解（如 Woolsey，2008）。同样地，研究也拓展到了以葡萄牙语（如 Geeslin 和 Guijarro-Fuentes，2006）和汉语（如 Cheng、Lu 和 Giannakouros，2008）为母语的学习者层面。

Gudmestad（2006，2012）的研究将第二语言西班牙语中的变异学研究拓展
177 到了虚拟语气和陈述语气之间的交替使用。她的研究是首个对西班牙语**可变语气使用**（variable mood use）习得进行的大规模横断面分析。如示例 7.5 所示，虚拟语气主要在从句中具有语法标记。

示例 7.5 西班牙语中的语气对比

a. *Dudo que **venga** Marcos a clase hoy.*“我怀疑 Marcos 今天不会来上课”

b. *Espero que **nieve** este diciembre.*“我希望今年十二月会下雪”

虚拟动词形式的使用（例如，7.5a 中的 *venga* 和 7.5b 中的 *nieve*）是由独立分句的语义特征所引起的（参见 Butt 和 Benjamin，2004），表示诸如意志（例如，*queer que*“想要”）和不确定性（例如，*dudar que*“怀疑”）等意思。另一方面，陈述语气用于表示肯定（例如，*creer que*“相信”）和习惯性或确定的行为。虚拟语气的使用在某些语境中（如意志）几乎是绝对的，而在其他语境中（如情感表达）是可变的（Silva-Corvalán，1994）。

Gudmestad（2012）研究中的受试是 130 名来自五个不同教育等级的说英语的西班牙语学习者，以及来自同一大学的母语者标准组。所有受试都完成了三项任务。第一项任务是一个独白角色扮演，呈现了六个场景，并指示受试对假想听

众口头回答问题。第二项是情境化从句诱导任务，要求受试大声朗读一组相互关联的段落，并在整个叙事的不同时刻使用符合故事语境的短语完成句子。第三项是情境化动词诱导任务，其流程与第二项任务相似，但要求参与者生成一个符合故事语境的动词。示例 7.6 和 7.7 给出了最后两项任务的样本。在这三项任务中，口头语气选择的每个语境均作为一个单一标记被分析。分析的因变量是（不）使用虚拟形式。每个标记还根据四个语言变量和两个非语言变量进行了编码，表 7.4 总结了这些变量。

示例 7.6　任务二中的示例（Gudmestad，2012）

Clara 经常难以从菜单上选菜。她让 Pedro 给她推荐一下，因为他经常在这家餐厅吃饭。他说：

"Te sugiero que ______________________________"

"我建议______________________________"

示例 7.7　任务三中的示例（Gudmestad，2012） 178

Ana 知道巴塞罗那有很多旅游景点，想知道三天时间是否足以让他们参观完清单上的所有景点。她补充道：

"Dudo que ____________（hacer）todas las cosas en la lista."

"我怀疑____________（做）清单上的所有事情。"

表 7.4　Gudmestad（2012：379—381）的编码方案总结

变量	层面和示例
语言变量	
形式的规则性	规则（比如，*bailar*"跳舞"，*bailo*"我说"，*bailas*"你说"，*baila*"他 / 她说"等）
	不规则（比如，*servir*"服务"，*sirvo*"我服务"，*sirvio*"他 / 她服务"）
	特定形式不规则（比如，*venir*"来"，*vengo*"我来"）
语义范畴	意志（即欲望、希望；比如，*querer que*"想要"）
	评论（即情感、评价；比如，*gustar que*"像……一样"）
	不确定性（即怀疑；比如，*dudar que*"怀疑"）
	时间性（即带有状语连词，比如，*cuando*"什么时候"，*tan pronto como*"尽快"）
	肯定（即确定性，比如，*saber que*"知道"）

（续表）

变量	层面和示例
时间参照（time reference）	过去时间
	现在时间
	将来时间
假设性	非假设（比如，*Los estudiantes asisten a clase*“学生来上课”）
	非过去假设（*Si los estudiantes asisten a clase, sacan buenas notas*“如果学生来上课，他们就会取得好成绩”）
	过去假设（*Si los estudiantes asistieran a clase sacaran buenas notas*“如果学生有来上课，那么他们本应该可以取得好成绩”）
非语言变量	
参与者小组	学习者组（等级 1—等级 5）
	母语者组
任务	独白角色扮演
	情境化从句诱导任务
	情境化动词诱导任务

179 在对虚拟形式的使用频率进行分析中，Gudmestad（2012）发现，随着学习者西班牙语水平的提高，虚拟形式的使用呈非线性增加（从一级的 4.1% 增加到五级的 53.8%，四级的使用频率低于三级）。对每个级别使用限制的分析表明，各级语言水平都取得了进步。对于第一级，从统计的角度来看，语言因素均不是虚拟形式使用的重要预测因子。对于第二级，语义范畴是使用的唯一重要预测因子，并且该变量在第五级中仍然重要。对于第三级，学习者增加了时间参照和假设性，因此到第四级和第五级时，统计模型中考察的所有因素都被看成是虚拟形式使用的限制。这一发现反映出了母语者的普遍使用模式。然而，高水平学习者和母语者之间存在微妙差异。例如，可变的时间参照是三至五级中语气使用的一个重要预测因子，但只有第五级的学习者在这三类变量中表现出了类似母语的使用模式。这些发现表明，使用频率和使用限制为第二语言发展提供了信息。此外，通过考察每个独立变量的种类，我们进一步发现，该变量种类的分布模式蕴含了关于发展路径的更多细节。Gudmestad 的研究提供了额外的证据，证明第二语言学习者可以用类似母语的方式来改变自己的话语；同时，它支撑了首个第二语言西班牙语中虚拟语气的大规模横断面研究。尽管虚拟语气已经被广泛研究过（参见 Collentine（2013）的概述），但 Gudmestad（2012）的研究是第一个使用变异学分析来考察该结构的研究。自这项大规模研究以来，对可变语气使用的研究

已经拓展到了包括分析虚拟语气中时体差异的第二语言发展层面（Gudmestad，2013a），以及探索第二语言语气使用与词汇和频率之间的关系（Gudmestad，出版中）。变异学方法也已经被用来解释虚拟形式（Kanwit 和 Geeslin，2014）。

Killam（2011）研究了说英语的学习者在西班牙语中使用的**受词异相标记**（differential object marking），这代表了此类研究的另一个重要拓展。受词异相标记是西班牙语的另一种可变语言现象，是指使用宾格标记（accusative marker）*a* 对直接宾语进行可变标记。示例 7.8 对此进行了说明，其中 7.8c 和 7.8d 表示 *a* 的可变语境。

7.8 中的示例表明，一些直接宾语用宾格 *a* 标记（例如，*los niñes*），一些没有标记（例如 *los edificios*），还有一些标记不一（例如，*Buenos Aires*）。人们已经证明直接宾语标记受到了一系列语言因素的影响，如确定性、生命度和话题性（参见 Balasch，2011），并且它还呈现出了方言地区的差异（参见 180
Schwenter，2006；Tippets 和 Schwenter，2007）。

示例 7.8　西班牙语的宾语标记

a. *No veo* ***a*** *los niños.* “我没看见孩子们”

b. *No veo los edificios.* “我没看见大楼”

c. *Visité Buenos Aires el verano pasado.* “我去年夏天拜访了 Buenos Aires”

d. *Visité* ***a*** *Buenos Aires el verano pasado.* “我去年夏天拜访了 Buenos Aires”

Killam（2011）研究中的受试是 102 名说英语的西班牙语学习者和 22 名西班牙语母语者，他们居住在同一社区。学习者根据其入学的教育水平被进一步分成四组：一级（N=28）、二级（N=28）、三级（N=22）和四级（N=24）。除了背景调查问卷和水平测试，所有参与者都完成了三项任务。第一项是口头图片描述任务，在计算机屏幕上向参与者呈现一系列描述事件的图片，并要求他们使用引导提示描述出发生了什么事情。研究者对提示语进行了处理，让它可以诱导受试讲出以有生命的直接宾语结尾的句子，如示例 7.9 所示。

第二项是书面的情境化任务，向受试呈现故事中情境化的内容。每个内容都含有一对句子，当遇到每对句子时，受试需要选择更喜欢哪一个句子（或表示相同的偏好），如示例 7.10 所示。

最后一项是词序感知任务，受试需要选择与他们听到的句子相匹配的图片（四个图片选项）。目标句被处理成了以直接宾语为主题——也就是说，将其置于句子开头位置，如示例 7.11 所示。Killam（2011）使用该任务来确定感知的词序是否对习得直接宾语标记起作用。

示例 7.9 口头图片描述任务（Killam，2011）

Guillermo besó _________. “Guillermo 亲了_________。”

181 **示例 7.10** 书面情境化任务（Killam，2011）

Juan se quedaba inmóvil, acostado en la cama, mirando una mosca que bailaba entre las aspas del ventilador. “Juan 一动不动地躺在床上，看着一只苍蝇在风扇的叶片之间来回跳动”

A. *Su esposa y él esperaban una llamada de la policía.*

“他的妻子和他在等一个警方的电话”

B. *Su esposa y él esperaban por una llamada de la policía.*

“他的妻子和他在等着一个警方的电话”

Only A acceptable	Both acceptable, but A preferable	Both are equally acceptable	Both acceptable, but B preferable	Only B acceptable

示例 7.11 西班牙语中的宾语主题化

Juan vio a la mujer. “Juan 看见了一个女人”（典型主谓宾结构的宾语）

A la mujer la vio Juan. “这个女人：Juan 看见了她”（直接宾语主题化）

Killam 编码的数据来自前两项任务中的三个语言变量。从第三项任务获得的数据根据两个不同的独立语言因素进行了编码。这些编码方案详见表 7.5。

Killam（2011）的分析表明，在口头图片描述任务和书面情境化任务中，显性宾语标记随着学习者水平的提高而增加。事实上，在书面任务中，一级学习者更倾向于不标记带有 *a* 的人物直接宾语。关于限制直接宾语标记的语言因素，确定性是每一个学习者级别的重要因素，但会因任务而略有差异。对于口头任务，Killam 发现学习者更有可能标记在确定性连续体上“更明确”的对象（如代词和专有名称），并且这种可能性随着学习者水平的提高而增大。他在书面情境化任务中也发现了同样的趋势，二级模型将数量作为一个重要因素，而四级模型则将

表 7.5　Killam（2011）研究中的编码方案总结 182

变量	**种类和示例**
口头图片描述任务和书面情境化任务	
确定性	代词（比如，*el*，*ella*）
	专有名词（比如，*Silvia*，*Raquel*）
	确定的普通名词（比如，已在语篇中提及；如 *el libro*“书”中前面有定冠词，如 *mi libro*“我的书”中的所有格形容词，或如 *este libro*“这本书”中的指示形容词）
	特定的不确定普通名词（即下属形容词类的指示动词；比如 *Juan vio (a) un hombre que llevaba una chaqueta negra*“Juan 看见了一个穿黑夹克的人”）
	非特定的不确定普通名词（比如，没有经过任何修饰的普通名词，或如 *un libro* 一样前面带有不定冠词）
动觉（Kinesis）	高（即直接宾语确实受到了句子主语的影响，比如 *matar*“杀”）
	低（即直接宾语确实没有受到句子主语的影响，比如 *encontrar*“遇见”）
数	单数直接宾语（比如，*Veo al niño*“我看见一个男孩”）
	复数直接宾语（比如，*Veo a los niños*“我看见一群孩子”）
词序感知任务	
在口头图片描述任务中对 *a* 的使用	至少使用一次 *a*
	完全不使用 *a*
歧义性	主语和宾语的数相同（比如 *Veo al niño*，均为单数）
	主语和宾语的数不同（比如 *Veo a los niños*，主语为单数，宾语为复数）

动觉作为一个重要因素。只有在书面任务中，四级学习者的表现与母语者最接近。具体体现在不仅将动觉作为一个重要的预测因子，还通过非特定不定名词和除特定不定名词之外所有其他层面的确定性变量来区分宾语标记。尽管 Killam 没有发现直接宾语标记和词序（通过词序感知任务来测量）之间的显著关系，但他的
研究确实表明，可变宾语标记的发展确实很接近母语规范。此外，这种可变形态 183
句法结构的习得可以描述为：增加显性标记的直接宾语的频率，然后调整所使用的语言限定以涵盖动态词，并区分确定性水平，使代词、专有名词和确定的普通名词比特定的不确定词被更突出地标记，而特定的不确定词又比非特定的不确定词被更突出地标记。

我们在第六章提到了 Gudmestad 和 Geeslin（2013）的研究，将其作为采用多项式逻辑回归来解释三类因变量的研究示例，但该研究也体现了不同语言水平者的发展，因此与现在的讨论也相关。该研究的重点是三种用于指示将来事件

形式的可变使用：复合将来形式、曲折将来形式和现在直陈式（参见第三章，Wagner 和 Sankoff（2011）在母语法语中研究的相同现象）。在西班牙语中，这些形式的变化与将来事件的距离、词汇时间指示词的出现、事件的确定性、从句的类型以及动词的人称和数有关（Blas Arroyo，2008；Gutiérrez，1995；Orozco，2005，2007；Sedano，1994）。Gudmestad 和 Geeslin 设计了一个书面的情境化任务，以操作前三个语言限制，同时保持其他限制不变。他们的受试是151 名说英语的西班牙语学习者（分属于五个教育等级），以及具有不同国籍的22 名西班牙语母语者，他们都居住在同一个美国社区。结果表明，学习者逐渐增加了对复合将来形式的使用，同时减少了其他两种形式的使用，但不是以完全线性的方式。最高水平组被认为忽视了母语者规范中曲折将来形式的使用，对这一形式的使用频率低很多。用多项式逻辑回归将因变量的每个范畴与其他范畴进行比较，结果表明，确定性似乎优先于其他两个变量限制了对将来时间形式的选择，并且对形式选择影响最弱的是词汇时间指标词的存在。另一个有趣的发现是，“发展”也被认为是在不同类别时间距离变量之间进行选择的速度调整，因此，即使该限制成为了形式选择的重要预测因子，其分布也需要几年时间才能习得。因此，Gudmestad 和 Geeslin 的研究显示了分析方法的创新之处，同时也有助于我们了解第二语言的社会语言能力习得。

我们在本节回顾的关于习得第二语言西班牙语中可变结构的最后一个也是最新的一个研究来自 Fafulas（2013）。如示例 7.12 所示，Fafulas 考察了说英语的
184 西班牙语学习者在一般现在式和**现在进行体**（present progressive）之间的变异发展。该案例表明，在西班牙语中，一般现在式和现在进行体这两种动词形式都可以表示“正在进行的动作”，但在英语中，只有 *be+V-ing* 的形式可用于表达在说话的同时所进行的动作。

Fafulas 指出，不仅在第二语言习得研究中，而且在母语或母语者变异研究中，对这种可变结构的研究都特别匮乏。然而，我们明确地知道，*estar+V-ndo* 的形式更经常与表示立即性的时间副词（ahora“现在”）相连；在动态谓词中，这种形式常与活动动词（comer“吃”）相连；这种形式还常用来描述背景信息，与有生命的主语相连以及与完整的后置直接宾语相连（Cortés-Torres，2005；Geeslin 和 Fafulas，2012；Klein，1980；Mayberry，2011；Torres-Cacoulos，2000）。除了现在式和 *estar+V-ndo* 现在进行体之间的变异外，用于构成进行体的基本形式也存在变异，如示例 7.13 所示。*estar+* 动名词形式最为常见，因此人们对其也研究得最多，而对其他辅助动词的使用模式则知之甚少，如 *seguir*“继续，

跟随”和 *venir*“来”。

示例 7.12　西班牙语中的现在进行体

a. *Ahora mismo, el perro **corre** por el parque*. ‘Right now, the dog *runs through the park’

b. *Ahora mismo, el perro **está corriendo** por el parque*. ‘Right now, the dog is running through the park’

示例 7.13　进行体中辅助动词的变异

El perro está/sigue/viene corriendo por el parque. ‘The dog is/continues/comes running through the park’

Fafulas（2013）研究的受试包括说西班牙语的英语学习者（*N*=75）、来自墨西哥和西班牙的西班牙语母语者（*N*=20），以及来自美国的英语母语者（西班牙语学习经历不足一学期）（*N*=20）。纳入一个英语母语标准组和两个具有不同方言的西班牙语母语组，这一独特的方法对方法论具有一定的贡献，因为 Fafulas 能够描述使用模式如何反映母语在整个发展过程中的影响，同时还考虑了西班牙语母语者的地域差异带来的输入可变性。所有受试都完成了背景调查问 185
卷、水平测试和三项额外任务。第一项是同步电影叙事，受试需要一边观看电脑播放的无声电影，一边口头讲述其情节。第二项诱导任务是一份书面的情境化问卷，要求参与者在对比组中选择短语。这些成对的句子在一个相互关联的故事中被语境化了，示例 7.14 给出了一个范例。

第三项也是最后一项诱导任务是判断任务，要求受试从现在进行体的所有变体中选择他们将在该语境中使用的变体。尽管还有其他辅助动词，但 Fafulas 选择了文献中最常见的五种辅助动词。示例 7.15 给出了一个范例，展示了语境下的每一种辅助动词。

示例 7.14　情境化任务中的范例（Fafulas，2013）

Lees un periódico mientras esperas. Algunos minutos después, entra a la sala de espera un hombre vestido como médico. El hombre saluda a la secretaria y a la enfermera y desaparece detrás de una puerta. La secretaria mira a la enfermera y le dice:

A. “El doctor Ramírez está llegando tarde a la oficina todos los días.”

B. “El doctor Ramírez llega tarde a la oficina todos los días.”

______ *Prefiero A.* ______ *Prefiero B.* ______ *Ambos.*

你一边等待一边看杂志。几分钟过后，一位医生打扮的先生走进了候诊室。他跟护士和秘书打了招呼，然后消失在一扇办公室的门后。秘书看着护士说：

A. “Every day Doctor Ramírez is arriving late to the office.”

B. “Every day Doctor Ramírez arrives late to the office.”

________更喜欢 A.______更喜欢 B.______二者都喜欢

186 **示例 7.15** Fafulas（2013）的判断任务范例

Tú le dices a tu amigo que te parece que ha bajado mucho de peso. Le preguntas cómo lo ha hecho. Él te dice:

a. “Gracias, ando corriendo 5 km. todos los días.”

______*Posible* ______*No es posible*

b. “Gracias, vengo corriendo 5 km. todos los días.”

______*Posible* ______*No es posible*

c. “Gracias, sigo corriendo 5 km. todos los días.”

______*Posible* ______*No es posible*

d. “Gracias, voy corriendo 5 km. todos los días.”

______*Posible* ______*No es posible*

e. “Gracias, estoy corriendo 5 km. todos los días.”

______*Posible* ______*No es posible*

你告诉你朋友他看起来瘦了很多。你问他是怎么做到的。他回答：

a. “Thanks, I go around walking 5 kilometers every day.”

______可能 ______不可能

b. “Thanks, I come along walking 5 kilometers every day.”

______可能 ______不可能

c. “Thanks, I keep on walking 5 kilometers every day.”

______可能 ______不可能

d. “Thanks, I go walking 5 kilometers every day.”

______可能 ______不可能

e. “Thanks, I am walking 5 kilometers every day.”

______可能 ______不可能

通过口头叙事任务获得的数据被赋编码。主要根据生成的形式（直陈式现在时（present indicative），*estar*+ 动名词、*venir*+ 动名词、*andar*+ 动名词、*ir*+ 动名词、*seguir*+ 动动词、*其他* + 动名词（比如，*pasar*+ 动名词“通过做某事”），以及

非母语辅助动词 + 动名词（比如，**es comiendo*“正在吃”））和一系列独立的语言和非语言变量进行编码，表 7.6 对此做了总结。对于其他两个严格控制的引导任务，根据每个任务的目标，这些因素要么被改动，要么保持不变。

表 7.6　Fafulas（2013）研究中的编码方案总结 187

变量	层面	范例
副词 / 动词修饰语	地点（比如，*aquí*“这儿”） 时间（比如，*ahora*“现在”） 其他（比如，*después*“然后”） 无（语境中无副词）	*El hombre está ahí recolectando peras* “这个人正在那儿采梨”
从句类型	从属（从句） 简单（主句；包括并列句）	*Yo creo que él los conoce* “我相信他认识他们”
体	状态（*querer*“想要”） 活动（*correr*“跑”） 完成（*correr 1 km*“跑一千米”） 实现（*caer*“掉落”）	*Él recolecta las peras* “他采梨” （活动谓词（activity predicate））
主语的生命度	有生命（比如，人） 无生命（比如，机器、汽车）	*El hombre estd corriendo* “这个人正在跑” （有生命）
宾语的类型	直接（比如，及物结构的宾语）（例如，object of transitive construction） 间接（比如，双及物结构的接受者（recipient of ditransitive constructiond）） 其他（比如，反身词（reflexives）） 无（比如，不及物动词）	*Veo al hombre* “我看见了这个人” （直接宾语）
宾语的形式	全名词短语（比如，*las peras*“梨”） 代词（比如，*lo*“它”） 其他（比如，*se* 反身小品词（reflexive particle）） 无（无宾语）	*Veo a las peras ahí* “我在那儿看见了梨” （全名词短语）
宾语的位置	前置（在动词之前） 后置（在动词之后） 其他（比如，反身结构的部分结构） 无（无宾语）	*Lo llama con un silbido* “他 / 她吹口哨喊他” （前置宾语）

（续表）

变量	**层面**	**范例**
宾语的数	单数（*la pera*“梨”） 复数（*las peras*“很多梨”） 其他（不可数） 无（无宾语）	*Tomo café todos los días* “我每天都喝咖啡” （不可数）
辅助动词与动名词之间插入的内容	有插入内容 无插入内容 无法适用	*El hombre está en su casa viendo tele* “这个人正在自己家看电视” （有插入内容）
极性	否定话语 肯定话语	*Yo no los veo* “我没看见他们”（否定小品词）

口头叙述任务的分析结果表明，总体而言，英语母语组比西班牙语母语组呈现出了更高的进行体使用率，而学习者组则介于两者之间。学习者直到第四年才开始使用带有除 *estar* 之外的辅助动词的进行式，但在这一水平之后，他们的使用则稳步增加。Fafulas（2013）还发现，词汇对所有被考察的组来说都是一个重
188 要因素，但直到第四年，学习者才开始倾向母语使用的模式，此时他们使用的宾语类型、宾语形式和宾语位置可有效预测输出形式。尽管研究生的结果与西班牙语母语组基本相似，但“极性”仍是一个重要因素，尽管在两组西班牙语本族语者中均无此特征。同样地，国外经历在研究生学习者中也是突出特征。

再看书面情境化任务中的调查问卷结果，Fafulas（2013）首先发现，在这项特定任务中，所有受试都喜欢一般现在式。词汇层面是预测所有受试选择现在进行体形式的最重要因素。在学习者组中，进行形式的选择呈现出一种 U 型发展模式，其中较低水平的学习者呈现出与母语相似的选择率，中等水平学习者的选择率降低，偏离了母语范式；但在习得后期，这种选择率回升，并再次接近母语的选择率。最后，对判断任务数据的分析表明，经典的 *estar*+ 动名词形式在所有受试组中的接受度最高。研究发现，对于更高水平的学习者，对其他辅助动词的选择受词汇层面和副词的影响，并且副词在英语母语者组中是更加有效的预测因子。总之，Fafulas（2013）的研究结果表明，识别和使用其他辅助动词 +V-*ndo* 的进行体结构对西班牙语第二语言学习者来说是一个习得挑战，因为这些形式仅限于本土西班牙语的特定体 / 时间语境，而且因方言而异。

在过去几年中，对汉语第二语言学习者开展的变异学研究也很突出。Li

（2010）的研究是其中一个案例。她考察了**小品词 *de***（particle *de*）的可变使用习得，该词在母语语言中用作属格标记、定语标记或名词化标记。这些功能如示例 7.16 所示。该小品词的使用方式多种多样，并且对风格敏感，因此在非正式语言中的使用频率较低。

示例 7.16　汉语中的小品词 *de*（Li，2010：369—371）

a. 属格标记：

wǒ	（**de**）	*péngyou*
I	（属格）	friend

“我的朋友”

b. 定语标记：

Zhōngguó	（**de**）	*lǎoshī*
China	（定语）	teacher

“中国的老师”

c. 名词化标记

Hánguórén	*bù*	*xǐhuan*	*chī*	**de**
Korean:people	not	like	eat	名词

“韩国人不喜欢吃的东西”

Li（2010）研究中的受试包括 12 名汉语母语者（一半为女性）和 20 名汉语 189
学习者，后者具有四种不同的母语背景且汉语水平不一致。所有受试都完成了背景调查问卷和社会语言访谈（学习者需完成两次）。Li 还收集了四名学习者教师在教学时的录音，并分析了学习者的教科书，以考察学习者接收到的输入的特性。在社会语言访谈中，研究者明确了所有出现 *de* 的语境、可能出现 *de* 的语境以及规定不允许出现 *de* 的语境，并首先标注出 *de* 的出现（因变量），然后再标注几个自变量。这些自变量包括 *de* 的功能、说话者性别、正式性（仅限于母语者）和第一语言（仅限于学习者）。结果表明，母语者总是在条件从句中使用 *de*，但从未在词汇化表达中使用。在修饰性关系从句的语境中，以及在快速和非正式的语言中，母语者都不同程度地省略了 *de*。Varbrul 的分析表明，在属格和指示代词 / 数字 + 量词的语境中，女性使用 *de* 的次数明显多于男性，并且在正式语境中，*de* 出现的频率显然更高。总的来说，学习者比母语者更多地使用 *de*，特别是在某些情况下。和母语者一样，学习者总是在条件从句中使用 *de*，而几乎从不在词汇化表达中使用。最后，在具有关系从句修饰语的语境中，学习者几

乎强制性地使用了 *de*。这种 *de* 的较高使用频率与教材中的较高使用率相一致。Varbrul 对学习者数据的分析表明，女性使用 *de* 的次数也多于男性，而在中国停留时间较长且汉语水平较高的学习者更喜欢省略 *de*。Li 说明了变量之间的一些
190 交互作用，但学习者的母语未被作为 *de* 删除的重要预测因子。因此，与迄今为止所概述的其他研究一样，学习者在第二语言中使用可变形式是非常复杂但又具有系统性的，并且对在母语变异中起作用的社会语言变量非常敏感。尽管该项研究没有包括横断面数据，但有关语言水平的影响确实进一步加深了我们对社会语言能力发展的理解。

通过类似的设计，Li（2014）采用了变异学分析来研究**可变主语代词的表达**（variable subject pronoun expression），这在第二语言西班牙语中已经被广泛研究，但在第二语言汉语中没有得到同等的关注。在汉语中，代词主语既可以用显性的代词形式表达，也可以为零（即不表达），如示例 7.17 所示。

示例 7.17 汉语中的零主语和显性主语（Li，2014）

tā méi xué guò hànyǔ,	*Ø yīdiǎnr yěbù hǔi shuō*
He not learn EXP Chinese,	Ø a:little also not can speak

"他从来没学过汉语，一点儿也不会说汉语"

Li（2014）研究中的受试是 23 名在中国学习的中高级和高级学习者。每个受试都完成了一个对话式访谈和一个诱导叙事任务。这些任务每隔十周完成两次。Li 的分析基于 13345 个标记，总体的主语表达率为 59.4%。研究者发现对主语表达影响最大的因素是动词的人称和数，以及交替指示（switch reference）。研究者还发现句子类型、母语、在华居住时间、性别、说话语境、语言水平和特异性对主语表达也有显著影响。这些结果与 Li、Chen 和 Chen（2012）对同一地区母语者的研究结果基本一致。让第二语言研究者感兴趣的发现是，第一语言有助于提高主语表达率，因此英语和俄语母语者使用显性形式的比率高于韩语和日语母语者。同样地，在中国停留的时间越长（超过两年）和语言水平越高，学习者就越喜欢使用零形式。最后，女性比男性更喜欢使用显性形式，而显性形式在对话中比在叙事中更受欢迎。最后两项研究结果表明，学习者对社会和文体变异非常敏感，这一点能够在第二语言使用中得到体现。

本节所包含的研究表明，总体而言，采用变异学方法不会威胁到将第二语言习得视为过程而非产出的观点。事实上，这些研究表明，社会语言能力的发展可

以通过特定形式使用频率的变化、限制该使用的语言和非语言因素的变化来理解， 191
甚至更细微一点，通过这些限制变量类别中使用率分布的变化来理解。此外，本节概述的研究表明，把社会语言学分析方法应用在横断面第二语言研究设计中会有力推动对一系列结构和第二语言展开的新的精彩研究。这些研究呈现的细节让未来的研究者进一步将这些技术应用于新的研究领域。尽管如此，还有许多其他问题需要通过变异学研究来解决。本章接下来将给出基于变异学框架的研究范例，它们解决的是第二语言习得领域的共同问题。

对语音变异的研究

与整个社会语言学领域的研究相比，最近对第二语言中**第二类语音变异**（Type II phonological variation）的研究很少。然而，也有一些研究案例可供借鉴。如前所述，Sax（2003）探究了 /l/ 删除现象（另见第八章中 Regan、Howard 和 Lemée（2009）的研究）。第二语言法语中探究的另一个现象是央元音的删除（例如，demain“明天”[ḍmɛ̃:]），这是欧洲法语中一个被充分研究过的社会语言变量，已被证明受说话者的年龄和风格（例如，Hansen，2000）以及语言因素影响，如，发生可变删除的周围语音环境（Uritescu、Mougeon 和 Handouleh，2002）。Uritescu、Mougeon、Rehner 和 Nadasdi（2004）考察了安大略省的法语沉浸式语境（immersion context）。分析数据来源于对 41 名参加法语沉浸式课程的高中生进行的半直接访谈。他们发现，就总体的出现频率而言，法语沉浸式学生删除央元音的频率没有达到与母语者对照组相近的水平（学习者 21%，母语者 68%）。关于限制学习者和母语者删除央元音的语言因素，研究者发现了一些相似之处。例如，学习者和母语者都倾向于在词中间的一个辅音（例如，maint(e)nant 辅音“现在”）和多个辅音后（例如，exact(e)ment“精确地”）删除央元音，以及在后面跟着非央元音或停顿的单音节词（例如，j(e) sais pas“我不知道”）中删除央元音。然而，研究者在语言因素方面观察到了一些差异。例如，某些高频词汇在母语组中表现了出央元音的删除，但在学习者组中却没有。关于限制央元音删除的非语言因素，Uritescu 及其同事发现性别（女性倾向于删除）、对法国媒体的接触（那些称自己“偶尔”接触的受试），以及之前在说法语的家庭中居住的时长（至少 192
一周或更长）都存在偏好删除央元音的效应。这些发现不同于在母语者对照组中观察到的结果，后者只有在非正式的语言风格（定义为非正式话题）中才喜欢删除央元音。

Schmidt（2011）进行了一项大规模的研究，考察了参加不同水平的大学语言和内容课程的英语学习者对西班牙语中**送气音 /s/**（/s/-aspiration）的感知情况。与法语中央元音的删除一样，西班牙语中的送气音 /s/ 是一个被充分研究过的社会语言学变量，这一变异在西班牙语区的一些方言中，尤其是沿海地区的方言中非常显著（参见 Hualde，2005；Lipski，1994）。这种语音过程（也被称为去口音化（debuccalization））将 [s] 变为 [h]，经常发生在辅音前的音节末尾（例如，*basta*“足够了”[bah.ta]）或短语末尾（如，*dos*“二”[doh]）。一些跨方言的研究证明了性别、社会阶层和年龄会导致送气音 /s/ 出现差异（参见 Lipski（2011）和 Samper Padilla（2011）的概述）。除 Geeslin 和 Gudmestad（2011a）外，还没有研究考察过学习者对使用送气音 /s/ 的习得。然而，Schmidt（2011）的研究考察了对该过程感知的发展（即变体 [h] 与西班牙语 /s/ 的关联），尤其是考虑到学习者在没有接触到西班牙语送气音 /s/ 的情况下，往往不会意识到这一点。她研究中的受试是 215 名大学水平的说英语的西班牙语学习者。所有受试都完成了一项识别任务，在该项任务中，他们必须识别在词中间含有音节末尾 /s/ 变体的临时或虚构词（例如，*baspe* [bah.pe]）。为他们提供的用于识别整个单词的选项包括 /s/、/f/、/l/、/r/、/n/ 和一个 /V/（无节尾）。以 *baspe* 为例，他们将听到 [bah.pe]，然后按照指示点击他们是否听到了 *baspe*、*bafpe*、*balpe*、*barpe*、*banpe*、*banpe* 或 *bape*。通过这种方法，Schmidt 可以确定学习者如何在音位上对 [h] 进行分类，以及随着对西班牙语第二语言的经验和接触的增加，这种分类如何发生变化。Schmidt 发现，随着对第二语言接触的增加，学习者确实在对送气音 /s/ 的感知习得中有所发展。直到中级阶段，学习者才开始将 [h] 归类为 /s/，到了高级阶段，超过一半的学习者表现出的感知模式与发送气音 /s/ 变体的西班牙语母语者（如阿根廷）一致。Schmidt 还将任务中呈现出的识别表现模式与方言接触和国外学习的地点联系起来。具体而言，那些之前接触过送气音 /s/ 变体或在具有送气音 /s/ 地区留学的学习者比没有这些第二语言经验的学习者将 [h] 识别为 /s/ 的情况更多。与形态句法变化一样，到目前为止，学习者似乎也可以习得本质上属于语音层面
193 的社会语言变量。这一领域需要更多的研究，不仅要研究第二语言语音的其他音段和超音段特征，还要研究那些让学习者、母语者或高级使用者听起来或多或少不太正规的语音。

近母语能力的本质

在第二语言习得的各种方法中，一个长期存在的问题是，第二语言学习者是否能够以类似母语的方式使用该语言。对一些人来说，这意味着要学习其固有的语法知识；对另一些人来说，这与现有的第一语言知识对第二语言系统的影响程度有关。无论采用何种方法，这个问题都很重要，因为它有助于我们理解第二语言习得的本质（概述参见 Gass、Behney 和 Plonsky（2013））。鉴于这一问题的重要性，我们有必要在可变结构中解决类似的问题，以评估学习者习得似母语的社会语言能力的程度。以上概述的许多研究都含有一个高语言水平的受试组，以此作为横断面设计的一部分。因此，我们已经了解到了一些例子能够说明学习者与母语者在结构使用方面有何不同，比如西班牙语中的语气对比、现在进行体、将来时间标记和宾语标记；法语中 *on* 的使用、*ne* 的删除和 /l/ 的删除；以及汉语中可变 *de* 的使用和主语表达。除了本章前面概述的研究之外，还有一些研究专门关注高级学习者与母语学习者之间的对比。大量考察这些差异的研究均以说英语的西班牙语学习者为研究对象，并涵盖了各种可变的形态句法结构，比如系词对比（如 Geeslin，2003）、语气使用（Geeslin 和 Gudmestad，2008a），主语表达（如 Abreu，2012；Geeslin 和 Gudmestad，2008b，2011b；Gudmestand 和 Geeslin，2010；Gudmest、House 和 Geesling，2013）、现在时间表达（如 Geeslin 和 Fafulas，2012）和将来时间表达（Gudmestard 和 Geeslan，2011）。在母语和近母语差异研究中，人们研究最为广泛的结构之一是主语表达。Geeslin 和 Gudmestad（2008b）的研究是这类研究的早期案例，他们对 16 名西班牙语的高级非母语学习者和 16 名来自不同方言地区的母语者（均住在同一社区）进行了社会语言访谈，并对这些访谈进行了分析。与汉语一样（参见示例 7.17），西班牙语中的主语形式可能为零或显性形式。显性形式可能包括几种类型的代词（例如，人称代词、疑问代词）或全词汇名词短语。Geeslin 和 Gudmestad 发现，近母语者和母语者最常使用零主语，其次是词汇名词短语，然后是显性主语代词。尽管如此，事实上，从统计学的角度来看，这两组的使用率是不同的，对独立语 194
言因素的考察显示出了这些差异的细节。具体而言，近母语的学习者在所有语境中都比母语者使用的零主语多；第一人称单数和第三人称复数除外，在这两种情况下，母语者使用的零主语更多。此外，在非特定语境中（即，无法命名指代物的语境），母语者比近母语者使用更多的主语代词，这构成了研究中两个小组之间的另一个细微差异。分析母语者和高级第二语言学习者之间的细微差异有助于我们理解社会语言能力所需的具体能力，以及非母语者在多大程度上能够实现这一目标。

个体差异

第二语言习得研究者也见证了人们对个体在语言学习过程中的作用越来越感兴趣。我们已经提到了，习得阶段的普遍性在近来的研究中受到了质疑（例如，Tarone 和 Liu，1995），并且越来越多的证据表明，语言学习受到了许多个人因素的影响，从性格到诸如工作记忆等固有能力（参见 Miyake 和 Friedman，1998；Robinson，2003）。在很多例子中，社会语言研究不仅可以与第二语言分析兼容，还可以为其提供模型，但在个体差异这一点上，第二语言变异研究必须打破这一传统。这是因为研究者已经展示并非常有效地论证出，从总体层面来分析结果的方式是正确的，因为个体展现了群体模式（Guy，1980）。事实上，第二语言学习者也证明了这一点（Bayley 和 Langman，2004），但最近的研究对此提出了质疑。Geeslin 和 Gudmestad（2012）在一项关于将来形式使用的研究中发现，在形式选择的频率和对该选择的某些限制的影响上，学习者之间存在差异。此外，说话者往往在一个指标上存在差异，而在另一个指标上却没有，这表明可变性程度甚至更高。同样地，Geeslin、Linford、Fafulas、Long 和 Díaz-Campos（2013）在研究主语表达的句子层面限制时，他们发现了个体可变性。然而，与 Geeslin 和 Gudmestad 的研究相反，他们发现，随着语言水平的提高，个体与群体标准的差异程度在降低。作者认为，这可能与可变结构的社会语言地位有关（即，稳定变异与过程中的变化和 / 或给定变体的声望等级），也与群体中的个体差异有关。显然，该研究还处于起步阶段，但它代表了一种振奋人心的新方法，能够用于研究第二语言语境中的个体差异。此外，采用社会语言学的观点可能会引入与社会语言学地位相关的新变量，从而推动这些领域的发展。

195

多语言目标

几十年来，我们判定母语者的标准与第二语言习得语境现实这两者之间存在一种对立关系。例如，当我们思考一名母语者应该是什么样时，这一答案可能是使用单语的、受过高等教育的成年人，但世界上大部分人在一天内使用多种语言来实现各种功能。因此，Vivian Cook（1992）这样的研究者认为，第二语言学习者的目标应该是具备**多语能力**（multi-competence），因为掌握两种语言并不意味着同时是这两种语言的单语者。这一观点逐渐成熟，并被称为第二语言习得中的“双语转向”；其支持者主张，在合理情况下将双语者作为对照组，并与其他学习者相比较进行更细致的评估（Ortega，2011，2013）。换句话说，研究者必须问这样一个问题：对我的学习者群体来说，成为双语者是一个合理的目标吗？由于综合了社会因素、个体因素和地理因素（所有这些因素都与语言使用模式的差异有关），变异学方法很有可能带领第二语言习得研究朝着将双语作为语言学习者的规范（和目标）这一方向发展。为此，我们看到本章概述的许多研究为这一趋势提供了范例。例如，Sax（2003）研究中的母语者也是她研究的语言项目中的教师，Killam（2011）、Gudmestad（2012）和 Geeslin（2003）研究中的母语者对照组都是居住在研究地区（而不是遥远母语国）的双语者。通过囊括来自墨西哥和西班牙的西班牙语单语母语者和英语单语母语者，Fafulas（2013）提出了另一种解决该问题的方法。这样一来，他就能够评估他的学习者在多大程度上表现出与上述每一组群体相似的倾向，并且无需任意指定一种西班牙语的变体作为学习者的目标。这些研究都表明了双语转向在第二语言习得研究中的重要性。

结合新的理论观点：词汇效应和频率

我们在第四章和第五章概述了建模语言知识和语言发展的几种不同方法。在某种意义上，这些模型说明了社会因素和认知两者的不同关注点。尽管如此，本书之所以囊括了这些模型，是因为它们在某种程度上都说明了社会对语言的影响。因此，随着人们对社会因素在语言习得中的作用越来越感兴趣，变异学方法若希望有效应对这一现象，就必须结合上述诸多方法的观点，并根据新的研究发现进 196
行调整。因此，我们发现，变异学的研究使用的统计建模实际上能够很好地结合新发现的社会和语言结构的影响。此外，这些因素之间的统计关系可以通过多种方式进行建模，甚至可以纳入到第五章提到的几种理论中。为了说明这一点，我们举了两个例子，一个来自第二语言研究，另一个来自基于用法的方式。在第二语言习得研究中，人们对词汇和词汇习得在整个第二语言学习过程中的作用越来越感兴趣（参见 Castañeda-Jiménez 和 Jarvis，2013）。例如，研究表明，词汇量与第二语言使用的其他几个属性相关。同样地，有人认为第二语言习得与学习单个词汇的属性密切相关。换言之，与其将第二语言学习视为将词汇插入习得结构的能力发展，了解学习者如何习得这些词汇的属性对我们更加有益。这可以用西班牙语中系动词对比的研究来进行说明。该研究之前将形容词视为一个统一体，并关注两个系动词的属性，即 *ser* 和 *estar*（均意为“是；成为”）。然而，最近的变异学研究探索了形容词允许使用模式发生变异的程度，表明了母语和近母语使用之间的一个关键区别在于：相比于非母语者，母语者允许发生变异的形容词更多（Geeslin，2013）。换句话说，学习者似乎允许发生变异，并会对相同的语言限制做出反应，只是他们允许发生变异的词汇语境范围更加有限。这个例子说明了如何将第二语言习得研究中新的观点整合到变异学分析中，从而提升对这两个领域的认识。

这种类型的第二个例子源于人们对采用基于用法的方式来研究语言使用和语言学习越来越感兴趣（例如，Bybee，2002）。社会语言学领域的最新研究表明，**词频**（lexical frequency）影响了几种语言限制对西班牙语主语表达的作用（Erker 和 Guy，2012）。与此同时，关于测量频率的最佳方式（例如，基于语料库进行测量、基于说话者进行测量、外部测量），以及“频率”应该被认为是众多解释性因素之一还是指导语言习得和使用的单一准则，大家展开了有趣的讨论。为了参与到这些讨论中，变异学方法必须给出解决这些问题的必要工具。事实上，变异学方法十分高效地做到了这一点，并且人们目前正在开展这类研究（例如，Linford、Long、Solon、Whatley 和 Geeslin，2014）。例如，人们可以用几种不同的方法来测量频率，并通过比较统计模型来确定哪一种方式能最大程度地解释变异。此外，
197 我们可以便捷地在统计分析中加入词频测量以及其他语言和非语言限制，从而使现有模型具备更强大的预测和解释能力。重点是，随着该领域的发展和人们对新因素的考察，变异学方法能够结合这些观点并参与到跨学科研究中。

总 结

我们在本章呈现了第二语言习得的变异学方法，这种方法用于解释中介语固有的系统变异性，并为解释各种二语和语法结构提供了相关的二语发展实证研究。该方法通过使用频率的变化和使用限制来确定发展路径，让我们更好地理解了社会语言能力是如何习得的。这是通过采用社会语言学研究的最新观点以及在诱导任务和统计建模方面的创新来实现的。它提出了一种方法用以评估第二语言学习者习得似母语使用模式的程度，以及评估个体差异影响第二语言习得的方式。同样地，它也解决了最近第二语言习得研究中的关键问题，如确定恰当的比较目标、明确词汇构建在语言学习中的作用，以及明确语言学理论的新发展，如词频在语言习得和使用中的作用。此外，该方法与解释语言学习时纳入社会因素这一做法相契合，也与为实现这一目标而提出的一些认知模型相兼容。从这种意义上来说，我们看到，变异学方法不仅与当前的第二语言习得理论相兼容，而且也回应了第

二语言习得研究者主要关注的问题。然而，尽管具备这样的前景，仍有许多未知有待探索。例如，研究者将深入研究不同学习环境，不同学习者的差异，以及语法结构和限制其使用的语言因素上的不同是如何对该差异进行调和的。

课外阅读推荐

a. Adamson, H. D., & Regan, V. (1991). The acquisition of community speech norms by Asian immigrants learning English as a second language. *Studies in Second Language Acquisition 13*(1), 1-22.

b. Baker, W, & Smith, L.C. (2010). The impact of L2 dialect on learning French vowels: Native English speakers learning Quebecois and European French. *The Canadian Modern Language Review, 66*(5), 711-738.

c. Cook, V. (1992). Evidence for multicompetence. *Language Learning, 42*(4), 198
557-591.

d. Geeslin, K. L., & Gudmestad, A. (2010). An exploration of the range and frequency of occurrence of forms in potentially variable structures in second-language Spanish. *Studies in Second Language Acquisition, 32*(3), 433-463.

e. Hansen Edwards, J. G. (2011). Deletion of /t, d/ and the acquisition of linguistic variation by second language learners of English. *Language Learning, 61*(4), 1256-1301.

f. Li, X. (2010). Sociolinguistic variation in the speech of learners of Chinese as a second language. *Language Learning, 60*(2), 366-408.

理解与运用

A. 理解

1. 是什么推动了第二语言变异研究的出现？

2. 为什么研究第二语言变异的社会语言学方法特别具有影响力？

3. 什么是第一类（或垂直）变异？什么是第二类（或水平）变异？关于社会语言能力，第二类变异告诉了我们什么？

4. 在 Adamson 和 Regan（1991）的研究中，语言水平和 [ɪn] 的产生之间有什么关系？说话者的性别有什么作用？

5. 在对 *ne* 删除、*nous/on* 的交替使用和 /l/ 删除的研究中，Sax（2003）在学习者和法语母语者使用的变体及其使用频率方面发现了什么？对于这些文体标记的出现，Sax 提出了什么顺序？

6. 在 Geeslin（2000）对西班牙语系动词 *ser* 和 *estar* 的研究中，可以发现哪些证据表明语言预测因子随学习者的语言水平而变化？

7. 在对西班牙语和汉语的变异学研究中，还研究了哪些其他结构？这些研究有什么共同点？它们有何不同？

8. 举出第二语言语音系统中第二类变异的一个研究案例，并描述该研究。

9. 什么是近母语能力？有什么证据表明第二语言学习者有可能达到接近母语的社会语言能力？

10. 为什么在变异学研究中有必要考虑对照组？这一小组在不同的研究中有什么不同？

199 **B. 运用**

1. 本章呈现了对达到近母语水平的实证研究。想想你自己的语言学习，你的第二语言是否存在特殊的结构或方面让你觉得特别具有挑战性？是否存在这样的语言环境，即你不确定应该使用哪一种形式，或者如何生成该形式？想想你如何才能获得输入以克服这些细节问题。

2. 现在，把你的注意力转向其他人，而非你自己的语言学习。回想你认识的人或者名人，他们是一种语言的非母语者。他们的第二语言的哪些特殊结构或方面似乎特别具有挑战性？是否存在这一特点表现得特别明显的语言语境？

3. 你在本章已经阅读了水平（即，似本土）和垂直（即，发展）变异。回想一下英语（或其他语言）中你可以证明其水平变化的一个结构。其中存在哪些变体？你在哪种 / 些情况下使用了一种变体？在哪种 / 些情况下，你使用了其他的？

4. 想想一个英语（或另一种第二语言）结构的原始示例，学习者在这里可能会呈现出垂直变异。其中存在哪些变体？在哪种 / 些情况下，学习者可能使用了一种变体？在哪种 / 些情况下，他或她可能会使用其他变体？

5. 想象一下两位学习者，Mary 和 Karen，他们在西班牙语中遇到了以下句子：*El muchacho está muy alto ahora*（“这个男孩现在很高了”）。Mary 解释说，使用动词 *estar* 是因为“有人说男孩高，这一事实是可以改变的，所以用 *estar*”。Karen 解释说，使用 *estar* 是因为“有些人说男孩高，我们可以将男孩与他过去的样子进行比较，所以用 *estar*”。这两种回答都表明了 *estar* 使用的预测因子，在这两位学习者中，哪一位对系动词对比掌握得更好？为什么？

注释

1. 人们发现，各类英语变体对 *-t/d* 删除的语言限制是不同的。例如，后面跟随的停顿被证明在纽约市允许出现删除，而在费城却不允许（参见 Guy，1980）。

200 # 第八章　出国留学在社会语言能力习得中的作用

语言学家和非语言学家通常认为，为了获得交际能力（communicative competence），第二语言学习者必须花大量时间沉浸在真实语境中，充分接触和使用第二语言。鉴于此，**出国留学**（study abroad）环境受到了诸多关注。然而，该术语的使用范围涵盖了各类相关但往往截然不同的语言学习环境。表 8.1 列举了可归入“出国留学”这一范畴的多种学习环境。表中任何一个定义都不是绝对的，相反，它们是不同程度的“出国留学”经历的例子。

通过表 8.1，我们可以认识到了解出国留学经历特征的重要性。如果不懂其特点，很可能会导致相冲突的研究结果。我们还注意到，“出国留学”或“出国一年”这两个术语对于美国人和欧洲人来说往往是很有意义的，而在世界其他地方，这些经历可能被称为“交换”（例如，韩国学生在澳大利亚学习；相关讨论请参阅 Freed，1995）。在本章中，我们采用“出国留学”这一术语。它指的是学生为了在课堂上学习语言和（或）内容而前往另一个国家的所有经历。需要明确的是，这并不是构成出国留学的唯一一种经历。我们发现，在交际能力习得的研究中，这类经历的研究是最广泛的。

201 **表 8.1　出国留学语境例子**

例子	描述
Freed（1995） Segalowitz 和 Freed（2004） Lafford 和 Collentine（2006） Díaz-Campos 和 Lazar（2003） Berg、Connor-Linton 和 Paige（2009）	传统意义上的出国：学习者离开母国，生活在以第二语言为主要语言的国家；停留时间从最少三周到几个学期或学年不等；参与者通常是典型的课堂学习者，构成一个同类的社会群体。

（续表）

例子	描述
韩国暑期学习项目 *	强化语言学校：在学习者母国以外的国家开展，通常是在以第二语言为主要语言的国家；语言培训时长持续两周到几个月不等；参与者是课堂学习者，在群体同质性（homogeneity）/异质性（heterogeneity）方面有所不同
Guntermann（1995） Hansen（2012）	基于工作和（或）服务而出国（例如，和平队）：学习者接受指定地区的语言培训；停留时长为一到两年；参与者通常不是课堂学习者，个体和社会特征具有显著差异
Mougeon、Nadasdi 和 Rehner（2010）	强化沉浸式学校：在学习者本国内开展；教学媒介为第二语言

* 一些韩国院校有这些项目。在此提供两个网站链接：http://home.sogang.ac.kr/sites/esummer/Pages/default.aspx（Sogang University）；http://summer.hufs.ac.kr（Hankuk University of Foreign Studies）

探究出国留学的影响：历史背景

有关出国留学影响的研究历史悠久，可被追溯到 Carroll（1976）。这些研究主要关注的是**总体能力**（global abilities），如能力水平和流利度的评价。例如，一些研究利用美国外语教学学会（ACTFL）口语测试对赴他国学习的留学生进行研究（Foltz，1991；Magnan，1986；Milleret，1991；O'Connor，1988； 202
Veguez，1984）。毫无疑问，出国留学仍旧是一个热门研究话题，产生了大量的文章、博士论文和著作（例如，Collentine，2009；Lafford 和 Uscinski，2013）。随着时间的推移，研究重点从语言熟练度转向更具体的语言能力（如音位（phonology）、形态句法（morphosyntax）、语用（pragmatics））。例如，Segalowitz 和 Freed（2004）的研究表明，与在国内学习的人相比，在国外的第二语言学习者在流利度方面取得了更大的进步，但 Díaz-Campos（2004）发现，国内外学习者在发音方面的进步是相同的。Collentine（2004）则发现，国内学习者比国外学习者在语法方面的表现更好。这类研究的首要问题是出国留学是否对语言学习有绝对好处。直到今天，这个问题仍有待商榷。然而，如果对比国内外学习者的表现，可发现国外学习者的确有一定的优势。

我们也发现了关于第二语言变量结构的一些很好的研究，虽然数量较少。

这可以作为未来研究的有力出发点（例如，Regan、Howard 和 Lemée，2009）。本章的重点就是对此类研究的回顾，即在出国留学这一背景下社会语言能力（sociolinguistic competence）习得的相关研究。虽然这些研究可以根据学习者的出国留学经历类型来简单分类，但本章的讨论会围绕这些研究所针对的不同语法特征来开展。在很多研究中，我们会发现研究者的重点是记录社会语言能力的发展，而不是对比国内外群体。从这个意义上来说，我们的首要研究问题已经改变，即从研究出国留学的学习成效是否优于在国内学习，转变为学习者是否可以习得社会语言能力。如果是这样，那么随着时间的推移，学习者的语法又是如何发展的。

出国留学环境中社会语言能力的发展

出国留学背景下的社会语言能力发展研究主要集中在形态句法（morphosyntax）上，且大多集中在法语和西班牙语学习者上，他们的母语通常是英语。尽管存在局限性，但在本章中，我们会发现一系列广泛的变量结构已被研究。总的来说，研究结果证实了一种主张，即学习者倾向于使用与母语者一样的规范语言，而且即使在相同的学习环境中，也存在显著的个体差异（individual
203 variation）。本综述是按照语法领域来组织的。在讨论第二语言学习者习得每种结构的研究之前，我们简要总结了该变量结构在母语者语言中的运行方式。在本章的结尾，我们讨论了在出国留学这一背景下，影响习得和发展的其他因素。

形态句法

在关于出国留学的文献中，第一个受到重视的变量结构是法语中的 *ne* 省略（详见第七章）。Vera Regan（1995，1996，2004）探究了第二语言学习者在法国学习一年后，他们的语言出现频率和使用模式是否会受到影响。她对七名来自爱尔兰的英语母语者进行了为期三年的跟踪研究，他们在本国和国外的机构学习法语。研究结果是基于对社会语言学访谈的定量分析，访谈是在三个不同的时间点对每个学习者进行采访，即前往法国进行为期一年的学习之前（时间点 1）、刚回国时（时间点 2）以及回国后一年（时间点 3）。Regan（1996）发现从时间点 1 到时间点 2，学习者 *ne* 省略的比率发生了显著变化。在时间点 1，他们不太可能省略 *ne*（0.27），而在时间点 2，省略 *ne* 的概率更高（0.72）。Regan 还发现，在时间点 1 和时间点 2 学习者会像 Ashby（1981）描述的母语者一样，在闲

谈中省略的 *ne* 比在正式言语中的多。有趣的是，研究结果表明，在两个时间点相比，闲谈中 *ne* 省略的可能性相差不大（时间点 1 为 0.61，时间点 2 为 0.59），而正式言语中 *ne* 省略的可能性显著增加（时间点 1 为 0.37，时间点 2 为 0.44）。因此，Regan 提出，学习者确实习得了与 *ne* 省略相关的文体差异，但他们也把 *ne* 省略过度扩展到其他语境中。在这些语境中，母语者不一定会使用 *ne* 省略（如正式或者受监控的言语）。Regan 还发现，和母语者一样，学习者会省略主句（main clauss）、词汇化短语（lexicalized phrases）和宾语附加代词（object clitic pronoun）中的 *ne*。在国外学习一年后，后两个变量对 *ne* 省略的影响强度会增加（即从时间点 1 到时间点 2，概率权重增加）。最后，Regan 发现学习者在时间点 3（回国后一年）和时间点 2（刚回国时）的 *ne* 省略比率大致相同。总的来说，Regan 的研究支持了一种观点，即出国留学环境对高水平及非母语言语的习得和使用具有重要影响。如果我们将学习者在家庭课堂或沉浸式环境下对 *ne* 省略的使用进行对比，这一发现会得到更广泛的实证支撑（例如，Dewaele，1992，2004；Dewaele 和 Regan，2002；Rehner 和 Mougeon，1999；Thomas，2004）。一般来说，学习者省略的 *ne* 比法语母语者少得多。

出国留学相关研究中，*nous* 和 *on* 之间的替换（详见第七章）也受到了关 204
注（Dewaele，2002；Lemée，2003；Regan、Howard 和 Lemée，2009；Sax，2003）。这一系列的研究通常将出国留学视为一种语言外（extralinguistic）变量，而不是比较分析出国留学前后的学习者。Dewaele（2002）和 Sax（2003）的研究发现有留学经历或者在互动中广泛接触法语的学习者更喜欢在口语产出中使用 on。Dewaele（2002）的研究还考察了高水平荷兰语学习者在书面产出中的这一替换，结果表明学习者书面产出中 *on* 的使用频率与口语产出的频率几乎相同（参阅第七章）。Sax（2003）的研究表明随着学习者学业阶段的升高，他们的母语文体风格差异越来越大。在相关研究中，Regan、Howard 和 Lemée（2009）的研究表明，经过一年出国学习后，20 名爱尔兰学习者的语言模式与母语者相似。具体来说，男性学习者和中产阶级学习者偏向使用 *on*，女性学习者更喜欢使用 *nous*，且 *on* 在非正式言语中使用得更多。他们的研究还表明，学过爱尔兰语的学习者倾向于使用 *on*（0.989），而以德语作为第三语言的学习者会显著的不喜欢使用 *on*（0.204）。基于 48 名爱尔兰语学习者的语料库，研究发现出国留学停留时间和 *on* 的使用呈正相关（Lemée，2003）。在所研究的语言变量（linguistic variable）中，特异性（spedificity）和限制性（restriction）似乎在限定学习者的

语言替换上起作用，即对非特定和非限制的指称物（referents）（0.964）倾向使用 *on*，而对特定和限制的指称物（0.076）则不倾向使用 *on*。因此，将这一点与 *ne* 省略的研究结合，我们可以发现对于爱尔兰的法语学习者来说，出国留学环境可以促进这两个社会语言学变量的发展。

Regan、Howard 和 Lemée（2009）研究的另一个变量结构是**将来时表达式**（future time expression）。法语中的将来时表达式如例 8.1 所示，是通过一般现在时（simple present）（8.1a）、形态或屈折未来时（8.1b）或者迂回将来时（8.1c）来实现的。

示例 8.1　法语的将来时表达式

a. *Demain on* ***nage*** *à la piscine.*

‘Tomorrow we’re swimming (lit. we swim) at the pool’

b. *Demain on* ***nagera*** *à la piscine.*

‘Tomorrow we will swim at the pool’

c. *Demain on* **va nager** *à la piscine.*

‘Tomorrow we are going to swim at the pool’

205 多种法语类型都记录了将来时的表达方式差异。和形态将来时相比，加拿大法语多使用迂回将来时形式（Blondeau，2006；Poplack 和 Turpin，1999）。虽然有人认为形态将来时形式在书面法语中更受青睐（Wales，2002），但这并不表示在都市法语口语中，某种语言变体更受偏爱。有几个因素被证实在将来时表达中起作用。Poplack 和 Turpin（1999）的渥太华 – 赫尔研究数据和 Blondeau（2006）的研究中，来自蒙特雷的受试者中年轻的学习者使用形态将来时的概率较低，这使得研究者认为形态将来时的使用频率正在下降。Poplack 和 Turpin（1999）还发现学习者会同时使用一般现在时和时间状语来表达将来时（例如，明天、明年等等）。除此之外，Blondeau（2006）的研究表明，学习者在负极性话语中更多使用形态将来时。

Lemée（2002，2003）探究了爱尔兰法语学习者的将来时表达式习得情况。学习者在法国学习了一年，访谈数据表明，这些学习者对若干规则很敏感，即在正式风格、非特定状语和负极性的情况下，他们多使用形态将来时。在时间距离方面（即事件还有多久发生），对远端事件偏向使用一般现在时，而对近端和时间不明确的事件都倾向使用迂回将来时形式。

Kanwit 和 Solon（2013）以母语为英语的西班牙语学习者为研究对象，比较了两种不同的出国留学环境对将来时表达式变量习得的影响。受试者是高中生，他们在西班牙的瓦伦西亚或者墨西哥的梅里达参与了一项为期七周的沉浸式研究项目。为了创设时间距离、时间状语的存在（例如，*mañana*“明天”，*el año que viene*“明年”）和小句类型（即谓语动词是出现在主句还是从句中），研究者设计了书面情景问卷由受试者完成。由于该研究还需比较出国留学不同地点之间的差异，Kanwit 和 Solon 还使用了相同的调查工具从这两个地区的母语者中收集数据（参阅示例 8.2，其中时间距离为一周内，有时间状语，且谓语动词出现在主句中）。

示例 8.2 Kanwit 和 Solon（2013：210）研究中的例子

Tu amigo Marcos te ve en el supermercado. Está haciendo preparativos para tener un evento en su casa. Él te dice:

你的朋友 Marcos 在超市见到你。他正在为一个活动做准备。他对你说：

a. *Voy a dar una fiesta mañana.* ‘I am going to throw a party tomorrow’

b. *Daré una fiesta mañana.* ‘I will throw a party tomorrow’

c. *Doy una fiesta mañana.* ‘I throw a party tomorrow’

Kanwit 和 Solon（2013）发现，实验进行七周后，学习者选择将来时表达式的比率和他们各自所在地区的母语群体相当。比如说，与在梅里达的学习者相比，在瓦伦西亚学习的学习者会倾向于像瓦伦西亚母语者一样，更多选择形态将来时。学习者在表达将来形式时，也受到当地语言约束和影响。梅里达母语者的将来形 206
式选择只受到从句类型的制约，而在此地的学习者对当地的语言规范呈现出更高的敏感性。具体体现在，在时间点 1 时，时间状语和小句类型都是重要的预测因素（其中，小句类型的影响模式与母语者相反）。到时间点 2，学习者舍弃了预测模型中的小句类型和状语。而瓦伦西亚的学习者们则和当地母语者一样，选择了相同的预测因素（即时间距离和小句类型）。到时间点 2 时，他们更加向母语者的表达方式靠拢。

Geeslin、García-Amaya、Hasler、Henriksen 和 Killam（2012）开展了一项相关研究，调查了英语母语者对于西班牙语**过去完成式**（past perfective time）的习得与使用情况。如示例 8.3 所示，在西班牙语中，一个已完成的动作可以用动词的过去式或者现在完成式（present perfect）来表示。

示例 8.3 西班牙语中的过去式和现在完成式

a. *bailé* ‘(I) danced’ preterit

b. *he bailado* ‘(I) have danced’ present perfect

伊比利亚半岛西班牙语认为现在完成式是和一般过去式相关的语境，如现在的或今天的语境（Burgo，2012；Howe，2006，2013；Howe 和 Schwenter，2003；Kempas，2006；Schwenter，1994a，1994b；Serrano，1994）。为了探究这种地理差异影响下的语言习得，Geeslin、García-Amaya、Hasler、Henriksen 和 Killam（2012）以 33 名高中西班牙语学习者为研究对象，开展了一个为期七周
207 的强化出国学习项目。这些学生和寄宿家庭住在一起，学习与西班牙语和文化相关的课程，并被要求只能使用西班牙语交流。在相似的研究中，Kanwit 和 Solon（2013）从 24 名母语者中收集合适的数据用于地区对比。研究者使用了一个书面情景任务，其中包含了一些已知的语言学因素（linguistic factors），它们会限制伊比利亚半岛西班牙语的过去式这一变量的表达方式。这些因素包括事件发生的时间（即一小时前、今天、一周前以及一年前或更久）、有界性（即谓词是否有特定的结点）、先行性（即谓词是否能表示“明确的结果”）和语境中背景信息的存在与否。学生被要求完成三次任务，用于对比的母语者组则只需完成一次。

Geeslin、García-Amaya、Hasler、Henriksen 和 Killam（2012）研究发现，比起现在完成式，母语者和学习者都更倾向于选择过去式。此外，不论时长多久，学习者选择现在完成式的比率比母语者的更高。这一惊人发现意味着，尽管学习者接触的语言种类与相对较高的现在完成式使用率相关，但随着时间的推移，他们选择使用现在完成式的比率会降低。学者们也分析了影响学习者出国留学期间语言使用的因素。其中一个重要变化是事件发生的时间限制了形式的选择。事件发生的时间不仅是形式选择的重要预测因素，且在事件发生当天或一小时前，学习者们使用现在完成式的比率最高。表 8.2 总结了三次测试中语言限制因素的分析结果。

表 8.2 在西班牙莱昂的学习者在各个阶段使用现在完成式的限制因素（Geeslin 等，2012）

	学习者	母语者
时间点 1	谓词不完整 额外的语言学习经历	

（续表）

	学习者	母语者
时间点 2	谓词不完整 缺失背景信息 额外的语言学习经历 水平测试的进步	
时间点 3	之前额外的语言学习经历 水平测试的进步 水平测试得分更高 留学经历 采取行动的时间（发生在同一天）	采取行动的时间（发生在同一天）

为探究出国留学地点对习得的影响，Kanwit、Fafulas 和 Geeslin（2011）研究了西班牙语现在完成式、系动词对比（copula contrast）和现在进行式（present progressive）的使用。在第七章中，我们讨论了非出国留学背景下西班牙语学习者的相关研究，重点关注了系动词对比这一变量结构的使用（例如，Geeslin，2000，2003）以及一般现在式和 *estar + V-ndo* 现在进行式的替换（例如，Fafulas，2010，2013；Geeslin 和 Fafulas，2012）。关于这三个变量结构的现有研究都是在国内环境中开展的，所以 Kanwit、Fafulas 和 Geeslin（2011）试图探究如果学习者只进行相对短暂的出国留学，他们是否还能习得母语者的语言使用模式，以及这种语言模式的发展轨迹是否会因为他们接触的西班牙语的种类不同而有所不同。和 Geeslin、García-Amaya、Hasler、Henriksen 和 Killam（2012）的研究一样，Kanwit、Fafulas 和 Geeslin（2011）研究中的 46 名受试是母语为英语的高中西班牙语学习者，他们在西班牙的瓦伦西亚或者墨西哥的圣路易斯波托西州参加了一个为期七周的强化出国留学项目。为了进行对比，受试还包括来自 208
这两个地区的母语者基准组。七周中，研究者在实验开始时（时间点 1）和结束后（时间点 2）使用同一份书面情景问卷施测，发现每个变量结构的结果不同。对过去式和现在完成式的选择比率进行分析，结果显示在墨西哥的学习者偏离了母语者的语言规范（在时间点 2 时，受试者表现出比时间点 1 更高的选择现在完成式的比率，且两者都高于母语者的标准）。而在西班牙的学习者则更接近母语者的语言水平，他们在时间点 2 更多使用现在完成式（和母语者的使用比率相似）。然而，在使用预测因素方面，两组学习者都朝着目标语的语言规范发展。例如，在西班牙的母语者很喜欢在“今天”的语境中使用现在完成式，而在墨西哥的母语者则并非如此。这使得在墨西哥的学习者不重视这种语言使用方式，而在西班

牙的学习者会更关注这一用法。第二个分析关注的是系动词对比，结果显示，就使用频率而言，两组学习者都偏离了各自的母语目标群体。此外，在时间点 1，
209 预测两组母语者选择 *estar* 的因素（两个地区的因素相同）在很大程度上都适用于各组学习者。最后，关于一般现在式和现在进行式的使用，Kanwit、Fafulas 和 Geeslin 的研究发现，就使用频率而言，在墨西哥的学习者偏离了目标语言使用规范，而在西班牙的学习者则没有展现出太大变化，他们保持着高于母语者使用规范的比率。两组学习者的选择预测因素展现出相似的模式，每组都和他们各自对应地区的母语者使用规范不同。具体来说，和母语者的语言模式不同，每个留学地点的学习者都更倾向选择表示状态的现在进行式，而不是频率副词（例如，*cada día*“每天”）。本研究证实了所有的变量结构被习得的比率都不尽相同，然而，我们也可以看到习得与母语者一样的语言使用规范是可能的，且会根据学习者出国留学地点而有所不同。

关于出国留学背景下的西班牙语习得，研究者在形态句法领域关注的最后一个变量结构是一个社会语言学现象，即**与格替代宾格**（*leísmo*）。它指的是西班牙语中用间接宾语代词 *le* 替代 *lo* 或 *la* 来表示直接宾语的现象。英语则不这样区分直接和间接宾语。根据所指对象的不同，这三种形式可以被翻译成“它”“他”或“她”。西班牙语中这些形式的用法如示例 8.4 所示。需要说明的是，在一些地区，不同宾语代词形式的使用并不都以相同的方式变化。例如，**宾格替代与格**（*laísmo*）指的是标记间接宾语的性别的现象（即使用 *la* 替代 *le* 来表示有生命的、女性间接宾语）。西班牙中部地区的几种语言变体已被证实有与格替代宾格现象，且会受到直接宾语的性别、数量等语言因素以及社会阶层等超语言因素（extralinguistic factors）的约束（Klein-Andreu，2000）。

示例 8.4 西班牙语中的宾语代词

a. *No* ***le*** *vi ayer*. ‘I didn’t see her/him yesterday’ (leísmo) 我昨天没有见到她 / 他。（与格替代宾格）

b. *No* ***la/lo*** *vi ayer*. ‘I didn’t see her/him yesterday’ 我昨天没有见到她 / 他。

Geeslin、García-Amaya、Hasler、Henriksen 和 Killam（2012）探究了如果学习者在受到与格替代宾格现象影响的西班牙语地区留学，他们选择直接宾语形式的比率和模式是否会受到影响。该研究使用了书面情景任务，受试者是 22 名以英语为母语的学习者和 24 名在西班牙莱昂的母语者。每名受试在三个不同时期

完成了同个任务的不同版本，即留学的第一周（时间点 1）、实验第四周（时间点 2）和实验第七周（时间点 3）。母语者对比组只完成了一次任务。书面情景 210
任务包括的语言因素有指称物数量（单数或复数）、同指性（指称物是否有一个同指物 a + NP）、指称物性别、有界性和主语的生命性。数据分析表明，从时间点 1 到时间点 3，出国留学的学习者选择 *le(s)* 的比率呈 U 形变化趋势，即 58.6% > 41.4% > 46.6%。只有在时间点 1 时，学习者才表现出接近母语者的选择 *le(s)* 的比率（母语者选择 *le(s)* 的比率为 54.4%）。Geeslin 和她的同事表示，在学习者的选择预测因素方面，到时间点 3 时，他们选择 *le(s)* 的预测模型才和母语者相似。具体来说，在这一时间点，学习者的预测模型包含了有界性和主语生命性两个因素，而这两个因素也出现在了母语者的模型中。因此，学习者似乎正朝着和母语者一样的选择比率发展。但这一选择模式和第一次测试的不同，它还受到了语言因素的限制。

Salgado-Robles（2012）也研究了这一变量结构的发展，受试者为 49 名西班牙语学习者。该研究的独特之处在于作者对比了两个不同留学地点学习者的与格替代宾格现象的发展。部分学习者的地点位于使用 *le* 的频率更高的巴利亚多利德，而其他学习者位于使用频率更低的塞维利亚。研究发现，两组学习者都适应了各自所在地区的 *le* 使用规范。社会语言学访谈和书面任务的分析结果表明，他们或者提高了使用 *le* 的频率（在巴利亚多利德的学习者），或者降低了 *le* 的使用频率（在塞维利亚的学习者）。在相关研究中，Salgado-Robles 和 Ibarra（2012）特别关注了在巴利亚多利德的西班牙语学习者习得与格替代宾格的情况，学习时长为五个月。该研究通过社会语言学访谈收集数据，分别在出国留学期间和回国之后各开展一次。研究发现，在规定了直接宾语附着代词（即 *lo(s), la(s)*）的语境中，学习者会朝着母语者的使用规范发展，增加 *le(s)* 的使用频率。*le(s)* 的选择预测因素也是如此。在第二次访谈时，母语者预测模型中除了一个因素之外的所有因素都在学习者的模型中有所体现。将这一发现和出国留学背景联系起来，我们发现学习者在出国留学期间的确对当地的语言规范呈现出敏感性，且随着时间的推移，他们能够将这些规范融入到自身的语法学习中去。

语用学

在第二章中，我们认为语用学是语法的一个领域，它可以根据说话者的特征
而变化，这些特征包括性别、年龄、社会阶层和地理来源。语用学通常关注的是 211

言语行为（speech acts），或者根据交际功能分类的话语，如请求或道歉，但也包括礼貌语和称呼形式方面的研究。实际上，以下关于出国留学语境中的语用习得涵盖了这一系列话题，包括礼貌语、请求、道歉和称呼形式的使用。

我们将从以下研究展开讨论，第一类研究通常关注以日语为第二语言的学习者，探讨出国留学对礼貌语使用的影响。关于礼貌语，日语及其类似语言具有独特的语言学特征，即用词汇和动词形态来表示不同的言语礼貌和正式程度。日语母语者会根据说话环境而改变礼貌用语和正式用语的形态和词汇。例如，他们对话时，会考虑年龄、社会阶层和社会语境（如，是朋友间的聚会等非正式语境，还是商务和学术会议等正式语境）。使用动词形态和词汇来表达礼貌和正式用语，被称为**敬语**（honorifics）的使用。尽管已有实证研究证明即使学习者的母语是以不同方式表达礼貌的，他们也可以做到像日语母语者一样使用礼貌语（例如，Hashimoto，1993）。但众所周知的是，对于学习者来说，学习敬语的使用是很困难的（例如，Marriott，1995）。

早期探究日语礼貌语习得的研究以在日本生活和学习的澳大利亚交换生为对象（Hashimoto，1993；Marriott，1993，1994）。例如，Marriott 在出国学习前后分别对中等日语水平学习者进行了一次口语能力访谈，根据话语类型（例如，对话、图片描述、角色扮演）分析礼貌语和其他变体（例如，原形、谓词省略）的使用频率。Marriott（1995）的研究发现，在出国留学之前，这八名学习者几乎只使用礼貌语形式。留学之后，他们增加了原形的使用频率，但这些用法大部分都是不恰当的。另一方面，从时间点 1 到时间点 2，他们省略谓词的频率减少了。Marriott 还发现虽然角色扮演给学习者提供了一个使用原形的语境，但学习者使用了更多的礼貌语。而他们在访谈的对话环节和描述图片时，则更多使用了原形。Marriott 指出，在监测下的对话中，学习者更多使用礼貌语，而在闲谈中，原形出现的频率更高。

Ishida（2009）通过话语分析法，探究了英语母语者 Fred 学习日语虚词 *ne*
212 的使用。受试者在日本学习了九个月。该研究是日语作为第二语言的社会语言学能力研究的另一例子。从语用上讲，*ne* 的用法类似于附加疑问句“对吗？”。Ishida 和 Fred 进行了八次对话，发现他使用 *ne* 的次数逐渐增加。从前两次对话中的 0 次到第七次时增加到了 22 次。到第八次对话时，增加到了 13 次。通过对比 Fred 早期使用 *ne* 引入话题或促进话轮转换和后期使用 *ne* 表示赞同，她进一步发现了使用类型的增加。Ishida 总结道，Fred 的出国留学经历不仅促进了他对

ne 的一系列使用，还增加了他在社会交往中的参与度。

关于语用能力发展的研究还探究了出国留学对请求语和道歉语的影响。关于请求语，相关研究在英语为母语的法语学习者（Cohen 和 Shively，2007）、西班牙语学习者（Cohen 和 Shively，2007；Rodríguez，2001；Shively 和 Cohen，2008）、俄语学习者（Owen，2001）、德语为母语的英语学习者（Schauer，2004）、爱尔兰英语为母语的德语学习者（Barron。2003）以及日语为母语的英语学习者（Cole 和 Anderson，2001）中开展。关于学习环境对道歉语发展影响的研究则数量相对较少，包括对英语为母语的法语和西班牙语学习者的研究（Cohen 和 Shively（2007）研究两种语言学习者；Shively 和 Cohen（2008）只研究西班牙语学习者）以及日语为母语的英语学习者研究（Kondo，1997）。我们将重点讨论这些研究的最新成果。

Schauer（2004）探究了 12 名以德语为母语的英语学习者的语用发展，他们在一个英国的大学学习了一个学年。该研究使用了一项多媒体启发式任务（MET），通过呈现 16 个场景促使学生使用请求语，这些场景会根据对话状态和强制程度来进行调整。学习者在三个时间点完成了该任务，即到达英国之后、学年中和离开之前。Schauer 发现，尽管学习者使用“如果……就好了”等句法修饰语（syntactic downgraders）的次数逐渐增加，但相比之下，他们更早学会使用“可能”等词汇修饰语（lexical downgraders），且具有个体差异。

在相关研究中，Cohen 和 Shively（2007）调查了教学干预以及一学期的留学经历对习得请求语和道歉语的综合影响，受试者为英语为母语的法语和西班牙语学习者。研究者使用了一项书面语篇任务，从 67 名西班牙语学习者和 19 名法语学习者中收集数据。在任务中，学习者需要以书面形式完成特定的情景化对话任务。这一任务被用来改变社会地位、距离以及冲突的严重程度（对于道歉语）或强制程度（对于请求语）。每组学习者被随机分配到控制组（不接受教学干 213
预），或者实验组（接受教学干预）。后者完成了三项任务。首先，他们阅读了《最大化利用出国留学：学生语言和文化学习和使用策略指南》（Paige、Cohen、Kappler、Chi 和 Lassegard，2002）。其次，他们参加了一次留学前的介绍会，讨论了指南，并了解了西班牙语和法语的言语行为概述。最后，教学干预组的每个学习者都提交了七篇电子版日志，内容为他们的留学经历和使用指南情况。在 Cohen 和 Shively（2007）的研究分析中，两组出国留学项目的学习者的言语行为都有了显著提高。实验组和控制组相对比，学习者的言语行为表现并没有统计学差异。总的来说，该研究表明出国留学的经历足以促进道歉语和请求语的语用发展。

在一项后续研究中，Shively 和 Cohen（2008）做了跟踪研究，调查经过一个学期的学习后，出国留学的西班牙语学习者是否能够像母语者一样规范使用请求语和道歉语。他们分析了 Shively 和 Cohen（2007）的研究中同一项语篇任务的数据，数据来源于该研究的 67 名西班牙语学习者。总的分析结果表明，在经过一个学期的学习后,学习者朝着像母语者一样的请求语和道歉语使用规范发展。但其中也有数据表明，他们的语用规范偏离了母语者的标准。例如，在学习者出国留学一段时间后,他们在对话时使用的请求语中出现了中心言语行为策略(head act strategy）（例如，*¿Me podría dar...?*）和辅助言语行为策略（例如，*muchas gracias...muy amable.*）。同样地，学习者在使用“承担责任”的道歉语时，也偏离了母语者用语规范。在对话中，他们作为学生，由于错过会议不得不再三向“著名”教授道歉。该研究表明，学习者在出国留学期间的确会改变请求语和道歉语的使用策略，且即使在国外待了一段时间，母语者和学习者之间仍存在差异。

在出国留学环境下的语用习得领域，另一个研究重点是称呼形式。Barron（2003）探讨了出国留学 10 周对 33 名爱尔兰学习者使用德语第二人称单数代词的影响。德语第二人称单数单词“你”有两种形式，即 *du* 和 *Sie*。前者是“亲密的 / 简单的”，后者是“礼貌的 / 疏远的”。*Sie* 用于以姓氏和头衔称呼对方的情况，而 *du* 则应用于两者之间可以以名字相称的情况。在出国留学前、中、后三个时
214 间点，受试者分别完成了一项自由语篇任务。该任务提供了六个场景，详细描述了情景和社会背景，学习者为每个场景编写了完整的对话。从时间点 1 到时间点 3，在没有实现语用功能的语境中，特别是非正式语境，学习者切换 *du* 和 *Sie* 的比率降低了。此外，在需要互换使用 *du* 和 *Sie* 的语境中，学习者从时间点 1 到时间点 3 表现出更接近目标语的称呼语使用形式。总的来说，研究表明学习者表现出他们正在习得像母语者一样的语言模式，但尚未达到目标。

最后，相关研究探讨了学习者对目标语语用变异的意识。Kinginger 和 Farrell（2004）研究学习者对法语称呼语 *tu* 和 *vous* 的元语用意识（meta-pragmatic awareness），以及在出国留学一学期后，他们的法语元语用意识和称呼语使用是否会受到影响。元语用意识是通过语言意识访谈来评估的，其中，学习者需要从六种交际情景中选择合适的称呼语形式，即 *tu* 或 *vous*，然后解释原因。Kinginger 和 Farrell 的研究发现，除两名受试者外，在留学前的访谈中，其余受试者都根据对话者年龄和对话正式程度使用了 *tu* 和 *vous*。在出国留学后，之前

未能这样做的两名学习者已能够选择合适的称呼语。此外，研究者还为某位同学创设了一个假设情境，对比前测和后测结果，发现出国留学能够使学习者的选择从 *vous* 变为 *tu*。从这个研究及类似研究（例如，Schauer，2009）中，我们可以再次看到出国留学环境对于社会语用能力（sociopragmatic competence）的产出和意识具有积极影响。

综上所述，出国留学语境对语用能力发展影响的相关研究普遍支持这样一个论断，即出国留学有益于语用能力习得，如敬语的使用、请求语和道歉语等言语行为的习得。具体来说，这些研究记录了学习者出国留学期间其语法朝着母语者使用规范发展，同时也注意到，即使在留学后期母语者和学习者之间仍存在差异。因此，形态结构变量的习得总体趋势也同样适合语用能力发展。

第二语言声音系统的产出与感知

当我们把目光投向形态句法学和语用学之外的领域，我们发现在出国留学语境下，社会语言学能力的其他研究领域较少受到关注。例如，只有少数研究 215
考察了出国留学对第二语言语音系统的产出或感知的作用，因为这和社会语言学能力习得相关。有研究较成功地探讨了出国留学对言语感知的影响，但这些研究没有强调第二语言变异（second language variation）（例如，Mora，2008）。同样，出国留学环境中，也有比较好的研究探讨语篇风格和I型语言变异之间的关系。在其中一项研究中，Díaz-Campos（2006）考察了语篇风格对学习者习得及使用四组语段的作用，他们是在西班牙阿利坎特学习的英语母语者。这四组语段包括单词首字母 /p t k/（例如，*perro*“狗”，*té*“茶”，*cama*“床”）、两个元音间的辅音（intervocalic）/b d g/（例如，*lobo*“狼”，*lado*“侧边”，*lago*“湖”）、硬腭鼻音（palatal nasal）/ɲ/（例如，*niño*“孩童”）和位于音节最后的边音（lateral）/l/（例子，*clavel*“康乃馨”）。Díaz-Campos 对四个语段的朗读和访谈数据进行了分析，发现访谈模式能促进更准确的语言产出。第二个有趣的发现是，出国留学组只在两个语段上（/p t k/ 和 /l/）比国内学习组表现更好，而后者实际上在 /b d g/ 这个语段上比前者表现更好。因此，该研究质疑了这样一种假设，即出国留学总能促生更准确的各类语言结构产出。然而，以上研究没有探讨社会语言学能力（即II型）变异的第二语言习得状况。我们接下来将会讨论这一点。

Regan、Howard 和 Lemée（2009）在一项关于言语产出中的社会语言学变异和出国留学的影响的研究中，考察了法语中省略词尾 /l/ 的情况，受试者是形态句法变量结构中提到过的同一组爱尔兰学习者。研究者们分析了从之前实验的访谈中提取的标记词。结果表明，学习者的省略率为 33%，远远低于前人研究记录的母语标准（在 Armstrong（1996）的研究中，几乎完全省略 *il*；在 Ashby（1984）的研究中，省略非人称动词 *il* 的比率为 88%；在 Laks（1980）的研究中，省略非人称动词 *il* 的比率为 94%）。关于影响 /l/ 省略的因素，研究发现女性学习者更倾向于省略 /l/，且所有的学习者在非人称动词 *il* 中，都喜欢省略 /l/（例如，*Il est difficile de courir cinq miles*“跑五公里很难”）。关于性别差异的研究结果与 Armstrong（1996）的研究一致，即作者出国留学环境能够促进语音变异（phonological variation），这一作用也同样适用于形态句法变异（morphosyntactic variation）。该研究还证实了即使在学习者和母语者的语言使用比率差异显著的例子中，学习者也能够习得语言和社会规则，这些规则对声音系统中的变量结构有影响。

216　在相关研究中，Henriksen、Geeslin 和 Willis（2010）在西班牙莱昂开展了一项为期七周的强化沉浸式项目，以探究陈述句（declarative）、绝对疑问句（absolute interrogative）和代词疑问句（pronominal interrogative）中的**语调**（intonation）发展。作者调查了四名学习者在项目中对每种话语类型的修改。他们通过一项情景化阅读任务来收集数据，这一任务给学习者提供了有意义的语境，要求读一份在对话中会出现的答语；这种任务设计使研究者能够控制每句话的语音特征，同时创建更加基于意义的任务类型。Henriksen、Geeslin 和 Willis 在项目伊始和结束阶段，分析了 96 个目标词汇的**基频轮廓**（F0 contours）和**间界移动**（boundary movements）。此外，他们还在两个测量阶段分类标记了学习者使用频率最高的语调策略及其变化程度。由于该研究还可获得同一任务中的母语者数据（Henriksen 等，2010），因此可以初步确定学习者会随着时间的推移更改语调策略，且在留学期间他们通过修正最常使用的语调策略和边界调（boundary tone）朝着母语者的语调靠近。对于第二语言变异领域来说，这项研究很重要。原因是，在该研究的任务中学习者是朝着西班牙莱昂的母语者的语调发展的，而这不一定与先前的理论预测的目标一致。换言之，学习者能够根据当地语言规范来调整自身的语调模式，这些规范既可以反映语境的形式，也可以展现地理位置特征。鉴于母语者跨方言的韵律体系（prosodic system）具有广泛的差异性（参见 Henriksen，2013），需要开展更多的此类研究。

关于声音系统中社会语言学变异的第二语言习得相关研究仍然有限。然而，至今为止的研究结果表明，出国留学经历的确能促进 II 型语言变异的发展。鉴于人们对第二语言中语音的产出与感知越来越感兴趣，这一研究领域很有可能会蓬勃发展。

个体差异与出国留学经历

在本节，我们将讨论非语言学特征及其对社会语言学能力发展的影响。上述引用的许多研究都考察了学习者外部或社会特征的某些方面，以解释研究中所发现的个体差异（individual difference）或辨别在出国留学环境中可能增强母语输入、 217
促进二语发展的特征。从这个意义上来说，这个划分可能过于随意，因为下面回顾的许多研究同样也集中在第二语言语法发展的某个特定方面。然而，这些研究将学习者、出国留学环境或留学期间的语言模式相关的因素作为重点，探讨它们如何影响第二语言的社会语言能力习得。我们将其大致分为学习者特征和学习环境特征。

个体差异：学习者特征

一般来说，有几种学习者特征会影响语言学习。这些特征包括生物特征，如学习者性别；认知特征，如阅读时间或工作记忆的测量；社会特征，如身份认同（关于这里提到的几个因素及其他因素的概述，参阅 Dörnyei，2005，2006；Ellis，2004；Robinson，2002；Skehan，1989）。然而，在出国留学背景下，关于这些差异的研究较少，且关于这一背景下的社会语言学能力习得研究也很有限。少数研究已经指出了探究这些特征的重要性。其中一个特征是学习者的第二语言**能力**（proficiency），它通常被用来确定变量结构产生和受到相关语言特征限制的相对阶段。多项研究都提供了与语言能力相关的研究结果，包括高水平学习者使用变量结构的比率更高（例如，Regan 等人（2009）探讨的 *ne* 省略；Knouse，2012）。探究社会语言学变异的出现并将其与早期阶段的发展变异区分开来，通常是很困难的（例如，Geeslin，2000，2003；Gudmestad，2012；Rehner，2002）。但尽管如此，总体来说，第二语言变异的研究表明社会语言学能力只能在达到一定能力水平后才能被习得。很重要的是，在同一启发式任务中，即使是高水平的学习者，他们的语言模式与母语者也会有差别（例如，Geeslin 和 Gudmestad，2011b），这一研究结果同样适用于出国留学语境。

性别（gender）作为第二个学习者特征，已经在一个变量习得的背景下进行了研究，该变量在母语者社区中充当社会语言学标志的作用。相关例子包括法语中的 *ne* 省略、*nous/on* 替换和 /l/ 省略（Regan、Howard 和 Lemée，2009）。这三种结构中，关于性别作用的相关研究结构表明，和母语者一样，男性和女性学
218 习者拥有不同的语言变异模式。在每个研究中，女性学习者（就像女性母语者一样）更喜欢有权威或更保守的语言变体，表现出更高的 *ne* 保留率、*nous* 使用频率和单词词尾 /l/ 保留率。当然，研究者还需要对其他语言和更广泛的语言学变量结构进行研究。但到目前为止，这些研究促使我们继续探究性别及其他学习者的社会特征。

在出国留学背景下，研究者也探究了**学习者身份认同**（Learner identity）这一特征，但相关研究主要关注的是出国留学经历如何影响二语学习者身份认同的发展。然而，从诸如身份认同方法（本书第四章讨论的二语习得的一种社会语言学研究方法；参阅 Norton Peirce，1995）等研究方法，我们可知学习者身份认同的确会影响第二语言能力的发展，因此，我们将其归纳在本章。Aveni（2005）是这类研究的典型代表。她在书的开头指出，语言习得是为了交流而进行语言使用的结果。此外，她指出，学习者使用语言的方式与他们如何看待自己或概念化自己的身份相关。Aveni 研究了在圣彼得堡的俄语学习者的经历，研究结果具有重要意义，揭示了影响学习者身份建构的因素，以及学习者自我这一身份在二语学习环境中的发展和重构。结果表明，与学习者相关的因素包括他们对自身第二语言沟通能力的态度、留学时他们如何将自己与他人进行对比，以及与对话者的熟悉程度，等等。她还探究了外部社会环境相关因素，例如，学习者父母的态度、学习时得到的反馈与纠正，以及其他参与者的外貌与性格。这些因素紧密相关，共同塑造了学习者和学习环境的互动，进而影响学习者在此环境中如何展现自我。在第二语言中，语言使用和互动的机会在很大程度上取决于学习者身份认同和外部环境的相互作用，两者都被理解为社会建构的现象。尽管该研究没有直接强调社会语言学能力，它讨论的因素无疑会影响其发展，值得进一步研究。

与出国留学相关的其他研究中，其他受到关注的学习者特征包括态度、动力、性格以及与母语者互动的数量和质量（例如，Brecht、Davidson 和 Ginsburg，1995；DeKeyser，1991；Freed，1990；Freed、Segalowitz 和 Dewey，2004；
219 Isabelli-García，2006；Marion，1980；Polanyi，1995；Segalowitz 和 Freed，2004）。在探究出国留学对社会语言学能力习得的实证研究中，这些研究尚未被称为重点。然而，一些有效的研究模式可被用来研究留学期间这些超语言因素对

学习的影响。例如，Isabelli-García（2006）深入分析了四名美国学习者留学前、期间和后期的态度和社交网络，他们在阿根廷的布宜诺斯艾利斯学习了一个学期。她想将这些定性指标和在西班牙语口语沟通中的潜在收获联系起来，这可以从学习者在留学前后参加的 ACTFL 式模拟口语能力面试中的表现中得出。为了探究态度这一因素，她分析了每个学习者的周记。学习者的社交网络也被研究，主要通过分析学习者每周的网络日志。学习者会展示出自己与谁互动以及说明和自己与互动者的关系。分析结果表明，学习者的态度的确影响了他们与母语者进行社交的欲望和动力。对于学习者 Jennifer 来说，这一作用尤其明显。她对目标语言文化的消极态度直接影响了她与阿根廷人交友的意愿。在出国留学一段时间后，Jennifer 的总体口语能力并没有得到提高。Tom 的社交网络则较为复杂，他拥有更多与目标语言的母语者交流的机会。在出国留学项目完成后，Tom 的总体口语能力有了提高，在 ACTFL 口语能力量表中从中等水平提升到了中高水平。在 Isabelli-García 的研究结果中，值得一提的是，并不是所有学习者的态度都长时间保持稳定。这一点在她分析的学习者周记中尤其明显。在出国留学环境中，学习者面对具体情境挑战时，态度会有所波动。后续研究中，将学习者个体特征与社会语言变体结合起来非常重要，特别应关注学习者留学经历的质性区别，以及不同学习者与母语者互动机会的不同。语言互动模式很重要，它进一步证明仅仅在国外留学是不够的（例如，Freed，1995），这一论断也同样适用于出国留学环境中的社会语言学能力习得。

个体差异：出国留学环境特征

接下来我们将讨论出国留学**环境**（setting）特征与社会语言学能力发展的关
系。尽管人们对此越来越感兴趣，但只有唯一一个特征已经被探究过，即留学期 220
间的住宿条件。例如，Knouse（2012）研究中的一个自变量是学习者是否在寄宿家庭环境中（即，与英语母语者的寄宿家庭一起生活）。这一因素的纳入反映了她的假设，即，与居住在公寓或宿舍相比，寄宿家庭提供的语言环境可以促进学习者对西班牙语的语段 /θ/ 的习得。研究发现，尽管寄宿家庭这一因素并没有被选为学习者使用 [θ] 的显著预测变量，在寄宿家庭中的学习者比住在宿舍的学习者产出 [θ] 的概率更高（分别为 83.3% 和 16.7%）。因此，住宿类型和地理索引变量至少有微弱的关系。

尽管将出国留学环境特征与社会语言学能力发展建立联系的相关实证研究很

有限，但关于出国留学环境的性质普遍存在一些假设，每个假设都是未来研究的一个重要领域。例如，Lafford（2006）指出，和国内学习者相比，我们通常认为出国留学者具有一些共同特征。表 8.3 总结了这些特征及其内在含义。

表 8.3 （假设的）出国留学学习者的特征（Lafford，2006）

我们假设出国留学的学习者：
• 接触到更多真实的、话语层面的输入
• 接触到更丰富的二语语域和言语风格
• 与更多母语者互动（例如，朋友、家人、员工等）
• 使用更多的沟通策略解决沟通中的问题

近年来，我们发现越来越多的实证研究探讨这些特征对第二语言习得的影响，尤其是在语音、语法和总体能力发展方面（Alvord 和 Christiansen，2012；Freed、Dewey、Segalowitz 和 Halter，2004；Lafford，2006）。此外，这些定性研究采用的材料开发和分析方法（参见 Friedman，2012）将为这一领域的研究提
221 供新资源。关注出国留学环境的特征与社会语言学能力的发展之间的关系，这将会是一项富有挑战性但受益无穷的工作。

接触方言的作用

关于社会语言学能力和出国留学经历的最后一个研究领域是接触方言（dialect exposure）对发展二语语法的作用。其中，Schmidt（2009）探究了方言熟悉度对第二语言西班牙语听力理解的影响。具体来说，她研究了在多米尼加共和国短期留学是否会对学习者的听力理解能力产生积极影响。受试者为 11 名英语母语者，第二语言为西班牙语，他们的语言能力（使用李克特九分评估量表，进行自我评分）从初中级到接近母语者水平不等。该出国留学项目为期三周，学习者参与了与多米尼加文学和文化相关的阅读（大部分是用英语写的）以及各种互动。他们接触的多米尼加西班牙语的形式多种多样，包括在超市和商店和当地人面对面交流、看电视和听广播、参加以西班牙语讲授内容的讲座和游览会。除了在一次讲座中，一位受邀的学者展示了多米尼加词汇和句法方面的知识、播放了多米尼加音系学的语音样本外，学习者并没有得到关于多米尼加西班牙语方言特征的明确指导。

为了测试方言熟悉度（dialect familiarity）对听力理解的影响，Schmidt（2009）

让受试者完成了三个听力理解任务，时间点为出国留学前一周和返回美国两天后。第一个任务是单词理解任务，学习者听写一个西班牙语口语单词，并将其意思用英文写出来。第二个和第三个任务的形式相同，学习者需要听写一个西班牙语短语或者整个句子，然后用英文写出意思。Schmidt 发现，出国留学仅三周[3]，学习者对口语单词和短语的理解就有了显著提高。她还发现了不同任务产生的影响，即学习者在单词任务中的表现明显优于短语任务。Schmidt 指出，听力理解中比单词层面更难的部分，可能是由多米尼加西班牙语的韵律差异造成的（例如，Willis，2010）。最后，Schmidt（2009）研究发现，尽管总体来说学习者的听力理解有了显著提高，但有一些特定的部分似乎比其他部分更难理解。例如，在听力理解任务中，/s/ 省略（例如，*los lunes*“在星期一”[lo.’lu.nes]）和 /l/ 发音不 222
准（lambdacism）（例如，*puerta*“门”[ˈpuel.ta]）已被证实尤其难理解，这可能是英语中音位变体分布（allophonic distribution）的差异（例如，[Ø] 不是 /s/ 的音位变体，[l] 也不是英语翘舌音（English rhotic）的音位变体，但这些特征是多米尼加西班牙语音位学的一部分）。相反，/d/ 省略（例如，“口头的”[a.’βlao]）和 /n/ 软腭音化（velarization）（例如，*pan*“面包”[paŋ]）在听力理解中则更容易被理解。Schmidt 认为，这可能是因为学习者先前就对这些语音过程很熟悉（在很多西班牙语方言中，两个元音间的辅音 /d/ 已经被弱化，/n/ 会软腭音化（如果它后面紧跟着一个软腭音，如 /k/ 或者 /g/））。Schmidt（2011）进一步证实了方言熟悉度的积极影响，研究发现学习者对西班牙语中的 /s/ 送气音的感知与先前留学地区的方言 /s/ 送气音（aspiration）发音相关（参阅第七章）。

在实证研究之前，就有学者关注英语母语者是如何习得和使用西班牙语 /θ/ 的。研究发现，一些在西班牙中部和北部地区留学的学习者，他们在字素 *z’ci* 和 *ce* 的发音上，偶尔会使用无声齿间摩擦音（interdental fricative）/θ/（例如，*cazar*“狩猎”[ka.’θaɾ]）来代替无声齿龈摩擦音（alveolar fricative）/s/（例如，*casar*“结婚”[ka.ˈsaɾ]）。二语学习者使用这一音素（phoneme）直接展现了接触方言是如何影响第二语言系统的，即这里的第二语言声音系统。一些学习者这样做，而其他学习者不这样做的原因，至今尚无定论。实际上，似乎只有一小部分学习者这样做（例如，Geeslin 和 Gudmestad（2011a）研究发现，130 名受试者中，只有 9 名在西班牙留学的受试者使用 /θ/）。有一些研究探讨了这种地理索引音素的第二语言习得。

最近，Knouse（2012）和 Ringer-Hilfinger（2012）开展了关于齿间摩擦音

/θ/ 的二语习得研究。他们调查了出国留学经历对这一方言变体的影响。两项研究都跟踪研究了在西班牙学习的英语母语者，学习者分别在萨拉曼卡学习了六周（Knouse，2012）、在马德里学习了一个学年（Ringer-Hilfinger，2012）。Ringer-Hilfinger 的研究发现，留学一个学期后，学习者对于 /s/ 和 /θ/（即一个称为 distinción“区分”的现象）的对比意识增强了（和国内的两个学习者对比），但他们使用 [θ] 这一变体的意识并没有增强。该研究使用变语配对测试和一个关于语言使用的开放性问题收集数据。研究发现，由于学习者倾向于像他们的朋友或熟人那样使用其他西班牙语变体，他们对于采用这一音素犹豫不决。同样，
223 Knouse（2012）在她的出国留学受试者中，发现很少人使用 /θ/。只有略多于一半的受试（15 人中有 7 人）在出国留学后的口语任务中（读一篇文章，然后回答一系列的开放性问题）使用了齿间摩擦音。不同于 Ringer-Hilfinger（2012）的研究，Knouse（2012）试图确定影响学习者使用 /θ/ 的语言学和社会因素。关于语言学因素，研究发现，当字素（grapheme）是 *z* 时，出国留学的学习者更可能使用 /θ/。关于社会因素，Knouse 指出，初级、中级学习者（与高水平学习者对比）和西班牙语专业或未成年人，更喜欢发出齿间摩擦音。其中，关于初级、中级学习者的研究结果与 Geeslin 和 Gudmestad（2011a）的研究正好相反，他们发现只有拥有出国留学经历的高水平学习者使用 /θ/ 的频率才会随着能力的增加而增加。

从上述综述中，我们可以清楚地看到，关于接触方言对社会语言学能力习得的影响还需要更多的研究。复制性研究将帮助我们整理出不一致的研究发现。同样，研究其他第二语言，并与来自各种不同第一语言背景的学习者结合起来，将提供重要的研究扩展方向。

出国留学与第二语言社会语言学能力习得

总的来说，针对出国留学经历对第二语言社会语言学能力习得的影响这一话题，在某种程度上，研究结果反映了关于出国留学对学习者能力的影响我们有哪些更普遍的了解。我们看到了出国留学对学习语法的好处，但需要更多研究探讨个体特征和出国留学环境对二语社会语言学能力发展的影响。正如 Dewaele 和 Regan（2001）证实的那样，还需要更多研究探讨词汇习得，特别是口语词汇（colloquial vocabulary）。尽管在留学一年后，荷兰和爱尔兰母语者的法语学习者提高了使用口语词汇和词汇表达的频率，但和法语母语者控制组相比，这一频率仍远远偏低。当我们开始研究这些问题时，我们很可能会转向其他研究框架，

更深入、更复杂地探究社会因素、个人因素和语言发展之间的重要联系。

课外阅读推荐 224

a. Allen, H. (2010). Language-learning motivation during short-term study abroad: An activity theory perspective. *Foreign Language Annals*, *43*, 27-49.

b. Aveni, V.P. (2005). *Study abroad and second language use: Constructing the self*. Cambridge: Cambridge University Press.

c. Cohen, A.D., & Shively, R. L. (2007). Acquisition of requests and apologies in Spanish and French: Impact of study abroad and strategy-building intervention. *The Modern Language Journal*, *91*(2), 189-212.

d. Kinginger, C. (2008). Language learning in study abroad: Case studies of Americans in France. *The Modern Language Journal*, *92*(s1), 1-124.

e. Regan, V., Howard, M., & Lemée, I. (2009). *The acquisition of sociolinguistic competence in a study abroad context*. Bristol, UK: Multilingual Matters.

f. Warga, M., & Schölmberger, U. (2007). The acquisition of French apologetic behavior in a study abroad context. *Intercultural Pragmatics*, *4*(2), 221-251.

理解与运用

A. 理解

1. 在早期的出国留学研究中，例如，Magnan（1986），采用何种方法检测在国外期间的语言能力发展？

2. 出国留学期间语言能力发展的变量研究中，核心问题是什么？

3. Regan（1996）发现了什么证据，证实了出国留学学习者使用和母语者一样的 *ne* 省略？两者有何区别？学习者回国一年后，使用 *ne* 省略有何特点？

4. 关于法语中的 *nous* 和 *on* 表达，Regan、Howard 和 Lemée（2009）的研究在不同性别的出国留学者中发现了什么差异？

5. 根据 Regan、Howard 和 Lemée（2009），什么语言学因素促使学习者使用形态将来时？在留学七周后，Kanwit 和 Solon（2013）的两组学习者中，在西班牙和在墨西哥的学习者对于形态将来时的选择有何不同？

6. 在时间点 3，关于语言学因素对选择 *le* 的影响，Geeslin、García-Amaya、

Hasler、Henriksen 和 Killam（2012）指出了什么进展？ Salgado-Robles（2011）展示了在塞维利亚和在巴利亚多利德的学习者选择 *le* 有何不同？

7. Marriott（1995）研究发现，在日本留学后，学习者使用礼貌语的风格是什么？

225 8. 根据 Schauer（2004），德语母语者早期学习英语时，会使用词汇修饰语还是句法修饰语？

9. 根据 Shively 和 Cohen（2008），有什么证据证明学习者倾向像母语者一样使用请求语和道歉语？

10. Henriksen、Geeslin 和 Willis（2010）的研究为有出国留学经历学习者证明了什么可能性？

11. 对于出国留学期间的语言能力发展，什么学习者特征很重要？

12. 在 Schmidt（2011）的研究中，什么和学习者的 /s/ 送气音相关？关于 [θ] 的感知和使用，Ringer-Hilfinger（2012）汇报了什么差异？

B. 运用

1. 本章介绍的出国留学项目有很多不同之处。这些项目有哪些不同之处？在考虑这些差异后，请列出你认为一个理想的出国留学项目应具备哪些特征？根据本章回顾的文献和相关的个人经历，论证所列出特征的合理性。

2. 在你出国留学期间，你有没有意识到某些变量存在地区差异？它们是什么？如果你意识到母语者以某种方式使用某种语言形式，你也会采用同样的形式吗？为什么？为什么不？这有什么影响（或可能会有什么影响）？采用那种形式有何益处或风险？（如果你没有出国留学经历，那么请将本章的内容运用到你想去留学的目的地。）

3.“语言学习者讲话通常比母语者听起来更正式”。首先，使用本章的知识来支持这一说法。然后，作为一个学习者，运用你自身的经历（或旁人的经历）来进一步阐释这一观点。

4.“语言学习者讲话通常比母语者听起来更正式”：也许你在本章中注意到了这一说法的反证。用本章中的知识来驳斥这一说法。然后，联系你自身学习者经历来论述这一说法。

5. 关于地区语言使用，在你出国留学前，有哪些还没掌握的信息可能会对你有帮助？想象一下，你准备让学习者生活在哪个地方（或你选择的地方）？列出语言学习要点，使学习者在语言上更易融入学习地点。

6. 总结你从 Marriott（1993，1994，1995）、Ishida（2009）和 Hashimoto（1993） 226
的研究中学习到的知识，基于这些研究，你会帮助将要去日本留学的学习者做哪些准备？

注释

1. Cohen 和 Shively（2007）的研究中，四名受试者的第一语言不是英语。他们的第一语言包括波斯尼亚语、法语、苗语和俄语。

2. F0 指的是基频，即音高的定量量度。间界移动指的是在一个词组边缘的语调旋律变化。在不同的位置测量 F0，如词组的开头和结尾，以显示该词组的 F0 变化。这些变化展现了话语类型的差异（例如，疑问句、陈述句等）（Henriksen，2013：168）。

3. Schmidt（2009）在该研究中只汇报了单词理解任务和词组理解任务的结果。

第三部分

第二语言社会语言能力习得的研究启发

229 # 第九章　规范和目标

目前，我们已经对哪些社会因素会在二语习得中发挥作用、这些社会因素如何影响语言学习和使用有了更清晰的认知。现在，我们把视线转到语言变异（linguistic variation）研究对二语教学（second language instruction）的意义上来。这其中最显而易见的意义就是，持有语言变异这一观念可以让我们更细致地思考如何定义二语课堂中的“目标”。或者更广泛来看，我们甚至可以探索什么样的目标对二语学习者来说才是最正确的。因此，从这个问题出发，我们首先讨论哪些因素构成了课堂教学中合理的规范（或者说合理规范的范围），以及如何识别这些因素。我们将看到，有大量的文献分析英语、法语、西班牙语等一些二语教学的正确规范，但却忽视了对很多其他二语的研究。正如读者此刻所想，社会语言变异（sociolinguistic variation）的知识已经提示我们，如何定义二语课堂规范应该与具体的语言教学情境直接联系起来。

通过探索规范和标准从而为二语学习者设定一个正确的目标，这一过程也进一步引导我们思考其可能对语言课堂产生的影响。例如，我们如今可能会用一个不同的视角去看待直接的语法教学（grammar instruction），这一视角里也纳入了语言变异的概念。同样，对继承语者的教学指导也应当有所改进，我们在课堂上举的例子最好能和他们自身的语言学习经历、专业及个人目标紧密相关。这最终的目的就是加强语言教师的意识，使得选择教学材料、设计课堂这一系列过程更密切地与社会语言能力的发展相联系。总而言之，本章和下一章的目标就是将前
230 几章关于二语习得和学习的相关研究与语言教师日常面临的实际问题联系起来。

标准、规范和目标

现代语言里，“标准语言”（standard language），或者更具体一点，“标准英语”“标准西班牙语”等类似的词层出不穷。这些词通常用来指我们应该使用和教授

的语言，简单地说，就是可接受的语言。然而，要定义“标准”这个词其实是一件很复杂的事。即使我们赞成标准语言是在正式的、受教育的场合下使用的语言，我们依然面临许多问题，比如该由谁来决定这一切？当我们看到标准语言的例子时我们又如何知道他们就是所谓标准的？这些问题的答案可能与地缘政治边界、社会差异、种族差异和其他个人因素有关。

标准语言最基本的定义之一是指，经历过标准化和编纂过程的一种语言的所有变体（有关语言和语言变体的更多信息，请参阅第二章）。换句话说，标准语言被确定为一种形式，通过这种形式，各种各样的事务（政府、商业、教育、宗教、新闻广播等）都会涉及并被编码，或者在字典和语法里以书面形式被描述出来。简单来说，这一标准会在诸如政府书面文件、贸易文件、重要人物的正式信函中得以体现。这也意味着这一标准被规定用于像学校这样较为正式的领域，并且被认为是“正确的”和“恰当的”（例如，Goldstein，1987；Llamas 和 Stockwell，2002）。然而，了解了我们对语言变异的认知后，我们可能会有更多的疑问。例如，哪个政府来确定这种标准？一门语言可以有好几种标准吗？为什么并非所有受过教育的大人物都使用标准语言呢？显然，我们在前九章储备的社会语言学知识使我们可以更深入地探讨“标准”这个定义。

许多问题的关注点都在于对标准语言的识别。几个世纪以来，大量学术研究都在探讨这些问题（Hudson，1996；Trudgill，1992；Wardhaugh，2010）。例如，我们可能会疑惑，一个标准是否只有是或非这两个选项，即语言要么是标准的要么是不标准的，或者，在这两个极端之间还存在一个或多个可能性（详见 Villa，1996）。我们也会考虑城市中心在识别标准语言中扮演何种角色，而这又
如何关联到城市内外的移民以及地缘政治线上的市中心之间的联系；或者思考城 231
乡差距如何与其他相关的社会因素产生互动（详见 Hidalgo，1990）。更近一步，我们也许会猜测是否每个城市中心都有它自己的标准（例如墨西哥库斯科的标准西班牙语，美国纽约的标准英语），或者一门语言在全国仅有一个标准（可参阅 Auger（2002a）对魁北克法语的讨论和 Lipski（1983）对拉丁美洲西班牙语无线电广播的跨方言比较）。对标准语言的探究也会引发关于历时（关注不同时期的语言）和共时（只关注当下的语言）的问题。比如，一个标准是否会随着时间的推移有所改变？对于某些语言，比如英语，我们甚至可能会想，一个标准是否可以决定这门语言的母语者是谁，或者说，怎样才算是一个合格的母语者？英语全球化的研究中常出现这样类似的问题。英语广泛应用于世界各地，在这些地区，英语和至少一门其他语言受到政府的支持，小孩从小就学习英语等其他语言，但

这些语言并不会成为他们的第一语言（Bolton，2006；Bolton 和 Kachru，2006；Crystal，2003；Kachru，1982，1985，1986，1991；Thumboo，2001）。可以确定的是，“标准”这一词的定义虽被广泛讨论，但仍存争议。

正因为“标准”一词尚无精准的定义，语言学家在他们的文章中几乎不使用这个词。他们更喜欢“规范”（norms）这个术语，用来描述某一特定群体在写作或说话时最常使用的语言形式(language forms)。比起规定性的规范(prescriptive norm)(即应该发生什么)，语言学家更关注描述性的规范(descriptive norm)(即实际发生了什么）。换句话说，语言学家的目标是描述语言，而不是评估语言的价值。某一特定群体说话或写作的方式被称作社会习语（sociolect），这与只关注个体说话方式的个人习语（idiolect）有所差别。规范和标准的关键区别在于，规范离不开语境，它是某一群体在某一语境下使用的语言模式。因此我们可以推断，某些场合会更倾向于使用正式的语言；某些社会习语遭到歧视，某些则备受推崇。正如前几章提到的，社会语言学家的主要目标之一就是探索不同的语言形式及其相关态度，也就是去了解某种特定的语言形式是被推崇还是歧视，使用这种语言形式的语言和社会语境特征又是什么。总而言之，语言学家试图描述语言的发生过程，社会语言学家则试图理解语言和其他因素（如态度、社会特征）之间的关系。图 9.1 列出的问题可以帮助判断某一语言变体会被推崇还是歧视。

232
- 这种语言变体已经被正式标准化和编纂了吗？
- 现在还有使用这种语言变体的人吗？
- 使用这种语言变体的人是否认为它有悠久的历史呢？
- 使用这种语言变体的人是否在各种社会场合下都使用它？使用这种语言变体的语境范围缩小了吗？
- 使用这种语言变体的人认为它是“纯粹的”还是其他语言形式的“混合体”？
- 即使没有成文的语法书，这种语言变体也有非正式的规范吗？这种形式是否被认为有“好”“坏”之分呢？

图 9.1 判断语言“强势”的标准（改编自 Bell（1976））

当我们查看图 9.1 列出的问题时，显然，我们可以发现一种颇受推崇的语言变体形式必须具备一些特定的特征。在对其卡诺人所讲的西班牙语和英语的研究中，Galindo（1995）注意到很重要的一点就是要弄清楚说话人对他们自己群体使用的语言变体是什么态度，而对同一语言里其他语言变体又是什么态度。此外，在双语社会中，对主流或非主流语言的态度往往影响着识别某一语言社会标准的过程；反过来，这些态度本身又被性别、种族和社会阶层等因素影响。例如，在 Galindo（1995）的研究中，语言使用者会注意到某些语言变体不适合女孩子用。事实上，前几章提到的所有社会语言学变量都与我们选择使用的语言变体以及特定语言社会的语言规范有着复杂的关系。Galindo 尤其注意到了种族内态度和种族间态度，并且只有兼顾这两种态度我们才能理解特定社会的规范。对语言教师来说，最重要的是要认识到某一社会习语规范不是随意形成的，它反映的是在多种社会因素的影响下我们对这一群体的态度。

在我们把视线转移到语言课堂规范之前，我们应该稍微思考一下，为什么一些群体或个人不遵循那些备受推崇的规范呢？换句话说，为什么不是所有人都青睐一门语言中最受推崇的那类语言变体呢？这个问题的答案和语言使用者的身份有关。不是所有人都希望自己说起话来像一个大学教授（即使大学教授也不会总是用那样的方式说话！），这是因为我们说话人的身份不总是一样，我们通常拥有多个身份，因此我们说话的方式会根据场合而定。换言之，是语言让我们能够 233
根据不同的场合来展现自己的身份。所以，总是使用最正式的语言是行不通的。语言也把我们和其他具有相同特征的人联系起来。在前文中，我们抛出了这样一个问题：为什么一些受过高等教育的大人物并不使用标准语言呢？这让人联想到当今的一些政客，尽管他们的个人背景与选民大不相同，这些政客仍然使用选民常用的语言形式以获取他们的支持。在这些例子中，我们使用“**语言忠诚**”(language loyalty）这个术语来形容说话人愿意使用非主流的语言变体来展示他们的身份，这解释了即使政府强制要求使用主流的语言变体，非主流的语言变体也依然被使用和延续。当我们把这些术语应用在语言课堂上时，我们应当牢记非主流的语言变体在表达特定的社会、种族和个人身份时所发挥的作用。

既然我们已经了解了标准语言和语言社会规范之间的区别，现在我们应当关注的问题是：二语学习者的**目标**（target）究竟是什么。在第一章里，“目标语”这一术语被定义为二语学习者习得的第二语言。而现在，这个定义必须考虑到一个事实：一门语言有多种变体。McGroarty（1996）指出，语言学家认为语言规范指的是最常使用的语言形式，而大众则认为语言规范指的是那套编纂在语法和字典里的规则，这两种观点之间必有冲突。实际上，这种对比凸显出一个事实：语言学家往往关注的是**语体**（registers）（特定语境下由于特定目的而使用的语言），而大众则对语言学习更感兴趣。同样，Hidalgo（1987）也探究了这个问题，他指出因为标准语言是理想化的，所以在大众眼里，教育的目的就是消除一切变异的东西。Train（2002）进一步阐释了这一观点，认为标准实际上是通过变异（与标准对立）来定义的，而标准化的过程也在寻求一套规范，以将变异进行制度化。显然，与一些老问题相比，如该教美式英语还是英式英语，应该教授哪种语言变体这一问题要复杂得多。相反，关于教学规范的讨论必须同时考虑到国家标准和可接受的地方特征，涉及各级语法，地方历史，以及它们与地理、政治和经济的联系。

社会语言学变异的研究清楚地表明语言学习者在学习一门语言时必然遇到各
234 种语言变体，因此，我们不能把目标看作一个单一整体。此外，对于不同的说话人，单一的语言变体中也包含着不同的语言形式。于是，确定语言教学目标变得十分复杂。有关语言教学的规范被称作“教学规范”（pedagogical norms），与之相关的研究多是讨论如何确定一个合适的课堂目标这一过程（例如，Blyth，2002；Gass、Bardovi-Harlig、Magnan 和 Walz，2002）。在 Albert Valdman（2002）首次使用“教学规范”这一术语之前，他认为教学规范是教学情境下应对语言变异的一种解决途径。在 Bardovi-Harlig 和 Gass（2002）为 Valdman 写的一卷书的序言里，这两位学者指出教学规范涉及对实际语言使用规范的研究，同时他们认为实施这些教学规范对设计教材和日常课堂活动等有重要影响。Magnan 和 Walz（2002）从对比分析时代追溯了教学规范的发展（简要回顾请参阅第一章），在这一时期，教学规范和教学顺序的确定几乎完全基于第一语言和第二语言之间的对比，这一方法延续至今。上个世纪七十年代，教师们对语言变异的兴趣让他们认识到，语言标准之所以受到欢迎是由于政治、经济和社会原因，而非其在语言学上具有优势（Bardovi-Harlig 和 Gass，2002）。随后的发展引导人们使用多规范模型，并帮助人们理解规范代表着不同社会环境中的各种群体（Magnan 和 Walz，2002）。在最近的有关确定教学规范的研究里，Valdman（2002）认为制定教学规范应该考虑到这三种因素：语言学、社会心理学和习得规律。因此，在这种方法里，通过涵盖一系列真实的交际场景和文本，一门语言的语法和社交语用学相互结合，以此反映出这门语言的功能。与之对立的方法，则是把达到受过教育的母语者的水平作为语言学习者的目标；但 Valdman 指出，这样的方法并不适用于初级和中级学习者。Valdman 提到的第三种因素是习得因素，在这一因素中，Valdman 规定了根据教学环境应该教授哪些语言形式，又该遵循怎样的教学顺序。Valdman 指出，一些语言形式更容易被习得；同时，语言教学的目的不仅是教授那些能反映实际语言使用的、在功能上很重要的语言形式，而且要注意能匹配上学习者的当前水平。Valdman 用法语疑问句举例来解释这一观点。社会语言学相关研究表明，中产阶级最常使用的问句形式是前置问句（fronting question forms）和与陈述句形式一致的问句（in-situ question forms），但在中性对话中， 235
他们却几乎不使用倒装问句（Behnstedt，1973；Coveney，1996）。从习得规律来看，Valdman 解释道，由于倒装句的形成有很多例外情况，所以使用倒装句对学习者来说非常困难；而前置问句对二语学习者来说要容易得多。因此，社会语言学和习得规律都支持在法语二语教学中要先教授前置问句。同时，Valdman 建议在前置问句之后应该教授如何使用 est-ce que 形成问句；倒装句的学习则应该稍微靠后，把它放到写作课上来教。表 9.1 总结了法语问句的形式和相关教学规范。要注意的是虽然也有其他形式的问句，但只选这几种来举例是因为它们能实现的功能较多，容易处理，并且可以帮助学习者发展功能性的能力。

关于教学规范的讨论一个很重要的方面就是，除了可以帮助学生习得语言形式外，它还给课堂带来了元语言知识。Valdman 在 2002 年制定教学规范时特别提到了这一点，但使用规范这一观念早在之前的实践中就得到了体现。Keller（1982）等许多经典文献都提醒读者，（双语）教育的目标应该是让学习者认识到所有语言使用者都有他们自己的方言，这些方言不仅是被接受的，而且在某些场景下是必不可少的。并且，学习者们也必须认识到没有哪种方言是优于另一种的。Train（2002）指出，二语教学应培养学习者的批判性意识，让学习者看到所有语言都存在变异，同时鼓励他们去探索对语言的态度和信仰与通过语言构建个体身份之间的联系。例如，关于教学规范的讨论就涉及美国课堂中西班牙语继承语者的教学规范。三十多年前就有学者指出，学习者应该意识到语言的社会功能，并通过使用一门语言的几种变体来获得实现这些功能的能力；同时我们还应该借助社会语言学的训练（包括用批判性的眼光去评价主流社会群体设定的规范），避免走向规范主义甚至种族主义（例如 García-Moya，1981；Sánchez，1981；Valdés，1995）。这些观点直到今天仍然适用，正如 Valdman（1988）所说，我们制定的课堂规范的范围应当取决于二语学习者的语言水平和他们的总体语言能力。在本章的后半部分讨论课堂教学规范的意义时，我们将对这些话题进行深入探究。

236 **表 9.1 法语问句和教学规范**

问句类型	举例	社会语言学模式	习得模式	教学建议
前置问句	*Où tu vas?*（你去哪里？）	常被使用，但该形式遭到歧视；与陈述句形式的问句功能不完全一样	容易习得（Valdman，1975，1976）；最容易使用	在口语产出和理解的早期阶段学习
陈述句形式的问句	*Tu vas où?*	常被使用，但该形式遭到歧视；与前置问句功能不完全一样	句法复杂度较弱，相对容易习得	放到输入材料中，以练习口语产出过程中的接收能力
添加 Est-ce que 形成问句	*Où est-ce que tu vas?*	有各种语言变体形式；比倒装句更中性，与前置问句和陈述句形式的问句相比，受到的歧视更少	容易习得和使用（基于对比分析）	口语教学的后期阶段进行学习（甚至可以晚于写作学习）
倒装问句	*Où vas-tu?*	较少在法语口语中用到（尤其是非正式交谈中）	受限于很多句法约束；较晚被习得	仅用于写作教学；在学习前置问句之后进行教授

语言规范与语言变异有何关联？

在本书的前几章里，我们已经了解了语言变异的一些基本事实，其中尤为重要的一个事实是：语言变异对获得社会语言能力十分关键。回顾 Canale 和 Swain（1980）对社会语言能力的定义（详见第一章），这种能力指的是根据交际场合，
237 能够正确理解或产出以某种语言形式呈现的社会信息。也就是说，我们希望二语学习者能够培养这种能力，在他们身处的社交场合用正确的方式进行交际。因此，从这个角度出发，我们应该帮助学习者习得含有变异的二语语法。这可能与我们之前引用的部分研究内容背道而驰，在这部分研究里，“标准”甚至“规范”被认为在一个语言社会是永恒不变的。比如，选择一个语言标准意味着“选择正确的语言变体”，而非选择适合特定场合的语言变体。在一些情况下，标准的选择仅取决于地理位置，其他社会因素则完全被忽略。同样，尽管规范是一个语言社会里最常使用的语言形式，但如果认为只要能识别这些最常用的形式并把它们用

到教学中就万事大吉了的话，我们就大错特错了；相反，我们应该认识到规范本身就包括了变异的结构。如果说一些语言形式使用得最频繁，这同样意味着我们仍然要使用一些其他形式。再回到社会语言能力这一概念，显而易见，语言习得的目标也必须是可变的；否则，二语学习者将无法像母语人士那样在不同的场合下准确地使用合适的语言变体。

当我们探索为语言教学设定目标的意义时，几个和社会语言变异相关的概念可以起到作用。比如，应该认识到语言有一系列特征。一说到语言变异，我们首先就会想到地理。众所周知，各地的语言都有所差别。在西班牙语、英语、葡萄牙语或法语这样的例子中，尽管不同大陆、不同国家的人都说这同一种语言，但大家也能轻易识破其中的差别。也就是说，把美式英语作为美国二语学习者的目标，或者把加拿大式法语作为加拿大法语学习者的目标，都毫无意义。相反，如果我们探究和性别、社会阶层、年龄有关的语言变异，我们就可以更精准地为语言学习者设定目标。设定一个毫无变化的、适用于所有场景和人群的目标，只会让二语学习者说起话来像一个身处正式场合的中上阶层的高知女性；这只能在某些社会场合奏效，但无法套用于其他情况。此外，即使说话人的身份与这样的场合相匹配，他们也得根据不同的交际情境适当调整语言的正式程度。因此，我们需要注意，语言变异不单取决于地理位置；在为二语课堂制定合适的目标（或者 238
目标范围）时，我们还应该考虑到其他的社会因素。

另一个关于语言变异的重要事实是，我们在不同的场合说话是不一样的。对母语人士来说，这取决于听众和场合的正式程度（详见第二章和第三章）；对二语学习者来说，这种语言变异则因教学任务而异，常常取决于对该任务的注意程度、该任务的要求（如认知要求、时间限制）以及其他各种因素（详见第七章）。在两种情况下都要认识到，有效的交流离不开准确地使用语言变体。尽管在课堂上完好地呈现各种社会因素十分困难，并且这样做会存在许多漏洞；但要在课堂上加入各种互动任务却非常简单。一旦我们开始设计一些任务来模拟各种社会场景，并教授学生如何在这样的场景里正确交际，我们就已经是在帮助他们培养交际能力了。至于如何实践这些想法，下一章将会进行深入探讨，而目前的关键问题是，我们必须要把课堂教学目标和各种社会、地理和情境（或任务）因素联结起来。

最后一个要记住的重要概念是，语言变异会影响各级语法。在第二章里我们探究了词汇选择、形态句法、语音系统、语用语法等各级语法变异的例子。就语言分析而言，一个共通的事实是：所有变异都是社会、情境、语言和个人因素共同作用的结果。尽管当我们为语言学习者制定目标时，不同层次的语法之间可能会有一些重要差别。例如，在西班牙语中，无论用“durazno”还是“melocotón”，哪个词表示桃子，差别都不大；相比之下，一个动词是否使用了正确的时态更引人注意。这一事实也启发我们应该根据二语语法的不同特征有针对性地制定教学规范。这一观点也将会在接下来的讨论中进行深入探讨。

语言规范的制定如何影响第二语言课堂？

在本章开始，我们已经讨论了标准语言的概念，了解了语言学家是为社会确
239 定语言规范，语言教师则向二语学习者阐明学习目标；接着我们还明确了那些与目标和语言学习联系最紧密的语言变异。本章接下来的部分将会探讨与教学规范直接相关的一些教学领域（回顾一下前几章的内容可以提供一些帮助）。Nagy、Blondeau 和 Auger（2013）在研究蒙特利尔的英语母语者时，试图寻找课堂内外的结合紧密度与双主语（subject doubling）（魁北克法语的一种语言特征）的习得之间的关系。这项研究对比了几种不同类型的学习者：有的参加法语外语学习班，有的参加法语沉浸式学习项目，还有的在以法语为教学语言的学校学习。研究者们用“融入指数”来反映学习者们课堂之外与法语社区参与度，结果显示融入指数的确与双主语的使用率有关。不过其他因素也同样重要，例如学习者会对一些（并非全部）可以反映当地母语者特征的语言因素极其敏感；此外，学习者周围的环境也会影响他们使用双主语，比如在工作中说法语的人双主语的使用率更高。研究者最后提到，这一结果可能是由不完全习得或者态度因素造成的，但只有进一步的研究才能区分出这两种影响。回到教学规范和目标的讨论，这些结果表明地方性的语言变体是可以在互动中习得的，而且这还能培养在课堂外使用目标语进行交际的能力。尽管那些在课堂外与法语母语者互动少的学习者往往更少使用双主语，但好在他们或多或少也能学习到一点这种用法。本章的目的不是评估一个人是否可以完成这样一个目标，即为培养社会语言能力提供有效的教学指导，这是在第十章要谈到的话题；本章讨论的是一些涉及教学规范的更宏观的问题，以进一步激励我们使用语言变异知识来推进课堂教学。

语法教学

我们在第一章讨论了语言输入的重要性，不管对哪种理论模型来说都是如此。这意味着一个好的教学模型应当提供大量的输入（语境中的语言）。当提到发生 240
在课堂上的语言教学时，我们会想到语法规则。第一章讲到了元语言知识在语法发展方面的局限性，但也提出了一些具体的方法，例如关注语法形式可能对语法学习有所帮助。如果我们认为习得发生的起点是学习者把某种语言形式和某种意义联系起来，那么语言课堂最重要的任务之一就是帮助学生们加强这种联系；当然，基于不同的理论模型，这种联系会被想象成不同的样子。不过，各种理论模型，从联结主义（Connectionism）中的神经网络到普遍语法（Universal Grammar）里的参数重置，都承认正式的语法教学具有一定作用。因此，暂且不管元语言知识具体发挥怎样的作用；只要假设它能带来一些好处，我们就可以思考语法形式教学和教学规范之间存在着何种关系。

当我们探究关注语法形式的教学时，要考虑的第一个问题就是语法性的定义。如果从标准语言的传统定义来看，一个符合语法的语言形式就是“正确的”或者“合适的”；但如果从语言规范的角度来看，学习者的目标需要包括各种语言变体。这意味着正确的语言形式不止一个，对同一语言形式的接受度也可能不同。换句话说，我们摆脱了“要么对，要么不对”的二元观念，随之取代的观点认为某些语言形式适合于某些情境，而且在有些情况下可使用的语言形式还不止一种。但我们要提醒读者，我们并不是在宣扬一种“怎样都行”的方法；相反，像语言其他方面一样，我们应该在语法教学中引入语言变异这一概念，提倡所谓“合适”是随语境而定的。在深入展开这一观点之前，举例说明一下什么是不同程度的接受度可能会有所帮助。表 9.2 列举了一组话语，有的能被普遍接受，有的不能被接受。请读这十句话并对它们进行评分（0 分表示完全不能接受，10 分表示完全可以接受）。

你可能认为有些句子完全不符合语法规则，有些则完全正确；但我们最关心的是介于这两种情况之间的句子。在这些情况下，你就会思考什么时候、什么人、在哪里用这种语言形式是最合适的。在这些例子里，社会语言变异的知识告诉我

241 **表 9.2 可接受度评分**

例句	是否可以接受？ 0（完全不能接受）—10（完全可以接受）
你觉得这些苹果怎么样？ (How do you like them apples?)	
我没说停之前不许停下来。 (It ain't over until I say so.)	
和我说话的那个女人就是 Marla。 (Marla is the woman I spoke to.)	
Bret、Jordan 和我将要去音乐会。 (Bret, Jordan, and myself are going to a concert.)	
他没时间。 (He don't have no time.)	
你现在在哪？ (Where are you at?)	
你一个人来的？ (You coming along?)	
随后的调查将证明这一事实。 (The fact was evidenced by later research.)	
一个同学让我帮他们完成家庭作业。 (A classmate asked me to help them with their homework.)	

们，各种不同因素决定了一种语言形式的被接受程度，也正是这些因素指导着语法形式的教学。比如，一些语言形式并不正式，但是却适合所有人使用；而有些形式应用较少，这是因为受到了地理限制。这两种类型的语言形式或许都可以放到课堂教学中，同时还应该呈现影响其使用的因素。回到具体课堂中的教学规范，我们会考虑这种语言形式是否能广泛应用于学习者的目标语环境。毕竟，比起完美无缺但仅适用于学习者很少接触的地区的语言，学习那些在目标语环境中广泛使用的语言形式更有用。因此，语法教学规范中一条重要的准则是，尽管有一系列普遍被接受的语言形式，它们在不同语言社会中使用频率不同（例如受到地理限制），而学习者最应该学的是他们在未来的交际中最常使用的那类语言形式。
242 当然，对某些外语环境，这也意味着学习者要学习各种不同的语言形式，因为他们可能遇到来自不同地区的人。

另一个重要因素与不同社会阶层的接受度有关，因此在某些情况下会带有一定的社会歧视。这样看来，多输入特定类型的语言形式对学习者有好处，但这种类型可能并不适合在正式教学的早期阶段进行教授。二语学习者往往首先习得非变体的语言形式（即形式和意义一一对应），这也同样适用于根据社会因素而变的形式。因此，尽管高阶学习者学习语言时灵活度更高，但在初始阶段时他们还是更适合通过正式教学学习最常使用的语言形式。这种方式的适用程度取决于所教授的语法特征。在第三章我们了解了词汇层面的变异受到的歧视更少，并且这种歧视因地理位置而异；相比之下，句法形态层面的变异则更难被接受。比如，Rickford（1996）就提到过与音系和句法层面的变异相比，词汇层面的变异更容易被接受。甚至当我们探索形态句法层面某些特定的差异，比如相较于发生在两种已有形式中的变异（例如西班牙语的将来时态 voy a hablar“我马上就说话”和 hablaré“我将要说话”），含有创新的语言形式的变异（例如西班牙语中的 dijistes“你说过”中的“s”本来表示第二人称单数，但现在也可以用来表示过去时态，原过去时态应表示为 dijiste；详见第二章 Barnes（2012）对这个问题的研究）更容易被歧视。总的来说，在语法中，形态句法层面的变异最难被接受；对变异的不同接受度也可以指导我们选择需要重点教学的语言形式。

迄今，我们注意到不同的语言社会对变异形式的接受度是不一致的。我们还注意到语言教学如果有一个明确的目标社会，那么这个语言社会里的一些语言变体是可以纳入到正式语法教学中的；同时，这些形式会受到更少的歧视（尤其是在形态句法层面），也非常适合用在正式语言教学的初期阶段。然而我们还是要提一句警告：一个人的失误可能是因为使用了不正式的语言，也可能是因为在正确的场合没有使用这些非正式的语言；换作是高度正式的语言，也可能出现同样的错误。尽管我们常常认为二语学习者说话会比母语者更礼貌一点，但如果过于正式反而会令人反感。例如，介词悬空虽然不符合英语语法，但却经常在口语中使用，甚至如果在一些场合不这样说话就会显得呆板做作。在非正式交谈中，听到有人问“to whom are you speaking?（你在和谁交流？）”而不是“who are you talking to?（你在和谁说话？）”，大部分人都会觉得很奇怪。可以想象，在美国西南部学西班牙语或在加拿大学法语也会出现类似的情况。这两个地方分别流行半岛西班牙语和欧洲法语，和正统的语言之间的差距一听便知（详见 Auger，2002b；Gutiérrez 和 Fairclough，2006；Villa，1996）。在这些情况下，对地方规范的敏感性至关重要，这样学习者才能和当地人互动交际，获得额外的输入，进一步提升语言水平。学习者的能力达到一定水平时，使用过于规范的语法形式反而会妨碍他们进行自我表达。纽约市一项有趣的研究表明，英语二语学习者认同的种族群体并不相同，他们习得的语言和课堂教学关系不大，而与他们最 243

认同的社会群体紧密相关（Eisenstein，1986）。鉴于此，对形式的关注不应只想着一个目标就可以适用所有学习者；相反，还要考虑语法形式的可接受度、学习者的语言水平，以此来设计教学材料。之前对于法语不同问句的讨论就是一个绝佳的例子，即通过证明各种因素如何相互影响以确定教授合适的语法形式（如Vladman，2002）。从一开始我们就提到，在语境下教语法是一种有效的方式，可以提供输入并使正式教学的优势最大化。迄今为止，各种讨论显示，这种语法正式教学的方法可以为一些语言形式的使用提供额外的信息，这些形式对学习者的成功交流来说必不可少；此外，这种方法还可以把任务和评估情境化，以此加入一些变量（如说话人、情景设置）。因此，不管采用何种理论框架或教学方法，考量二语语法的教学规范时，在情境（语言和社会情境）中提供语言形式可以帮助学习者将来有效使用这些形式。

继承语者

另一个和教学规范相关的重要方面是对**继承语者**（heritage speaker）的教学。
244 尽管有些争议，但继承语者一般指从小仅靠和家人互动学习一门语言的人。这类语言使用者虽然缺少对这门语言的正式学习，他们的理解能力却不逊于母语者。尽管美国最大的继承语者群体之一讲的是西班牙语（详见 La Corte 和 Canabal，2002；Potowski，2013），但继承语者应当包括讲其他任何语言的人，只要这种语言在家庭环境之外不用于交流或正式教学。在一些地方，来自同一种继承语背景的群体足够庞大，因此他们可以提供继承语的相关课程和专为继承语者设计的教材；而另一些情况下，继承语者会和其他没有该语言背景的学习者上同样的语言课。不管学习环境如何，也不管这样的环境下使用同一语言的继承语者数量有多少，为所有学习者提供高质量教学的核心仍然要看教学规范。

在特定的制度下，反思继承语者对语言教育的影响至关重要。例如，Potowski 和 Carreira（2004）在评估美国的西班牙语继承语者的影响时提到，该群体对西班牙语教育的影响程度不可小觑。（尽管在美国说西班牙语的人数众多，但西班牙语的历史文化并不足以在美国的历史文化中占有突出地位。因此，美国的西班牙语教学通常是把西班牙语使用者融入到英语母语者的西班牙语课程中，而不是将西班牙语继承语者和二语学习者结合在一起去各自学习适合他们语言和文化背景的课程（Potowski 和 Carreira，2004：422）。这一现实对检验学习者的目标具有重要意义，尤其是对继承语者来说。

一般说来，大部分语言学习者（不管是不是继承语者）的目标都是能使用一门语言进行有效的交流。这并非单指享受一次愉快的交谈，而是要求掌握必要的写作和口语技能并在不同的情境下实现社会、专业、经济、学术等方面的目标。换句话说，交际能力要求学习者在正式和非正式的情境下都能自如写作和交谈。这意味着那些只能在课堂上接触一门语言的学生，必须寻求机会了解该语言中非正式的语体、地方性的语言变体和一系列社会和专业性的互动。从这个角度来看，继承语者也有着相似的需求，不同的是继承语者更容易接触到非正式情境下的语言，却很难学习正式的语体，而课堂教学则可以教他们如何进行正式写作和交谈。245
应该清楚的一点是，如果我们认为教学的目标是培养交际能力，并承认教学规范应该包括各种语言形式并为何时使用这些语言形式提供信息，那么这样的信息就可以引导语言教师为继承语者和非继承语者提供同样有效的课程材料。这一观点和该领域一些顶尖专业人士的观点不谋而合；为中级学习者设计的课本就遵循了这一观点，以满足各类型学习者群体的目标（请参阅 Potowski，2013）。

第二个有关继承语者的重要方面是语言态度（language attitudes）（不管他们是否与非继承语者一起上课）。我们之前也提到过，使用一种不符合当地习惯的语言变体会导致与当地居民不必要的疏远。此外，不使用当地语言变体进行教学可能会让人觉得这种变体好像低人一等，还会强化主流语体在当地的使用（请参阅 Leeman，2005，2012）。Villa（1996）对这种情况建议道，本地的语言变体应该作为课堂教学的基础，但同时也应该作为一个跳板，培养学生遵循正式的、广泛运用于各地的写作标准。Gutiérrez 和 Fairclough（2006）关于得克萨斯州语言课堂上的美式西班牙语有一场很经典的讨论。他们列出了几个很有力的论据来支持在课堂上使用美式西班牙语。首先，他们指出所有学生（不管是不是继承语者）的目标都是希望能在工作场合用到西班牙语以获得经济上的成功。显然，如果不能自如使用本地语言那是无法获得这种成功的。第二，教材的选择很能说明课程设计者的语言态度，如果不把当地西班牙语的变体编入教材，可能会让人觉得这是对语言变异的歧视（详见 Leeman，2012）。有研究表明，语言教师通常对当地的语言变体持消极态度（Valdés、González、López García 和 Márquez，2003）；继承语者也意识到他们自身也对自己的语言变体持消极态度（Bernal-Enríquez 和 Chávez，2003）。McGroarty（1996）探究了动机、态度和学习者学习结果之间的关系，指出学习一门二语和 / 或社会语言学对语言态度的影响程度往往取决于学习时间的长短和教学的质量。Leeman（2012）已经告诉我们主流的语言意识形态不仅会影响教材的选择（详见 Leeman 和 Martínez，2007 在西班

246 牙语继承语课本中对语言意识形态的讨论），而且会影响制定和修改教育政策及课程体系时优先考虑哪些语言变体、如何评估学习者，甚至哪种教师更受欢迎。至于教学评估，教育工作者和研究人员面临的一个挑战是要发展分级测验以了解继承语者现有语言知识的差异，并为他们提供合适的课程（例如 Beaudrie 和 Ducar，2012；Fairclough，2006；Potowski、Parada 和 Morgan-Short，2012）。不论是否为继承语者提供课程，这种分级测验都应该重点关注继承语的两种变体（在家中使用的变体和学术上使用的变体）之间的差异。作为语言教师和 / 或语言项目管理者，我们的主要目标之一就是尊重现存的各种语言变体，同时提升在更大背景下理解教学规范的能力（请参阅 Potowski 和 Carreira，2004）。在这里引用的作者的立场并不是说本地语言变体应该替代所有教学目的，而是说二语习得的一部分应该培养对语言变异的理解，这样大家才能意识到本体变体和正式的书写体、口语体都十分重要。

第二方言习得

与地域差异和继承语者密切相关的最后一个领域是第二方言习得（social dialect acquisition），这一术语指的是习得一门语言的另一种变体。这一变体可能因语体（正式程度）、地理、种族或任何其他前几章提到的社会因素而异。在很多情况下，该术语用来指适合继承语者的教学目标（如 Martínez，2003；Valdés，1997），不过它也可以指不同种族或地域中的语言变体。例如，奥地利的德语学习者，蒙特利尔的法语学习者，或在多米尼加共和国留学的西班牙语学习者，他们很可能见识到所学语言的各种变体，而这些变体和他们在课堂上接触的语言相差甚远。之所以把这个问题作为语言习得目标讨论的一部分，主要有两方面的原因。第一就是这能使我们记住，一些语言变体始终会在课堂上占有一席之地；第二就是这样可以与最近几章关于社会变异习得（尤其是在国外学习）的研究内容关联起来。从文献角度来看，我们发现学习者确有能力把一种语言变体的各种变异形式整合到他们现有的语言知识中；甚至时间一长，他们还可以掌握
247 影响变异形式使用频率和情境的各种限制条件。

表 9.3　第二方言习得证据总结

语言	研究地区	习得的变体
法语	法国 （例如，Regan、Howard 和 Lemée，2009）	省略“ne”；nous 和 on 交替使用；词尾 /l/ 发音省略；将来时态表达
日语	日本 （例如，Ishida，2006；Marriott，1995）	语篇标记词“ne”的使用；敬语和平语交替使用
西班牙语	多米尼加共和国 （Schmidt，2009） 西班牙 （例如，Geeslin、García-Amaya、Hasler、Henriksen 和 Killam，2012；Knouse，2012；Ringer-Hilfinger，2012） 跨地区对比 （例如，Kanwit、Fafulas 和 Geeslin，2011；Kanwit 和 Solon，2013；Salgado-Robles，2011）	多米尼加西班牙语 /θ/ 发音有多种变体； 间接宾语 le 的使用，将来时态表达，现在时态，连系动词对比，一般现在时 / 现在进行时交替使用，一般过去时 / 现在完成时交替使用

这种对一门新的语言变体特征的了解也能延伸至语法层面。表 9.3 总结了学习者习得第二方言能力的一些证明。

表 9.3 显示出不同水平的学习者都可以掌握一门语言中不同变体的各种特征；这不仅适用于那些只会一门方言的学习者，也适用于在之前的学习中已经接触过二语各种方言的学习者。回到教学规范上，第二方言习得意味着二语习得不存在唯一正确的起点。我们可以根据社区、学习环境、学习者目标等来定义“目标”，这样一来，学习者就可以按照他们的需求和所处环境习得额外的语言变体。此外， 248
我们也可以在教学一开始就强调社会语言变异的重要性，这样学生们就能意识到语言变异是任何一门语言都无法割舍的一部分。

教材的选择和编写

在我们探索制定课堂的语言标准、使用准则和合适的教学规范过程中，我们已然指出社会语言变异的知识对语言教师和语言学习者有诸多好处；在课堂上教授各种语体、方言和来自不同社会群体的语言，可以帮助学习者主动和他人交谈、与语言社区内外的人保持沟通、在工作场合使用正式的语言、把语言变异视为所有语言中普遍而必要的一部分。一般来说，语言教师会欣然认可这些观点，但他们无法确定如何营造一种课堂氛围来达成这些目标。Pérez-Leroux 和 Glass（2000）意识到了这种需求并展示了如何利用场景（在这些场景中教师面临的是课本中过度规范的语言）探索现有的问题，这对于教师培训很有用。下一章我们会列举更具体的教学指导；考虑到我们已经探究了如何设定合适的语言教学目标，本章最后我们将提出一些关于教材选择和编纂的指导原则。

确定受众

学习语言的人目标不尽相同，有的是为了拿到高分，有的是为了达到学术要求，也有的是为了和外国的家人交流。一个班级里通常不可能所有学习者的目标都一致。不过，交际能力包括在语境下有效使用语言；如果语言老师可以识别相关语境，帮助学习者和目标对象交流，就能加强他们的交际能力。

了解现有的输入（naturally occurring input）

对很多二语学习者来说，目标语的输入来源很丰富，可以来自当地社区、以前的语言老师、国外学习的机会，或者借助技术和纸媒。在任何情况下，老师都
249 应该了解学习者可获得的输入有哪些，这样老师才能最大限度利用现有资源，并
提供学习者获取不到的资源（通过提供额外的语言变体和 / 或使用语境）。

重视无声的信息

考虑到语言态度在二语习得、动机和个人身份表达中的重要性，老师必须意识到教材也会向学生传达一定的信息。如果教材包括了一门语言多种变体的例子和规范使用的社会语言学分析，那会向学生传递这样一个信息：语言变异是语言交流中必不可少的一部分。

从个人角度入手

把语言形式和社会含义联系起来是语言学习的一部分；这些含义可以是个人经历、兴趣和身份。Rickford（1996）指出老师和学生使用的方言很重要，因为提升语言能力的一部分取决于我们对自己语言的可变性的理解。经验丰富的教师会向学生展示语言和经历之间的关系，我们的个人经历就是最好的例子。不存在

完美的经历，也没有最好的语言变体；老师最好的教学资源之一来源于他们自己的兴趣和知识。

更有活力一点！

如果我们希望为学习者提供机会发展他们的社会语言能力，这就需要我们创造各种互动情境，让他们接触不同类型的言语和各种交流对象，还要让他们了解各种情况下哪些因素会影响我们对语言形式的选择。除了保持学生的兴趣之外，我们还应该借助现有技术寻求更多可用的资源，为课堂提供新的语言样本。例如，Auger（2002a，2002b）探索了如何将电影或音乐作为一种展示方言的手段融入课堂；一些新的语言课本也加上网页链接作为课外辅助材料。总之，稍加探索就可能发现令人惊喜的新的语言材料，让我们的学生从中受益。

课堂学习者与自然学习者之间的差异 250

在确定了合适的目标和教学规范后，上文提到的关于选材的指导准则显示出二语课堂和自然学习环境相差甚远。意识到这两者的差异是改善课堂教学的良好起点，因为这与教学规范和教材编写息息相关。首先，我们注意到课堂学习者（classroom learners）接触的语言变体和互动情境比较局限。对继承语者来说，他们常置身于使用本地方言（或家人使用的语言变体）的非正式的场合，而难以接触各色人群讲的正式语言。对非继承语者来说，他们则常处在使用正式语体的场合，缺乏与方言的互动。这两种情况下，语言老师都可以引导学习者，为他们提供更广泛的输入和互动情境。McGroarty（1996）认为这样可以创造多种机会帮助学习者产出正确的语言，对所有类型的学习者来说这都是提升能力的必要环节。

第二，课堂学习者缺乏与二语母语者的个人互动。在自然发生的场景中，语言学习者会积极地或者消极地看待目标语（参见第四章对 Norton Peirce 作品的讨论），但只有通过直接接触，学习者才会和目标语产生更亲密的关系。然而，在二语课堂上，学习者不需要和二语母语者交流接触。为了让学习者可以掌握一门语言的多种功能，其关键在于找到合适的办法把学习者的个人经历和这门语言联系起来；而与之最相关的就是学习者自己的目标以及语言使用对象的信息。

第三，课堂学习者可以接触到更广泛的语言变体，尤其是因地理区域不同产生的变体。例如，很多母语人士或者自然学习者（naturalistic learners）一般只会一种方言；相比之下，有的课堂学习者由来自各个地区的老师授课，有的在外国学习，也有的可以接触到含有多种语言变体的课本。当然，这是课堂教学的一个优势，但却会引发诸如“我们应该哪种语言变体？”或者“哪种语言变体是最好
251 的？”之类的问题。因此，当我们认可了与语言变体的广泛接触，我们就必须重新定义“目标”，加入多种变体的概念，也要呼吁不同群体的说话人为他们的语言变体代言。只有这样，才能培养学生对语言变异的积极态度。Auger（2002b）指出，沉浸式学习者和二语学习的目标各不相同，但即使在规范目标多样化的环境中（外语课堂是典型例子），对某一特定方言的研究也能让学生意识到语言不是单一性的，这能让学生为各种互动做好准备，理解不同的社会语言场景；即使学生日常生活中无法与某一语言变体的说话人互动，这种好处也仍然存在。

最后要总结的是二语学习者和母语者之间的差异，甚至说是二语课堂学习者和自然学习者的差异，即母语者认为非母语者应该使用哪些语言形式。在前面的章节我们可以看到，非母语者有时在使用非正式语言变体（例如，-in vs. -ing；Adamson 和 Regan，1991）时过度依赖规范标准。同时，我们还指出了掌握非正式语体对二语学习者的好处，比如与目标社区建立联系，与当地人培养个人关系以获得持续互动。然而，有研究提到，一些非母语者会被认为不礼貌，因为他们还没有掌握母语者的一些交流技巧（如 Tanaka，1988）。其实只要稍微客气或礼貌一点，就能弥补语言上的不足。因此，要记住很重要的一点：母语者中某些特定群体常使用的一些语言变体可能并不适合非母语者，无法帮助他们建立人际关系。不过，核心观点依旧是：学习者对社会语言变异的理解会让他们受益无穷，即使人们对非母语者的期待和对母语者的期待不同。

总 结

本章我们探究了在二语教学规范中，社会语言变异是如何被理解的。我们指出语言学家试图描述特定社会的语言使用规范，包括那些因说话人、语言情境、互动情境而异的规范；语言学习者通过了解并接触这些实际情况培养交际能力。
252 我们建议，二语教学材料应该反映当地社会风俗、学习者目标和他们潜在的交流对象以及语言教师的个人经历。我们的重点始终在于要建立对语言变异的理解，保持对目标语不同变体的积极态度。本章主要探究了语言教师必须要做的理论思考和宏观决策，下一章将探讨如何实现这些观点。

课外阅读推荐

a. Galindo, D. L. (1995). Language attitudes toward Spanish and English varieties: A Chicano perspective. *Hispanic Journal of Behavioral Sciences, 17,* 77-99.

b. Gutiérrez, M., & Fairclough, M. (2006). Incorporating linguistic variation into the classroom. In R. Salaberry & B. Lafford (Eds.), *The Art of Teaching Spanish* (pp. 173-191). Washington: Georgetown University Press.

c. Nagy, N., Blondeau, H., & Auger, J. (2003). Second language acquisition and "real" French: An investigation of subject doubling in the French of Montreal Anglophones. *Language Variation and Change, 15*(1), 73-103.

d. Poplack, S., & Dion, N. (2009). Prescription vs. praxis: The evolution of future temporal reference in French. *Language, 85*(3), 558-587.

e. Valdman, A. (2002). The acquisition of sociostylistic and sociopragmatic variation by instructed second language learners: The elaboration of pedagogical norms. In C. Blyth (Ed.), *The Sociolinguistics of Foreign-Language Classrooms: Contributions of the Native, the Near-Native, and the Non-Native Speaker* (pp. 57-78). Boston: Heinle.

理解与运用

A. 理解

1.“标准”语言是如何定义的？比起“标准”一词，语言学家现在更常使用哪个术语？

2. 规范准则和描述准则两者有何不同？

3. 什么是社会方言？

4. 关于社会特征，社会语言学家试图理解什么？

5. 判断一个语言变体是被推崇还是被歧视时要考虑哪些问题？请列举三个。

6. 什么是语言忠诚？

7. 根据 Train（2002），变异和标准化之间的关系是什么？ 253

8. 制定目标规范时，Valdman（2002）认为应该考虑哪三个因素？

9. 根据 Behnstedt（1973）、Coveney（1996）和 Valdman（2002），为什么在二语法语中应该先教前置问句？

10. Keller（1982）认为双语教育的目标应该是什么？

11. 在 Nagy、Blondeau 和 Auger（2003）的研究中，哪些因素和法语中的双主语有关？

12. 继承语者一般有哪些特征？哪些特征在不同继承语者之间表现出来的差异更大？

13. 什么是第二方言习得？

14. 课堂学习者和自然学习者之间的差异体现在哪三方面？

B. 运用

1. 根据到目前为止你读过的有关社会语言学变异的内容，你对于课堂教学内容的概念发生了怎样的转变？如果你是一位老师，这对你的教学产生了何种影响？如果你是一名学生，这对你所学的知识产生了何种影响？

2. 你是否使用一些不“标准”的词汇、短语、句法结构或者发音？你使用它们时会有什么样的效果？人们对此是何种反应？你感受如何？你会为了产生特定效果或者在特定场合使用一些特定的表达吗？是否在有些场合你不会使用这些表达？如果你认为你没有使用过“不标准”的语言，可以想想你认识的人有谁这样做过，并从他们的角度来思考以上问题。

3. 想一条关于英语（或你说的其他语言）的通用的规范性准则。写下这条准则，然后把它改写为一条描述性准则，思考说话人在实际生活中是如何遵循这条准则的，又可能存在哪些变体形式。（比如，“在英语中，双重否定是绝对不允许的，在任何情况下都不符合语法”。）

4. 你认为说话人会觉得下面的表达相比其他形式更容易被接受吗？

1a. 噢，放到那个冰盒子（指冰箱）里就好。

1b. 那条河里全是小虾（指淡水小龙虾）。

1c. 这孩子发了好一通火（指发脾气）。

2a. 他啥都不晓得。

2b. 我就问一问题。

2c. 我可能也许下课后来找你。

254 用 Rickford（1996）的结论来证实你的答案。再自己用英语（或其他你了解的语言）举几个例子。

5. 根据本章讲到的教材选择和编写（Material selection and development）的原则，完成一个教案，要注明你的受众，考虑现有的语言输入，展示如何利用无声的信息，如何把个人经历纳入教学，最后增加一个活动提升课堂活力。

第十章　将社会语言学融入第二语言课堂

使语言教师或课程开发者熟悉有关社会语言学和第二语言社会语言学变异习得的基本事实，是本书的首要目标。反过来，这些知识对学习环境和结果产生积极影响，使学习者能够发展第二语言交际能力。除了了解社会语言学变异的宏观含义，如目标语规范评估和选择（见第九章），对语言变异的理解还会影响日常课程计划和教学材料选择。我们将从几个场景开展本章的讨论，这些场景表明，由于所使用的语言只可以代表一些人，而不是所有人，所以，其实在每节课中都存在社会语言学变异。因此，尽管这些语言使用不是有意识的，我们会通过提供教学输入材料、解释语法现象和阐释教学目标来确定在课堂上展现什么样的说话者素材。以下课堂事件和互动示例展示了教师掌握社会语言学变异的意义。我们从场景 1 中的示例开始。

尽管场景 1 中的第一个回应是正确的，但它缺少重要的细节。首先，它没有正确识别学习者听到的声音，也没能辨别该声音出现的语境。这些信息对于提高学习者对语言变体的理解至关重要；如果学习者打算未来在西班牙留学，这一点尤其重要，因为他们可能会再次接触到这类语言变体的母语者。最后，如果教师没有通过指出西班牙母语者在其他语境中可以发出“s”这一音节，为学生关于“说话咬舌”这一疑问答疑解惑的话，学习者会消极看待此种西班牙语变体，认为他们的发音在某种程度上是奇怪的、不符合标准的。

256 **场景 1**
语境：学生正参与一个西班牙语听力理解活动，使用的材料是教材中的音频。学生需要认真听音频，判断 Susana 是否喜欢此类活动。
学生的问题：为什么这个男人说话咬舌？
可能的回答：他来自西班牙。
社会语言学指导下的回答：西班牙母语者在字母 “ci” “ce” 和 “z” 出现之处，使用 “th”（称为 “theta”）这个音。他们发 “s” 这一音也没有困难，例如，他们可以正确读出像 “sala” 这样的词。这是语言地理变异的例子。

场景 2A
语境：法语初学者正在学习如何表达他们单独做的事情，以及他们和同学的共同之处。根据他们想要表达的意思，他们需要使用 *je* “*我*” 和 *nous* “*我们*” 以及适当的动词形式。
学生评论：我的法国男朋友用 *on*，而不是 *nous* 来表达“我们”。
可能的回答：那是非正式法语。
社会语言学指导下的回答：实际上，在法语对话中，*on* 这一代词比 *nous* 的使用频率更高。这在法语口语中更为常见，特别是在非正式场景中，比如说，朋友间的对话。但现在更多的人会使用这一表达方式。

与场景 1 一样，场景 2A 中，那些“可能的回答”是正确的，但它没有涵盖一些重要的领域。如果不定义什么是“非正式”，学习者可能会认为这意味着“不正确”或“没教养”。此外，将 on 定义为在特定语境中使用的代词（nous 则单独出现），这使学习者更好理解句子使用 on 而不是 nous 的原因，让他们能够从
257 语言学和社会学角度理解句子含义。最后，关于这类用法的使用频率越来越高的这一细节很重要，这样学习者就知道这不是一件“奇怪的”事情，而是整个言语社区都可以接受的语言现象。

场景 2B
语境：场景 2B 是场景 2A 对话的后续。教师给了回答后，学生提出了后续问题。
学生的问题：他这么说，是因为他说的是加拿大法语而不是真正的法语吗？
社会语言学指导下的回答：其实“真正的”法语有很多种类，包括在法国、加拿大和非洲使用的法语。每种法语都有其独特之处，也有共通的基本规则。使用 *on* 而不是 *nous*，这种用法在法国和加拿大法语中也有体现。

你不需要成为社会语言学专家，也可以恰当地回答场景 2B 中学生的问题。不论你教的是哪种语言，你都与语言偏见（language prejudice）打过交道，知道

鼓励和培养刻板印象、促生对任何一种语言的轻蔑之意在课堂上都是不可行的。尽管如此，社会语言学可以帮助我们提供具体的事实，以说明某种现象是存在于所有还是部分语言变体中。这使教师能够呈现科学性信息，并向学生提供必要的具体事实，让他们也看到每种语言变体的价值。

教师需要具备多少知识用以整合利用社会语言学？

我们认为，花时间读本书的人已经意识到了社会语言学变异对学习使用第二语言的重要性，也有兴趣在日常课堂活动中使用相关信息。然而，这个想法可能难以实现，特别是在教学材料不支持这种创新的情况下。经常出现的一个问题是，没有社会语言学背景的教师应该如何成功将多准则模型（Multi-norm model）融入到课堂中。换言之，人们想知道教师需要了解多少社会语言学知识才能达到这一目标。本章剩余部分将总结关于语言变异的最基本概念，并为将这些知识融入
第二语言课堂提供思路。与其他课堂创新一样，最有效的创新包括循序渐进地开 258
发和整合高质量的材料和活动，并考虑到特定课堂特有的因素。从这个意义上来说，我们将为社会语言学变异的应用和整合提供初步思路，以平衡创新和教师真正的顾虑，因为他们可能时间有限（或自由有限），无法开展广泛且全面的教学变革。

为此，本节的其余部分将专门针对教师，总结第二语言中语言变异的基本事实。这些可能是教师已经知道的内容，可以肯定的是，它们是本书涵盖的概念。这些知识可以作为整合第二语言课堂中社会语言学材料和活动的基石。

所有说话者的语言各不相同

发展社会语言学能力的最大障碍之一是，人们认为“优秀的”语言使用者总是使用“正确的”语言形式。实际上，优秀的语言使用者能够对各种语境作出合适的反应。这种反应可以展现说话者的身份、对话者的特征、对话的主题、语境、说话人之间的关系以及话语本身的语言特征。意识到语言变异是交际的自然组成部分，是发展交际能力的必需内容，且语言变异的发展需要一段时间，教师才能更好地在课堂环境中帮助学习者培养这些能力。这一基本知识意味着我们知道语言变异是系统的（即，受一系列因素控制）。简而言之，知道语言变异的存在以及它受到一系列约束是一个重要的步骤，且这并不意味着懂得一种广泛使用的语

言的所有语言变异细节。

语言的各个语法层面有所不同

教师还必须记住，语言在声音系统、形态句法、礼貌语规范、不同对话中的词汇选择等层面上具有差异。某些语法层面上的差异可能更直接地影响交际能力。例如，学习者可能会很难理解没有接触过的声音系统差异，而词汇层面的差异则
259 可能不会造成直接的困难。同样，与其他层面的差异相比，形态句法层面的差异局限于某种社会群体。当我们将语言变异融入语言课堂时，理解这些差异会影响语法的各个层面这一事实就变得很重要，因为这有助于我们确定哪些示例是更好的教学工具，以让学习者接触语言变异、提高其整体交际能力。此外，这可以帮助我们将语言变异缩小到仅限于不同地域的词汇选择现象（例如，苏打水“soda”和汽水“pop”的争论）。

语言选择反映了我们是谁

第二语言学习者首先认为语言变异是地理位置的产物，且可能和声音系统相关。在我们的母语中，正是与来自其他地区的人接触，而他们讲的话和我们不同，我们才会意识到这一问题。对于二语学习者来说，母语者不仅只是听起来“不同”，他们还可能在早期接触中给沟通带来挑战。然而，重要的是，语言教师（language instructor）（所有的说话者）都知道，语言变异不仅反映了我们来自哪里，也反映了我们是谁。当一个人讲话时，除了地理信息外，他还会透露性别、教育水平、社会阶层、种族等信息。诚然，理解关于语言变异的这一事实并不像社会语言学家研究一个话题一样，他们需要了解每一种语言变异的使用模式。但语言反映了我们的身份（以有意识或无意识的方式），这一观点是将语言变异示例引入课堂的基石。

我们在不同的语境中使用不同的语言

对于语言学习者来说，最重要的语言变异类型可能是他们在不同语境中改变语言的能力。这一能力要求学习者为特定的受众设计语言，这样我们与陌生人和与朋友的说话方式是不同的，与同一个语言群体的人和与群体外的人交谈方式也不一样。前几章回顾的大部分研究表明，传统的学习者通常需要接触更正式的语

境，而二语学习者通常缺少辨别语境非正式程度的能力。在这两种情况下，语言都有无法实现的重要功能。作为语言教师，懂得这一语言变异能够鼓励创新和设计课堂活动，使学习者在各种语境中灵活使用语言。即使从正式和非正式语境的基本对比开始，也能支持这类语言变异的发展。语言教师如果能记住在不同语境 260
中的语言变异，他们就能在课堂上提供各类互动机会和更广泛的输入。

礼貌就是适当改变我们的语言

即使是刚刚接触社会语言学变异的教师，在教导学生如何在特定情况下做到有礼貌方面，也可能经验丰富。例如，在教授一个特定的言语行为，如请求语时，虽然很少看到对该语用变异的详细解释，但语言教师至少提供了关于请求语的表达礼貌的词汇手段（例如，“请”）。因此，能够认识到“有礼貌”其实是另一种语言变异，会对学习者有所帮助。我们根据请求的强制程度和我们与对话者的关系来修改动词形式、词汇和语篇结构，这使礼貌语成为一个很好的示例，展现了多个语法层面的语言变异以及对听者特征的反应。然而，人们经常忽略的是，“不礼貌”同样也是一种重要的语言变异。当然，不知道如何向听者表达礼貌的学习者将无法有效地建立友谊，而且会失去进一步互动的机会。懂得礼貌语概念，且能够将其和语言变异联系起来的语言教师，在提高和降低正式程度方面，都可能调用大量知识，并在课堂上提供一系列有意义的语言变异实例。

小　结

本节简短，且没有提及具体的研究，皆是有意为之。尽管深入了解语言和超语言因素如何限制母语者使用某种语言形式是有用的，但整合社会语言学变异并不要求所有教师掌握这方面的专业知识。相反，更重要的是，他们需要懂得这类研究的基本事实。例如，语言变异是自然语言固有的、系统的组成部分。此外，改变语言的能力对有效沟通至关重要。同样重要的是，他们需要知道语言随着身份、地理位置、语境正式程度和说话者的固有特征而变化，且这种变化发生在语法的各个层面。也就是说，了解社会语言学变异的运作方式比掌握其实的专业知识更重要。以此作为出发点，本章的后续部分将探索语言教师如何在课堂活动的 261
规划和实施中运用语言变异的知识。

给第二语言教学的建议

现在，我们将看到一些实用的建议，使课堂上的语言变异多样化。这些建议表明，学习者的能力不同，完成的方式和程度也会有所不同。同样，学习者的目标和学习环境也会不同，而这也会影响教学决策。以下建议旨在引发教师对这一问题的思考，并鼓励他们探索新的教学目标，同时，满足学生群体在生活、个人和学术方面的需求。

了解目标选择的过程

上一章深入探讨了教学的选择规范（selecting norms）问题。我们前面提到过，语言教师和课程开发者（curriculum developer）必须认识到，他们对语言态度和语言变体的评估有巨大影响。他们选择的目标将被视为特定学习者群体的“正确”和“优秀的语言模式”。这意味着，教师在确定课程教学材料时，需要承担巨大的责任，选择的过程传递着不言而喻的信息。整合课堂上的语言变异的第一步，就是认识到这些事实。这样的话，我们就可以有意识地探索选择材料的过程。反过来，这也会帮助我们确定课堂材料中是否包含了不同的言语群体。例如，当我们引入材料作为书面或口头输入的实例时，它们的来源是否不同？其中是否包括男性和女性说话者和作家？沟通的主题和目的从正式到非正式都有吗？当我们要求学生完成任务或评估时，指令中是否包括语境与说话者相关的信息，来指导他们的产出？回顾第一章的内容，促进习得的两个关键因素是提供输入和互动的机会，增加输入和互动的类型可能与现在大多数的课程目标一致。

除了考虑表达方式，还可能存在一些重要的学习者特有的特征（learner-specific characteristics），它们可能会影响课堂上输入资源的选择。例如，学习者
262 生活在一个使用目标语言的群体中，无论该群体是大是小，他们都有可能从课堂中的当地语言变体，以及现有教材中的其他变体中受益匪浅。这与 Auger（2003）对加拿大法语，以及 Gutiérrez 和 Fairclough（2006）对美国西班牙语的研究建议一致。其他相关因素可能不太明显，但却同样重要。例如，一些中学可能每年都去访问目标语言国家或城市，一些大学可能会赞助学生去几个目标地区学习，一些语言学习者可能有职业目标，这与说一门第二语言的特定变体的能力紧密相关。在这些情况下，向学生展示适当的言语群体可以培养交际能力，这对学习者群体至关重要。学生个体差异也可能影响课程材料的选择。例如，如果学生拥有来自

某个言语群体的亲戚，这可能会促使教师寻找该群体的语言变体实例。

值得一提的是，包含各种类型的输入很重要，尽管这些输入并不直接对应学习者的目标，因为这可以培养学习者理解各类说话者的能力，并进一步鼓励他们将语言变异视为语言中自然和固有的一部分。表 10.1 提供了一个评价量规（rubric），可用于评估课堂上语言多样性（linguistic diversity）的程度。该表旨在涵盖地理、社会和正式的语言变异，使学习者能够在不同的语境中改变语言。评价量规可用于评估整本教材或者一天的教学计划。当在较小的范围内使用时，不需要满足所有的标准，而是看到它们每天的变化。通过这种方式，该量规可以被用来跟踪每天使用的材料，并在学年结束时制成表格，以提供完整的概述。再者，如果基于现有的课程材料评估得到的答案大多数是否定的，那么教师应该增加额外的输入或互动机会。

总而言之，依靠表 10.1 等量规清单，教师可以先确定教学材料是否包含了几个言语群体。如果他们发现其中并不包括各类说话者和语境，他们可能会重新评估学生，以便拓展材料中的实例输入，并使学生参与的互动类型多样化。这不仅应该包括地域差异（geographic variation），还应包括男性和女性、老年人和年轻人以及正式和非正式环境的例子。一旦确定需要拓展教学内容，就需要在课堂中融入新的输入资源。为了有效地完成下一步，我们可以遵循以下几条建议，

表 10.1　评估课堂教学材料语言多样性的量规 263

课堂输入（今天、本周、本学期等） 包含……产出的语言（书面或口语）	
【评估说话者和语境的范围】	
包含男性和女性？	______是______否
说话者包含多种年龄段的人？	______是______否
说话者来自很多地区？	______是______否
说话者处于休闲、亲密的对话语境？	______是______否
说话者处在正式语境中？	______是______否
说话者正评论严肃的事情，如政治和社会文化问题（以多种方式）？	______是______否
说话者正谈论轻松的话题，如娱乐事件（以多种方式）？	______是______否
【评估群体特有的特征】	______是______否
说话者来自当地语言社区？	______是______否
说话者属于出国留学目标语言社区？	______是______否
说话者来自的地区至少与一个学生相关？	______是______否
来自不同地区的说话者？	______是______否

创建额外的活动和材料，以促进社会语言学能力的习得和充分利用新的输入资源。

制作有效的课程教学材料

在暂且不考虑语言变异的情况下，有效的课程有几个恒定的特征。优秀的学
264 习活动会考虑学习者目标（learner goals）。这意味着相同的学习材料可能需要根据学习者群体和学习环境来进行修改。这还意味着某些目标，如培养沟通能力，对所有人来说可能是一样的。同样，优秀的活动可为学习者提供输入。二语习得领域有各种各样的学习理论，它们都指出习得的发展需要输入。实际上，虽然不同理论对于输入的作用提出了不同的观点，但其重要性却是恒定的。更明确地说，输入意味着提供语言样本（samples of language），而不是解释语言的用处。需要回顾的是，关于元语言知识（metalinguistic knowledge）是否能直接影响学习者语法发展存在很大的争议。尽管有些学者认为这是可能的，但大多数人都采取了中间立场，认为元语言知识可以帮助学习者注意到语法发展中的差距，注意到一种形式，然后将形式与意义联系起来，更便利地使用语言形式，等等。据我们所知，在二语习得的研究中，还没有学者主张单靠元语言知识就足以习得第二语言。这意味着优秀的材料不仅仅只有解释一种结构的用处。最后，优秀的学习活动指的是以各种方式和输入互动的机会。这可能包括与他人交谈，或使用书面文本和录音来理解所传递的内容。互动还指学习者的活动，他们需要作出反应。换句话说，学习者也必须处理输入中的信息。当在课堂上融入语言变异的材料时，这些关于有效材料的事实，与其他任何教学目标一样，应该保持不变。

一旦我们选择了输入的信息来源，也许正如 Auger（2003）所建议的那样，下一步就是将输入和课堂教学目标联系起来。例如，我的一位同事曾经分享了里卡多·阿乔纳（Ricardo Arjona）的一首歌的歌词，他住在墨西哥城，唱诵的是城内生活。歌曲“el Taxista”讲的是出租车司机载了一位正在哭泣的富婆的故事。故事发生在晚上，歌词使用了西班牙语的过去式和过去未完成式。我们用这首歌给学生提供输入，形成了过去式和过去未完成式之间的体义对比。学生一边听歌曲，一边标记过去式（例如，根据他们听到的内容做标记，或者用听到的形式填空）。歌曲本身有一些地区词汇，是由一个来自特定地理区域的男人演唱的（阿乔纳是危地马拉人）。但这节课的重点仍是研究语法形式。这样一来，歌曲丰富
265 了课堂材料，但没有扭曲现有的课程目标。更重要的是，不同的方法可能会要求学习者以不同的方式对输入作出反应。有些人关注理解，注意动词形式，还有一

些人关注的是叙事结构本身。在所有情况下，这首歌提供的输入都可以作为课堂活动的基础。需要特别注意的是，将多样的输入形式融入到课堂中，并不需要过度解释其中包含的语言变异。相反，只需要提供一个现实生活中使用的真实语言的示例。一首流行歌曲给课堂带来了真实语言输入，其中也包含了固有的语言变异。然而，它的价值不仅在于它提供的输入，而是提供了语言对比输入，方便与其他说话者和言语群体进行对比。

上述活动的目标也可能是针对了解语言在不同言语群体中的差异。以英语中的“g 省略”现象（runnin’ 与 running）、西班牙语中未来时表达式的变化（voy a caminar 与 caminaré）和法语中第一人称复数代词形式（on 与 nous）为例，这些例子中的第一种形式非常普遍，而第二种形式在某些语境或特定的言语群体中过于正式。在所有情况下，语境间、说话者间和情境间的关键差异是每种形式的使用率。因此，设计一种课堂活动，探讨不同语境中这些形式的使用频率差异，是很可行的。这可能包括比较来自不同地区的流行歌曲、不同背景的电影片段，或者比较朋友间和陌生人间的对话。在这种情况下，学习者可能会分析这些形式的使用方式，并将每种形式与社会语言学事实联系起来。然而，这应该是次要目标。主要目标是持续为语言发展提供输入，并为学习者提供与输入互动的机会，而不仅仅是分析语言变异。研究发现，二语学习者在传统课堂上没有习得社会语言学变异，这总是由于缺乏输入，而不是缺乏对语言变异的额外知识。因此，即使课堂活动的目标之一是促进二语社会语言学知识的发展，将有效的课堂材料和活动的相关事实牢记于心，是至关重要的。

设置合理的目标

前两条建议已经表明，如果把语言变异加入到二语教学，就应该让学生获得多样性的输入，并保证给学生最佳机会进行实践。一旦选择了多样性的输入，下 266
一步就要确定学生如何用这些输入进行练习；这就要求仔细考量不同水平学习者的目标。几乎所有输入都适用于各种水平的学习者，但前提是给他们设定对应的、恰当的目标。如果不考虑输入来源，也不设计课堂活动来指导学生利用输入进行互动，就会导致学习者收获甚微甚至会匆忙得出结论，认为学习者还没有做好准备去学习语言变异。

前面就提到过，新的输入来源应该和现有的**课程目标**（curricular goals）联系起来。一种方式是用语言水平来协调这种联系，这与输入材料中现有的（或仍在探索中的）变异类型有关。我们已经知道，语言变异发生在各级语法中，从语音到词汇。此外，一些类型的变异在很大程度上是由地域差异造成的，而有的变异则源于其他更复杂的社会因素。通过这些事实，我们可以看出，低水平的学习者适合学习能体现地域差异的语言变异和发生在词汇、语言系统的变异。这是因为这个阶段的学习者哪怕只是简单接触一下这种变异（比如通过旅行、和不同的说话人交谈，甚至纯学术环境），也能获益匪浅。并且，地域的特征和其语言变体（比如一个特定的词或一种发音）具有一对一的关系，使我们可以把特定变体和某一地域的人联系起来。二语学习的初期，课堂活动重点不是去讨论语言变异，因此加入地理特征并不会影响学生完成课堂活动。

对水平高一点的学习者来说，已经可以学习其他语法层面的变异，也可以学习由不止一个因素（比如地域）造成的变异。比如，中级学习者可以使用不同的语言形式以达到不同的语用目的。这意味着他们可以学习一些词汇和动词来表示礼貌，这甚至可以作为课堂活动的重点。这个阶段的学习者可以开始理解另一些因素的作用，比如说表达请求的程度，说话人之间的亲密程度。基于
267 此，一些课堂活动可以让学生根据所用词汇和/或动词的差异，判断请求的对象是朋友还是老师。当然，这并不是说日常课堂活动应该聚焦于广泛的元语言解释（metalinguistic explanations）而不提供多样的输入；也不是说学习者必须学会使用各种语言形式。对所有语法结构来说，最好的办法仍然是提供输入、培养学生的理解能力。

最后，最高水平的语言学习者不仅要学习由地域差异导致的变体，还要学习由社会因素导致的变体。随语言和学习情境而异，输入样本可能来自本地的继承语者或者其他民族，还要包括不同正式程度、来自不同性别和不同年龄阶段的言语样本。这个阶段的学习者还应该依据不同的场景进行语言产出。比如，与不同类型的输入来源（如反映不同交际目的和情境的课堂活动，涵盖各级语言的课程目标，由地理和社会因素造成的语言变异）进行互动有诸多好处。因此，从学习初期就能接触到各种输入来源的学习者可以充分利用这些机会。尽管在学习的高级阶段，解释一个结构如何变化的确有用，但输入和互动的重要性仍是首要的。

示例 10.1　初级学习者活动示例

要求：根据这则广告，该药店出售哪些商品？请标注所有符合项。

1. ______牙膏
2. ______化妆品
3. ______洗发水
4. ______感冒药
5. ______创可贴
6. ______薯片

在本小节最后，为解释这一条建议，我们用同一输入样本设计了三个不同的活动（示例 10.1、10.2、10.3）。这些活动适用于任何语言，老师们可以将其改编成他们所教的语言。下面用英文写的示例仅作为参考模型；为确保活动能顺利

示例 10.2　中级学习者活动示例 268

要求：听这则广告，指出广告中包含哪些指令语。

在法尔玛药店（Pharma Drug），我们可以满足您所有的药妆需求，甚至更多！今天赶快来购买非处方药、个人护理用品，享受超值优惠！新客户将有机会免费加入我们的"越购越省钱俱乐部"。千万不要错失良机，赶快来购物吧！

示例 10.3　高级学习者活动示例

要求：基于这则广告，判断下列句子正误，正确的填 T，错误的填 F。

1. ______买两盒流感灵（FluMed）比只买一盒更划算。
2. ______小零食中，一盒饼干价钱更高。
3. ______如果不介意价钱，克劳德特睫毛膏是质量最好的，因为它不会脱落。
4. ______正在打折的创可贴更适合孩子用。
5. ______头发干燥的人应该用沙龙的洗发水。
6. ______加入"越购越省钱俱乐部"通常要付费，所以现在注册会员非常划算。
7. ______亮齿牙膏是可以让你的牙齿最白的牙膏。

进行，材料可翻译成任一目标语。该输入样本选自网络电台，包括几则电台的商业广告。所有老师都能轻松获取这些材料；电台广播是公共的，这还可以节省语言教学的预算。老师可以调整一下广告内容，确保材料可以用于语言教学。这三

个活动示例为三种不同水平的学习者设置了合理的目标。这也表明，利用一个输入来源，语言教师可以为不同水平的学习者设计不同的课堂活动。

这些例子表明，使用相同或相似的输入来源时，对不同水平的学习者来说，有所变化的是课程目标和学习者与输入互动的方式，输入本身其实没有变。读者
269 可以注意到，上述的建议更倾向于在教学中使用真实材料，而不是建议教授语言变异。这是因为如果老师都能在语言课堂中融入语言多样性，并且设计情境丰富、恰当的课堂活动（这些活动要符合当前课程目标和以培养交际能力为任务的总体目标），那么这些活动可以给学生更多机会接触语言变异，而这些活动也适配现有教材。换句话说，改变的是口语或文字材料的类型（传统课本和不同示例中的材料），而不是课堂活动的类型。

扩大语言课堂中的语言变体范围

本章和前几章一直在强调的一个观点就是，不管理论方法是什么，二语发展最重要的一环就是输入，因此所有真实的材料都会给语言学习者提供重要的信息。此外，这些材料因来自不同的语言群体而各不相同，正因如此，它们可以让学习者了解在不同情境下二语是如何变化的。从这个角度看，语言教师和课程设计者最重要的任务之一就是识别最适合语言课堂的材料。考虑到一些老师和课程设计者从没尝试过在课堂使用各种不同的输入，我们最后将对于如何收集这些材料提出一些建议。其中，灵感的最佳来源是个人经历。作为语言学习者和老师，我们和所学语言有着千丝万缕的联系。这种联系可以来自媒体、旅行和朋友，每种联系都能帮助我们有效使用语言。通过引入我们熟悉的语言材料，我们也可以分享语言学习过程中的各种体验。这种体验可能是我们旅行时听到的一段广播，朋友朗读文章或讲述亲身故事的一段录音，或者在我们居住地拍摄的一个电影片段。尽管最终目的是引入几个例子解释语言的使用，不过从我们已知的开始学起也很有意义。

按照同样的思路，其他方法也可以识别适合语言课堂的输入材料。我们的学生也可能在某个语言社会或地域有个人经历，或对其很感兴趣，这也可以作为我们收集新材料的方向；同样，一些轰动一时的国际事件也与我们教授的目标语相
270 关，例如，目标语国家或将要举办奥运会，或遭遇了罕见的自然灾害，或发生了政变；这些情况下，世界各地的报纸、电视和无线广播都会大肆报道这些事件。这些报道不仅提供了绝佳的输入材料，而且还能让学习者了解目标语使用地区的

政治、经济和文化背景。最后一个方法是寻找那些列出了输入材料的网络链接的课本，这个办法可以节省老师宝贵的时间。很多新书都会添加目标语延伸阅读或听力的网络链接，老师们可以充分利用这一资源（例如，García-Serrano、Grant Cash 和 De la Torre（2011）以西班牙语为目标语，Kay 和 le Fleming（2008）以俄语为目标语）。这种方法尤其方便的一点就是这些链接里往往直接注明了课程目标；这意味着虽然老师仍要评估材料中语言的多样性程度，但课程活动和课程目标已经足够完善了。

注重教学实践

以上的建议可以帮助语言教师和课程设计者在课堂上使用真实材料，这些材料要能代表更广泛的语言社会和情境。为了使这一举措的优势最大化，关键的一点就是要重视当前最佳的教学实践和最近的研究发现。正如之前提到的，通过举例说明语言变异如何融入课堂是无法增强交际能力的。如果想要开发新的课程活动，最好牢记下面几点建议。一位导师曾经告诉我，良莠不分是不可取的；这个意思是说，我们已经对二语习得有了充分了解，因此，帮助学习者发展各项能力（包括社会语言能力），应该为课堂增加新的维度，而不是替换掉本已有效的教学实践。下面的建议有助于把新材料融入到二语课堂中。

记住最基本的要求

新事物最好建立在已知的事物上。我们应该记住与我们正在研究的语言教学相关的所有事实，这些事实可能来自经验，也可能是我们之前学习语言时无意中 271
得知的。例如，我们知道并非越多越好。逐渐加入新的教学材料是个不错的做法，但如果还没设计好合适的材料，或者更糟一点，还没详细解释过语言变异的例子，就给学习者灌输大量的例子，效果反而不如人意。我们已经知道的事实有：好的例子可以为未来的教学打下基础，元语言知识不会直接影响发展中的语言系统（但如果替换了原来有效的材料，就会产生消极作用），老师一次只教一个知识点时学生表现得更好。回想对初级学习者的建议，我们就提到由地理差异引起的变异（一对一的关系）开始进行教学、关注固定的教学目标这些做法非常好。并且，我们对语言学习已知的一切都可以应用到语言变异教学中。

关注学习者目标

总体来说，所有语言学习者的目标都是培养其写作和口语形式的交际能力。这包括了语法能力、在社会场合恰当使用语言的能力和根据语言规范进行交流的能力。当单个因素，如语言水平、个人或专业目标都被考虑在内，那总体目标就应该进一步完善，以适应学习群体。然而，本书的目的就是要展示语言变异是语言天然内在的一个属性，同时，适当变换语言对有效交流至关重要。这一点事实最直接的意义是，社会语言变异的知识应该更好地帮助学生达成他们的目标，而不仅仅是改变总体目标。

关注交流

把培养交际能力这一目标和我们对二语能力发展中输入和互动的重要性这一认知联系起来，这一做法值得尝试。语言教学应该关注交流；我们知道交流可以加强语言学习，而我们作为语言教师的职责就是提供交流的机会，或者更准确地说，让学生用各种方式与输入材料进行互动。很重要的一点就是不要忽视这些实际的交流，过于追求“语言是如何发挥作用”之类相关的元语言知识。对大多数老师来说，这种元语言知识既重要又有趣；但人们一致同意，理论上知道语言如
272 何工作并不意味着可以在现实情境中有效使用这种语言。

提供机会发展各项能力

我们此前已经讨论了在二语课堂中加入更多的输入材料，这样可以确保学生能在课堂上接触到语言多样性和不同的语言群体，不过，在课堂上展示各种语言技能也同样重要。换句话说，我们对能力的看法应该是多方面的，课堂活动也应该注重培养学生的各项能力。例如，学习者必须通过写作和说话进行理解和产出，准确地使用语法规则，恰当地转换语言形式，以及根据交流目的组织话语。总之，引入新的输入材料不是只培养学生的听力理解能力，而必须要关注与语言使用相关的各项能力的平衡发展。

关注个人学习风格

语言教师很清楚，学习者对教学教材和教学活动的反应是不一样的；不管某一课程活动的目标重心是什么，情况都是如此。因此，为了使教学更有效，应当

关注那些最适合多种学生群体的教学方式和教学材料。一间教室里学生们的学习方式和偏好一般都不一样。所以为了应对学习者的差异，我们应该提供多种机会以平衡不同学习风格的学习者需求。

把现有的教学实践应用到新目标中

我们已经多次提醒过，教学中加入新的输入材料可能会影响到当前的教学实践。因此，在本章最后我们建议尝试在现有的教学实践基础上，寻求新的方法来培养学生的交际能力。虽然这个思路还没有得到证实，但我们可以探索在多大程度上，语法教学方法可以有效运用于提升学生的社会语言能力。如果我们采用输入加工的方式来增强形式 – 意义之间的联系（VanPatten，2004），我们就构思出了一种适用于多种二语和语法结构的教学方法。这种教学方法基本的功能就是可 273
以帮助学习者建立形式 – 意义之间的联系（先引入某种语言形式，然后让学习者使用这种形式完成一定的教学任务）。这样看来，语言变异的教学也可以通过同样的活动得以实现。例 10.4 展示了输入加工的活动，这一活动可以帮助西班牙语学习者建立起性别和直接宾语代词之间的联系。这些形式对英语母语的学习者来说比较困难，因为在英语中没有这样性别的区分；考虑到这些代词不会对整体意义影响太大，因此它们会后于实词被处理。

示例 10.4　教学活动：样本加工

要求：指出下面图片中的人都正在做什么。

______ Emilia lo come.
Emilia 在吃它（“它”是阳性）

______ Emilia la come.
Emilia 在吃它（“它”是阴性）

______ José y Silvia lo comieron. Jose 和 Silvia 吃了它（“它”是阳性）

______ José y Silvia la comieron. Jose 和 Silvia 吃了它（“它”是阴性）

Sources: http://www.illustrationsof.com/439337-royalty-free-cake-clipart-illustration (for illustration, left)
http://vectors/design/vector-of-a-cartoon-couple-of-kids-sharing-pizza-outlined-coloring-page-by-ron-leishman-21810 (for illustration, right)

如果把这一教学模型运用到社会语言变异教学中，我们设想活动可以这样设计：学习者听录音，判断说话的场合是正式的还是非正式的，请求是对谁发出的，或者说话对象的年纪多大了。示例 10.5 展示了这一活动如何应用于初级学习者，以帮助他们识别半岛西班牙语的齿间摩擦音。在本章开始我们就提出学习半岛西

274 **示例 10.5** 社会语言能力教学活动流程

要求：听下面的句子，判断说话人来自西班牙还是墨西哥。

César estudia la química. “César 学的是化学”	______西班牙	______墨西哥
Cecilia quiere ir al cine. “Cecilia 想去看电影”	______西班牙	______墨西哥
Vamos a hacer un viaje a Valencia. “我们将去巴伦西亚游玩”	______西班牙	______墨西哥
Mis zapatos nuevos son muy bonitos. “我的新鞋子很好看”	______西班牙	______墨西哥
Me gusta comer cerezas. “我喜欢吃樱桃”	______西班牙	______墨西哥
Francisco trabaja en una tienda de música. “Francisco 在一家音乐商店工作”	______西班牙	______墨西哥
Carla cena con sus amigos. “Carla 正在和朋友吃饭”	______西班牙	______墨西哥

班牙语时学生可能遇到发音不清的问题，这正好可以让学习者明白什么是语言变异。因此，接下来就只需在具有相同目标的教学中应用这种课堂活动。活动可以是要求学习者在阅读的同时听一段录音，然后判断说话者来自墨西哥还是西班牙。这种活动同样可以复制到音节末 /s/ 发音的教学中，让学习者判断说话人来自墨西哥还是多米尼加共和国。

如前所述，没有任何研究证据表明这一教学任务可以有效培养学习者的社会语言能力。但是，我们已知输入可以强化二语发展，输入加工也可以强化语法能力；这两个事实放在一起，就可以说明这一办法至少是行得通的。当然其他方法中，不管是理论的还是教学的，都有成熟且有效的教学实践。但我们的想法是，如果我们在已知上进行创造，我们很可能获得持续的成功，同时还可以帮助语言
275 学习者了解交际能力的重要一环，而这一环通常在语言课堂上被忽略掉了。

总　结

我们的语言随我们身处的环境而变化，这一点毋庸置疑；社会语言学家也证明这是语言使用固有的、系统的一个方面。基于这些事实，语言教师通常会认为社会语言能力是二语交际能力的一部分。然而，用于强化这些能力的教学实践却常有争议。关于这一主题的研讨会上，有的观点认为语言变异应当纳入教学中，有的观点则认为学习者还无法理解语言多样性。不过，现实要求学习者在课堂外也要使用语言（出于专业或交际目的），这正好说明了社会语言能力的必要性。我们希望在扩大二语教学输入材料范围（接着扩大课程目标）与保持当前有效的教学实践以达到课程目标两者之间取得平衡。更重要的是，我们希望通过这些建议和教学模型，每位语言教师都能更轻松地扩大输入来源，同时利用已掌握的知识和技能来实现这一目标。

课外阅读推荐

a. Andersen, R. (1983). Transfer to somewhere. In S. M. Gass & L. Selinker (Eds.), *Language Transfer in Language Learning* (pp. 177-201). Rowley, MA: Newbury House.

b. Canale, M., & Swain, M. (1980). Theoretical bases of communicative approaches to second language teaching and testing. *Applied Linguistics, 1*, 1-47.

c. Corder, P. (1967). The significance of learners' errors. *International Review of Applied Linguistics*, *5*(4), 161-170.

d. Chapelle, C. (2009). A hidden curriculum in language textbooks: Are beginning learners of French as US universities taught about Canada? *The Modern Language Journal, 93*(2), 139-152.

e. Mitchell, R., Myles, F., & Marsden, E. (2013). *Second language learning theories* [Chapter 2, pp. 29-51]. Third Edition. New York: Routledge.

f. VanPatten, B. (2007). Input processing in adult SLA. In B. VanPatten & J.
Williams (Eds.), *Theories in Second Language Acquisition: An Introduction* (pp. 115- 276
135). Mahwah, NJ: Lawrence Erlbaum Publishers.

理解与运用

A. 理解

1. 比起直接说一个西班牙人口齿不清，一位精通社会语言学的老师会如何描述西班牙中北部地区居民的发音？

2. 如何详细解释法语中哪些情况下会更经常使用“on”表示“我们”？

3. 关于消除语言偏见，社会语言学的知识如何起到作用？

4. 为什么说“合格的说话人总是使用正确的语言形式”这一说法并不准确？

5. “变异是系统的”这句话意味着什么？

6. 语言在哪些语法层面上发生变化？

7. 通常来说，继承语者和二语学习者身处的交际情境有什么不同？

8. “礼貌”如何作为语言变异的证明？

9. 课程设计者在语言变体评估中发挥怎样的作用？

10. 除了元语言规则，有效的教学活动还应该包括什么？

11. 语言课堂的首要关注点应该是什么？

B. 运用

1. 为什么人们把某种方言作为该语言的“真实”版本是不对的？你使用的方言中有哪些特征会被认为不属于主流的语言变体？

2. 作为一名老师，你认为在教学中加入语言变异会遇到哪些困难？在课堂上教授变异的相关概念有哪些好处？是否有些变异比另一些更容易在课堂上被接受？（如果你不是一名老师，可以把这个问题应用到你正在或曾经上的课里。）

3. 想想在哪个（或哪些）场景下你不会表现得像一个完美的语言使用者。你什么时候会避免使用“正确的”语言形式？描述这样的场合、你的交谈对象和当时的交谈情景。

4. 想想在哪个（或哪些）场景下你会表现得像一个完美的语言使用者。你什么时候会有意使用“正确的”语言形式？描述这样的场合、你的交谈对象和当时的交谈情景。

277 5. 语言变异总是有意识地进行吗？是否有时候你会说出一些令你周围邻居吃惊的话？你说了些什么？你是怎么说的？你认为是什么原因导致你那样说话？当时还有谁在场？

6. 你认为哪一首歌（代表某一语言变体）你可以在课堂上（作为老师或者学生）播放？这首歌是怎么样的？歌手是谁？歌曲中有哪些值得注意的语言特征？

指出歌曲中能体现地理变异的词语、发音和句法特征。

7. 当你学习一项新的技能时，哪种方法最有效？当你学习语言时，用这种方法是否也能达到最佳效果？你的朋友或家人学习方式和你一样吗？想想你生活中的某四个人，你应该用什么办法才能最有效地指导他们投篮？你又该如何教会他们你所学的二语中的某个语法结构？写下你的想法，以及这些想法如何影响你未来的教学或演示。

注释

1. 我们注意到中学教师以及具备中上等教学水平的老师（他们的课程设计反映了语言学习的官方标准，例如 ACTFL 发布的标准）都认为对这种类型做出的调整非常适合总体的教学目标。（详见 Potowski、Berne、Clark 和 Hammerand，2008）

参考文献

Aaron, J. A. (2010). Pushing the envelope: Looking beyond the variable context. *Language Variation and Change, 22*, 1-36.

Ableeva, R. (2010). *Dynamic assessment of listening comprehension in second language learning.* Unpublished doctoral dissertation, The Pennsylvania State University, State College.

Abreu, L. (2012). Subject pronoun expression and priming effects among bilingual speakers of Puerto Rican Spanish. In K. Geeslin & M. Díaz-Campos (Eds.), *Selected Proceedings of the 14th Hispanic Linguistics Symposium* (pp. 1-8). Somerville, MA: Cascadilla Proceedings Project.

Adamson, H. D., Fonseca-Greber, B., Kataoka, K., Scardino, V., & Takano, S. (1996). Tense marking in the English of Spanish-speaking adolescents. In R. Bayley & D. Preston (Eds.), *Second Language Acquisition and Linguistic Variation* (pp. 121-134). Amsterdam: John Benjamins.

Adamson, H. D., & Kovac, C. (1981). Variation theory and second language acquisition: An analysis of Schumann's data. In D. Sankoff & H. Cedergren (Eds.), *Variation Omnibus* (pp. 285-292). Edmonton, Alta.: Linguistic Research.

Adamson, H. D., & Regan, V. M. (1991). The acquisition of community speech norms by Asian immigrants learning English as a second language. *Studies in Second Language Acquisition, 13*(1), 1-22.

Adjemian, C. (1976). On the nature of interlanguage systems. *Language Learning, 26,* 297-320.

Aljaafreh, A., & Lantolf, J. P. (1994). Negative feedback as regulation and second language learning in the zone of proximal development. *The Modern Language Journal, 78*(4), 465-483.

Allen, H. (2010). Language-learning motivation during short-term study abroad: An activity theory perspective. *Foreign Language Annals, 43,* 27-49.

Al-Rojaie, Y. (2013). Regional dialect leveling in Najdi Arabic: The case of the deaffrication of [k] in the Qaṣīm dialect. *Language Variation and Change, 25,* 43-63.

Alvord, S. M., & Christiansen, D. E. (2012). Factors influencing the acquisition of Spanish voiced stop spirantization during an extended stay abroad. *Studies in Hispanic and Lusophone Linguistics, 5*(2), 239.

Andersen, R. (1983). Transfer to somewhere. In S. M. Gass & L. Selinker (Eds.), *Language Transfer in Language Learning* (pp. 177-201). Rowley, MA: Newbury House.

Andersen, R. W., & Shirai, Y. (1994). Discourse motivations for some cognitive acquisition principles. *Studies in Second Language Acquisition, 16,* 133-156.

Antón, M. (2009). Dynamic assessment of advanced second language learners. *Foreign Language Annals, 42*(3), 576-598.

Antón, M., & DiCamilla, F. (1998). Socio-cognitive functions of L1 collaborative interaction in the L2 classroom. *Canadian Modern Language Review, 54*(3), 314-342.

Armstrong, N. (1996). Variable deletion of French /l/: Linguistic, social and stylistic factors. *Journal of French Language Studies, 6,* 1-22.

Armstrong, N. (2002). Variable deletion of French ne: A cross-stylistic perspective. *Language Sciences, 24,* 153-173.

Ash, S. (2013). Social class. In J. K. Chambers & N. Schilling-Estes (Eds.), *The Handbook of Language Variation and Change* (pp. 350-367). Malden, MA: Blackwell Publishing.

Ashby, W. (1984). The elision of /l/ in French clitic pronouns and articles. In E. Pulgram (Ed.), *Romanitas: Studies in Romance Linguistics* (pp. 1-16). Ann Arbor: University of Michigan Press.

Ashby, W. J. (1976). The loss of the negative morpheme, *ne*, in Parisian French. *Lingua, 39,* 119-137.

Ashby, W. J. (1981). The loss of the negative particle *ne* in French: A syntactic change in progress. *Language, 57,* 674-687.

Atkinson, D. (2010a). Extended, embodied cognition and second language acquisition. *Applied Linguistics, 31,* 599-622.

Atkinson, D. (2010b). Sociocognition: What it can mean for second language acquisition? In R. Batstone (Ed.), *Sociocognitive Perspectives on Language Use and Language Learning* (pp. 24-39). Oxford: Oxford University Press.

Atkinson, D. (2011a). A sociocognitive approach to second language acquisition: How mind, body, and world work together in learning. In D. Atkinson (Ed.), *Alternative Approaches to Second Language Acquisition* (pp. 167-180). New York: Routledge.

Atkinson, D. (Ed.). (2011b). *Alternative approaches to second language acquisition.* New York: Routledge.

Atkinson, D., Churchill, E., Nishino, T., & Okada, H. (2007). Alignment and interaction in a sociocognitive approach to second language acquisition. *The Modern Language Journal, 91*(2), 169-188.

Auger, J. (2002a). Linguistic norm vs. functional competence: Introducing Québec French to American students. In C. Blyth (Ed.), *The Sociolinguistics of Foreign-Language*

Classrooms: Contributions of the Native, the Near-Native, and the Non-Native Speaker (pp. 79-106). Boston: Heinle.

Auger, J. (2002b). French immersion in Montréal: Pedagogical norm and functional competence. In S. M. Gass, K. Bardovi-Harlig, S. S. Magnan, & J. Walz (Eds.), *Pedagogical Norms for Second and Foreign Language Learning and Teaching: Studies in Honour of Albert Valdman* (Vol. 5) (pp. 81-104). Amsterdam/Philadelphia: John Benjamins.

Auger, J. (2003). Linguistic norm vs. functional competence: Introducing Québec French to American students. In C. Blyth (Ed.), *The Sociolinguistics of Foreign-Language Classrooms: Contributions of the Native, the Near-Native, and the Non-Native Speaker* (pp. 79-104). Boston: Heinle.

Aveni, V. A. P. (2005). *Study abroad and second language use: Constructing the self.* Cambridge, UK: Cambridge University Press.

Bachman, L. F. (1990). *Fundamental considerations in language testing.* New York: Oxford University Press.

Bachman, L. F., & Savignon, S. J. (1986). The evaluation of communicative language proficiency: A critique of the ACTFL oral interview. *The Modern Language Journal, 70,* 380-390.

Baker, W., & Smith, L. C. (2010). The impact of L2 dialect on learning French vowels: Native English speakers learning Quebecois and European French. *The Canadian Modern Language Review, 66*(5), 711-738.

Balasch, S. (2011). Factors determining Spanish differential object marking within its domain of variation. In J. Michnowicz & R. Dodsworth (Eds.), *Selected Proceedings of the 5th Workshop on Spanish Sociolinguistics* (pp. 113-124). Somerville, MA: Cascadilla Proceedings Project.

Bardovi-Harlig, K. (1995). A narrative perspective on the development of the tense/aspect system in second language acquisition. *Studies in Second Language Acquisition, 17,* 263-291.

Bardovi-Harlig, K. (2000). *Tense and aspect in second language acquisition: Form, meaning, and use.* Oxford: Blackwell.

Bardovi-Harlig, K., & Gass, S. M. (Eds.). (2002). Introduction. In S. M. Gass, K. Bardovi-Harlig, S. S. Magnan, & J. Walz (Eds.), *Pedagogical Norms for Second and Foreign Language Learning and Teaching: Studies in Honour of Albert Valdman* (pp. 1-12). Amsterdam/ Philadelphia: John Benjamins.

Barnes, S. (2012). ¿Qué dijistes?: A variationist reanalysis of non-standard *-s* on second person singular preterit verb forms in Spanish. In K. Geeslin & M. Díaz-Campos (Eds.), *Selected Proceedings of the 14th Hispanic Linguistics Symposium* (pp. 38-47). Somerville, MA: Cascadilla Proceedings Project.

Barron, A. (2003). *Acquisition in interlanguage pragmatics: Learning how to do things with words in a study abroad context.* Amsterdam: John Benjamins.

Bayley, R. (1996). Competing constraints on variation in the speech of adult Chinese learners of English. In R. Bayley & D. R. Preston (Eds.), *Second Language Acquisition and Linguistic Variation* (pp. 97-120). Amsterdam/Philadelphia: John Benjamins.

Bayley, R., & Langman, J. (2004). Variation in the group and the individual: Evidence from second language acquisition. *IRAL—International Review of Applied Linguistics in Language Teaching, 42*(4), 303-318.

Bayley, R., & Preston, D. R. (1996). *Second language acquisition and linguistic variation.* Amsterdam: John Benjamins.

Bayley, R., & Preston, D. R. (2008). Variation and second language grammars. *Studies in Hispanic and Lusophone Linguistics, 1,* 385-397.

Bayley, R., & Tarone, E. (2013). Variationist perspectives. In S. M. Gass & A. Mackey (Eds.), *The Routledge Handbook of Second Language Acquisition* (pp. 41-56). New York, NY: Routledge.

Beaudrie, S. M., & Ducar, C. (2012). Language placement and beyond: Guidelines for the design and implementation of a computerized Spanish Heritage language exam. *Heritage Language Journal, 9*(1), 77-99.

Beckner, C., Bythe, R., Bybee, J., Christiansen, M. H., Croft, W., Ellis, N. C., Holland, J., Ke, J., Larsen-Freeman, D., & Schoenemann, T. (2009). Language is a complex adaptive system. *Language Learning, 59,* 1-26.

Beebe, L. (1977). The influence of the listener on code-switching. *Language Learning, 27*(2), 331-339.

Beebe, L. (1980). Sociolinguistic variation and style shifting in SLA. *Language Learning, 30,* 433-447.

Beebe, L. (1981). Social and situational factors affecting the communicative strategy of dialect code-switching. *International Journal of the Sociology of Language, 32,* 139-149.

Beebe, L. M., & Giles, H. (1984). Speech-accommodation theories: a discussion in terms of second-language acquisition. *International Journal of the Sociology of Language, 46,* 5-32.

Beebe, L., & Zuengler, J. (1983). Accommodation theory: An explanation for style shifting in L2 dialects. In N. Wolfson & E. Judd (Eds.), *Sociolinguistics and Language Acquisition* (pp. 195-213). Rowley, MA: Newbury.

Behnstedt, P. (1973). *Viens-tu, est-ce que tu viens? Formen und Strukturen des direkten Fragesatzes im Franzözischen.* Tübingen: Gunter Narr.

Bell, A. (1984). Language style as audience design. *Language in Society, 13*(2), 145-204.

Bell, R. (1976). *Sociolinguistics.* New York: St. Martin.

Benati, A. (2001). A comparative study of the effects of processing instruction and outputbased instruction on the acquisition of the Italian future tense. *Language Teaching Research, 5*(2), 95-127.

Benati, A. (2004). The effects of structured input activities and explicit information on the acquisition of the Italian future tense. In B. VanPatten (Ed.), *Processing Instruction: Theory, Research, and Commentary* (pp. 207-225). Mahwah, NJ: Erlbaum.

Bentivoglio, P., & Sedano, M. (1987). *Estudio sociolingüístico del habla de Caracas.* Caracas: Universidad Central de Venezuela.

Berdan, R. (1996). Disentangling language acquisition from language variation. In R. Bayley & D. R. Preston (Eds.), *Second Language Acquisition and Linguistic Variation* (pp. 203-245). Amsterdam: John Benjamins.

Berg, M. V., Connor-Linton, J., & Paige, R. M. (2009). The Georgetown consortium project: Interventions for student learning abroad. *Frontiers: The Interdisciplinary Journal of Study Abroad, 18,* 1-75.

Berkowitz, D. (1989). The effect of cultural empathy on second-language phonological production. In M. R. Eisenstein (Ed.), *The Dynamic Interlanguage: Empirical Studies in Second Language Variation* (pp. 101-114). New York: Plenum Press.

Bernal-Enríquez, Y., & Chavez, E. H. (2003). La enseñanza del español en Nuevo México. In A. Roca & M. C. Colombi (Eds.), *Mi lengua: Spanish as a Heritage Language in the United States* (pp. 96-119). Washington: Georgetown University Press.

Birdsong, D. (1999). *Second language acquisition and the critical period hypothesis.* Florence, KY: Psychology Press.

Birren, J. E., & Renner, V. J. (1977). Research on the psychology of aging: Principles and experimentation. In J. E. Birren & K. Warner Schaie (Eds.), *Handbook of the Psychology of Aging* (pp. 3-38). New York: van Nodstrand Reinhold Company.

Blas Arroyo, J. L. (2008). The variable expression of future tense in Peninsular Spanish: The present (and future) of inflectional forms in the Spanish spoken in a bilingual region. *Language Variation and Change, 20,* 85-126.

Block, D. (2003). *The social turn in second language acquisition.* Washington, DC: Georgetown University Press.

Block, D. (2007). The rise of identity in SLA research, post Firth and Wagner (1997). *The Modern Language Journal, 91,* 863-876.

Blom, E., Paradis, J., & Sorenson Duncan, T. (2012). Effects of input properties, vocabulary size, and L1 on the development of third person singular *-s* in child L2 English. *Language Learning, 62,* 965-994.

Blondeau, H. (2006). La trajectoire de l'emploi du futur chez une cohorte de Montréalais francophones entre 1971 et 1995. *Revue de l'Université de Moncton, 37,* 73-98.

Blyth, C. (2002). Between orality and literacy: Developing a pedagogical norm for narrative discourse. In S. Gass, K. Bardovi-Harlig, S. Magnan, & J. Walz (Eds.), *Pedagogical Norms for Second and Foreign Language Learning and Teaching: Studies in Honour of Albert Valdman* (pp. 241-274). Amsterdam, Netherlands: Benjamins.

Boersma, P., & Hayes, B. (2001). Empirical tests of the Gradual Learning Algorithm. *Linguistic Inquiry, 32,* 45-86.

Bolton, K. (2006). World Englishes today. In B. B. Kachru, Y. Kachru, & C. L. Nelson (Eds.), *The Handbook of World Englishes* (pp. 240-269). Oxford: Blackwell.

Bolton, K., & Kachru, B. B. (Eds.). (2006). *World Englishes: Critical Concepts in Linguistics* (Vol. 2). New York: Taylor & Francis.

Bourdieu, P., & Passeron, J.-C. (1977[1970]). *Reproduction in education, society and culture* (Richard Nice, Trans.). London: Sage Publications.

Bourhis, R. Y. & Giles, H. (1977). The language of intergroup distinctiveness. In H. Giles (Ed.), *Language, Ethnicity and Intergroup Relations* (pp. 119-135). London: Academic Press.

Bourhis, R. Y., Giles, H., Leyens, J. P., & Tajfel, M. (1979). Psycholinguistic distinctiveness: Language divergence in Belgium. In H. Giles & R. St. Clair (Eds.), *Language and Social Psychology* (pp. 158-185). Oxford: Blackwell.

Boutet, J. (1986). La référence à la personne en français parlé: le cas de "on". *Langage et société, 38*(1), 19-49.

Bradlow, A. R., Pisoni, D. B., Akahane-Yamada, R., & Tohkura, Y. I. (1997). Training Japanese listeners to identify English /r/ and /l/: IV. Some effects of perceptual learning on speech production. *Journal of the Acoustical Society of America, 101,* 2299-2310.

Brecht, R., Davidson, D., & Ginsberg, R. (1995). Predictors of foreign language gain during study abroad. In B. F. Freed (Ed.), *Second Language Acquisition in a Study Abroad Context* (pp. 37-66). Amsterdam/Philadelphia: John Benjamins.

Breiman, L. (2001). Random forests. *Machine Learning, 45,* 5-32.

Broselow, E., Chen, S., & Wang, C. (1998). The emergence of the unmarked in second language phonology. *Studies in Second Language Acquisition, 20,* 261-280.

Brouwer, C. E., & Wagner, J. (2004). Developmental issues in second language conversation. *Journal of Applied Linguistics, 1*(1), 29-47.

Brown, R. (1973). *A first language: The early stages.* Cambridge, MA: Harvard University Press.

Burgo, C. (2012). Social influence in the use of the present perfect in Bilbao. *Spanish in Context, 9,* 88-108.

Burt, M., Dulay, H., & Hernandez-Chavez, E. (1975). *The Bilingual Syntax Measure.* New York: Harcourt, Brace, and Jovanovich.

Butt, J., & Benjamin, C. (2004). *A new reference grammar of modern Spanish.* New York: McGraw Hill.

Bybee, J. (1985). *A study of the relation between meaning and form.* Amsterdam: John Benjamins.

Bybee, J. (2001). *Phonology and language use.* Cambridge: Cambridge University Press.

Bybee, J. (2002). Word frequency and context of use in the lexical diffusion of phonetically conditioned sound change. *Language Variation and Change, 14*(3), 261-290.

Bybee, J. (2006). From usage to grammar: The mind's response to repetition. *Language, 82,* 711-733.

Bybee, J. (2008). Usage-based grammar and second language acquisition. In P. Robinson & N. Ellis (Eds.), *Handbook of Cognitive Linguistics and Second Language Acquisition* (pp. 216-236). New York and London: Routledge.

Cadierno, T. (1995). Formal instruction from a processing perspective: An investigation into the Spanish past tense. *The Modern Language Journal, 79*(2), 179-193.

Cadierno, T. (2000). The acquisition of Spanish grammatical aspect by Danish advanced language learners. *Spanish Applied Linguistics, 4,* 1-53.

Cameron, D. (2011). Gender and language research methodologies. *Applied Linguistics, 32*(2), 242-244.

Cameron, R. (1992). *Pronominal and null subject variation in Spanish: Constraints, dialects, and functional compensation.* Unpublished doctoral dissertation, University of Pennsylvania, Philadelphia.

Campbell-Kibler, K. (2009). The nature of sociolinguistic perception. *Language Variation and Change, 21,* 135-156.

Canale, M., & Swain, M. (1980). Theoretical bases of communicative approaches to second language teaching and testing. *Applied Linguistics, 1*(1), 1-47.

Cancino, H., Rosansky, E., & Schumann, J. (1978). The acquisition of English negatives and interrogatives by native Spanish speakers. In E. Marcussen Hatch (Ed.), *Second Language Acquisition: A Book of Readings* (pp. 207-230). Rowley, MA: Newbury House Publishers.

Carroll, J. (1967). Foreign language proficiency levels attained by language majors near graduation from college. *Foreign Language Annals, 1,* 131-151.

Carroll, S. E. (2013). Input processing in second language acquisition. In C. A. Chapelle (Ed.), *The Encyclopedia of Applied Linguistics.* Boston: Wiley-Blackwell.

Carvalho, A., Orozco, R., & Shin, N. (in press). *Subject pronoun expression in Spanish: A cross-dialectal perspective.* Washington, DC: Georgetown University Press.

Castañeda-Jiménez, G. & Jarvis, S. (2013). Exploring lexical diversity in second language Spanish. In K. Geeslin (Ed.), *The Handbook of Spanish Second Language Acquisition* (pp. 498-513). Hoboken, NJ: John Wiley & Sons, Ltd.

Centeno-Cortés, B., & Jiménez-Jiménez, A. (2004). Problem-solving tasks in a foreign language: The importance of the L1 in private verbal thinking. *International Journal of*

Applied Linguistics, 14, 7-35.

Chafe, W. (Ed.). (1980). *The pear stories: Cognitive, cultural, and linguistic aspects of narrative production.* Norwood, NJ: Ablex.

Chapelle, C. (2009). A hidden curriculum in language textbooks: Are beginning learners of French at US universities taught about Canada? *The Modern Language Journal, 93*(2), 139-152.

Cheng, A. C., Lu, H. C., & Giannakouros, P. (2008). The uses of Spanish copulas by Chinese-speaking learners in a free writing task. *Bilingualism: Language and Cognition, 11*(3), 301-317.

Chomsky, N. (1959). A review of B. F. Skinner's *Verbal Behavior. Language, 35,* 26-58.

Chomsky, N., & Halle, M. (1968). *The sound pattern of English.* New York: Harper and Row.

Chomsky, N., & Lasnik, H. (1977). Filters and control. *Linguistic Inquiry, 8,* 425-504.

Churchill, E., Okada, H., Nishino, T., & Atkinson, D. (2010). Symbiotic gesture and the sociocognitive visibility of grammar in second language acquisition. *The Modern Language Journal, 94*(2), 234-253.

Coetzee, A. W., & Pater, J. (2011). The place of variation in phonological theory. In John Goldsmith, Jason Riggle, & Alan C. L. Yu (Eds.), *The Handbook of Phonological Theory, Second Edition* (pp. 401-434). Oxford: Wiley-Blackwell.

Cohen, A. D., & Shively, R. L. (2007). Acquisition of requests and apologies in Spanish and French: Impact of study abroad and strategy-building intervention. *The Modern Language Journal, 91*(2), 189-212.

Cole, S., & Anderson, A. (2001). Requests by young Japanese: A longitudinal study. *The Language Teacher Online, 25*(8). Retrieved from http://jalt-publications.org/tlt/issues/2001-08_25.8.

Collentine, J. (2004). The effects of learning contexts on morphosyntactic and lexical development. *Studies in Second Language Acquisition, 26*(2), 227-248.

Collentine, J. (2009). Study abroad research: Findings, implications and future directions. In M. H. Long & C. J. Catherine (Eds.), *The Handbook of Language Teaching* (pp. 218-233). New York: Wiley.

Collentine, J. (2013). Subjunctive in second language Spanish. In K. Geeslin (Ed.), *The Handbook of Spanish Second Language Acquisition* (pp. 270-286). Hoboken, NJ: John Wiley & Sons, Ltd.

Cook, V. (1992). Evidence for multicompetence. *Language Learning, 42*(4), 557-591.

Corder, S. P. (1967). The significance of learners'errors. *International Review of Applied Linguistics, 5*(4), 161-170.

Cortés-Torres, M. (2005). ¿Qué estás haciendo? La variación de la perífrasis *estar + ndo* en el español puertorriqueño. In D. Eddington (Ed.), *Selected Proceedings of the 7th*

Hispanic Linguistics Symposium (pp. 42-55). Somerville, MA: Cascadilla.

Coupland, N. (2007). *Style: Language variation and identity.* Cambridge: Cambridge University Press.

Coveney, A. (1996). *Variability in spoken French: A sociolinguistic study of interrogation and negation*. Exeter: Elm Bank Publications.

Coveney, A. (1998). Awareness of linguistic constraints on variable *ne* omission. *Journal of French Language Studies, 8,* 159-188.

Coveney, A. (2000). Vestiges of *nous* and the 1st person plural verb in informal spoken French. *Language Sciences, 22,* 447-481.

Crystal, D. (2003). *English as a global language* (2nd ed.). Cambridge: Cambridge University Press.

Culhane, S. (2004). An intercultural interaction model: Acculturation attitudes in second language acquisition. *Electronic Journal of Foreign Language Teaching, 1*(1), 50-61.

Darhower, M. (2004). Dialogue journals as mediators of L2 learning: A sociocultural account. *Hispania, 87*(2), 324-335.

de Bot, K. (2008). Introduction: Second language development as a dynamic process. *The Modern Language Journal, 92,* 166-178.

de Bot, K., Lowie, W., & Verspoor, M. (2007). A dynamic systems theory approach to second language acquisition. *Bilingualism: Language and Cognition, 10,* 7-21.

DeKeyser, R. (1991). Foreign language development during a semester abroad. In B. F. Freed (Ed.), *Foreign Language Acquisition Research and the Classroom* (pp. 104-119). Lexington, MA: DC Heath.

Deshaies, D. (1986). Variation linguistique: Le cas des pronoms personnels du français. In D. Sankoff (Ed.), *Diversity and Diachrony* (pp. 311-325). Philadelphia: John Benjamins.

Dewaele, J.-M. (1992). L'omission du ne dans deux styles oraux d'interlangue française. Interface. *Journal of Applied Linguistics, 7,* 3-17.

Dewaele, J.-M. (2002). Using sociostylistic variants in advanced French IL: the case of *nous/on*. In S. Foster-Cohen, T. Ruthenberg, & M. L. Poschen (Eds.), *Eurosla Yearbook* (pp. 205-226). Amsterdam: John Benjamins.

Dewaele, J.-M. (2004). Retention or omission of the ne in advanced French interlanguage: The variable effect of extralinguistic factors. *Journal of Sociolinguistics, 8,* 433-450.

Dewaele, J.-M. (2010). Multilingualism and affordances: Variation in self-perceived communicative competence and communicative anxiety in French L1, L2, L3 and L4. *IRAL— International Review of Applied Linguistics in Language Teaching, 48*(2-3), 105-129.

Dewaele, J.-M., & Regan, V. (2001). The use of colloquial words in advanced French interlanguage. In S. Foster-Cohen & A. Nizegorodcew (Eds.), *EUROSLA Yearbook 1* (pp. 51-68). Amsterdam: John Benjamins.

Dewaele, J.-M., & Regan, V. (2002). Maîtriser la norme sociolinguistique en interlangue française: Le cas de l'omission variable de 'ne'. *Journal of French Language Studies, 12,* 123-148.

Díaz-Campos, M. (2004). Context of learning in the acquisition of Spanish second language phonology. *Studies in Second Language Acquisition, 26*(2), 249-274.

Díaz-Campos, M. (2006). The effect of style in second language phonology: An analysis of segmental acquisition in study abroad and regular-classroom students. In C. A. Klee & T. L. Face (Eds.), *Selected Proceedings of the 7th Conference on the Acquisition of Spanish and Portuguese as First and Second Languages* (pp. 26-39). Somerville, MA: Cascadilla Proceedings Project.

Díaz-Campos, M., & Lazar, N. (2003). Acoustic analysis of voiceless initial stops in the speech of study abroad and regular class students: Context of learning as a variable in Spanish second language acquisition. In P. Kempchinsky & C.-E. Piñeros (Eds.), *Theory, Practice, and Acquisition: Papers from the 6th Hispanic Linguistics Symposium and the 5th Conference on the Acquisition of Spanish and Portuguese* (pp. 352-370). Somerville, MA: Cascadilla Press.

Dickerson, L. (1974). *Internal and external patterning of phonological variability in the speech of Japanese learners of English: Toward a theory of second language acquisition.* Unpublished doctoral dissertation, University of Illinois, Urbana-Champaign, Illinois.

Dickerson, L., & Dickerson, W. (1977). Interlanguage phonology: Current research and future directions. In S. P. Corder & E. Roulet (Eds.), *Actes du 5ème colloque de linguistic appliqué de Neufchâtel: The notions of simplification, interlanguage and pidgins and their relation to second language acquisition* (pp. 18-29). Geneva: Droz.

Dodsworth, R., & Kohn, M. (2012). Urban rejection of the vernacular: The SVS undone. *Language Variation and Change, 24,* 221-245.

Dörnyei, Z. (2005). *The psychology of the language learner: Individual differences in second language acquisition.* New York: Routledge.

Dörnyei, Z. (2006). Individual differences in second language acquisition. *AILA Review, 19*(1), 42-68.

Dörnyei, Z. (2013). Communicative Language Teaching in the twenty-first century: The 'Principled Communicative Approach'. In J. Arnold & T. Murphy (Eds.), *Meaningful Action: Earl Stevick's Influence on Language Teaching* (pp. 161-171). Cambridge: Cambridge University Press.

Doughty, C. (1991). Second language instruction does make a difference: Evidence from an empirical study of SL relativization. *Studies in Second Language Acquisition, 13,* 431-469.

Duff, P. A. (1995). An ethnography of communication in immersion classrooms in Hungary.

TESOL Quarterly, 29, 505-537.

Duff, P. A., & Kobayashi, M. (2010). The intersection of social, cognitive, and cultural processes in language learning: A second language socialization approach. In R. Batstone (Ed.), *Sociocognitive Perspectives on Language Use and Language Learning* (pp. 75-93). Oxford: Oxford University Press.

Duff, P., & Talmy, S. (2011). Second language socialization: Beyond language acquisition in SLA. In D. Atkinson (Ed.), *Alternative Approaches to Second Language Acquisition* (pp. 95-116). London: Routledge.

Dulay, H., & Burt, M. (1974). Natural sequences in child second language acquisition. *Language Learning, 24*(1), 37-53.

Eckert, P. (1984). Age and linguistic change. In J. Keith & D. Kertzer (Eds.), *Age and Anthropological Theory* (pp. 219-233). Ithaca, NY: Cornell University Press.

Eckert, P. (2000). *Communities of practice.* New York: Cambridge University Press.

Eckert, P. (2012). Three waves of variation study: the emergence of meaning in the study of sociolinguistic variation. *Annual Review of Anthropology, 41,* 87-100.

Eckert, P., & Rickford, J. R. (2001). *Style and sociolinguistic variation.* Cambridge: Cambridge University Press.

Eckman, F. (1987). Markedness and the contrastive analysis hypothesis. In G. Ioup & S. Weinberger (Eds.), *Interlanguage phonology* (pp. 55-69). New York: Newbury House.

Eckman, F. (2004). Optimality Theory, markedness and second language syntax: The case of resumptive pronouns in relative clauses. *Studies in Phonetics, Phonology, Morphology, 10,* 89-110.

Eisenstein, M. (1986). Target language variation and second language acquisition: Learning English in New York City. *World Englishes, 5*(1), 31-46.

Ellis, N. C., & Schmidt, R. (1997). Morphology and longer distance dependencies: Laboratory research illuminating the A in SLA. *Studies in Second Language Acquisition, 19,* 145-171.

Ellis, R. (1999). Item versus system learning: explaining free variation. *Applied Linguistics, 20,* 460-480.

Ellis, R. (2004). Individual differences in second language learning. In A. Davies & C. Elder (Eds.), *The Handbook of Applied Linguistics* (pp. 525-551). Malden, MA: Blackwell.

Ellis, R. (2006). Current issues in the teaching of grammar: An SLA perspective. *TESOL Quarterly, 40*(1), 83-107.

Ellis, R., & Yuan, F. (2004). The effects of planning on fluency, complexity, and accuracy in second language narrative writing. *Studies in Second Language Acquisition, 26,* 59-84.

England, L. (1982). *The role of integrative motivation in English as a second language learning among a group of foreign students in the United States.* Paper presented at the TESOL Convention, Honolulu, Hawaii.

Erker, D., & Guy, G. R. (2012). The role of lexical frequency in syntactic variability: Variable subject personal pronoun expression in Spanish. *Language, 88*(3), 526-557.

Eskildsen, S. W. (2009). Constructing another language: Usage-based linguistics in second language acquisition. *Applied Linguistics, 30,* 335-357.

Eskildsen, S. W. (2012). L2 negation constructions at work. *Language Learning, 62,* 335-372.

Eubank, L. (1996). Negation in early German-English interlanguage: More valueless features in the L2 initial state. *Second Language Research, 12*(1), 73-106.

Fafulas, S. (2010). The acquisition of a morphosyntactic variable in Spanish: The analytic and synthetic forms of present progressive aspect. *IULC Working Papers Online, 10,* 1-19.

Fafulas, S. (2012). Nuevas perspectivas sobre la variación de las formas presente simple y presente progresivo en español y en inglés. *Spanish in Context, 9,* 58-87.

Fafulas, S. (2013). *First and second-language patterns of variation: Acquisition and use of simple present and present progressive forms in Spanish and English.* Unpublished doctoral dissertation, Indiana University, Bloomington, Indiana.

Fairclough, M. (2006). Language placement exams for Heritage speakers of Spanish: Learning from students' mistakes. *Foreign Language Annals*, *39*(4), 595-604.

Farley, A. (2004). The relative effects of processing instruction and meaning-based output instruction. In B. VanPatten (Ed.), *Processing Instruction: Theory, Research, and Commentary* (pp. 143-168). Mahwah, NJ: Erlbaum.

Finch, A. (2004). Complexity and systems theory: Implications for the EFL teacher/researcher. *Journal of Asia TEFL, 1*(2), 27-46.

Firth, C., & Wagner, J. (1997). On discourse, communication, and (some) fundamental concepts in SLA research. *The Modern Language Journal, 81*(3), 285-300.

Fischer, J. L. (1958). Social influences on the choice of a linguistic variant. *Word, 14,* 47-56.

Flavell, J. (1966). Le language privé. *Bulletin de Psychologie, 19,* 698-701.

Foltz, D. (1991). *A study of the effectiveness of studying Spanish overseas*. Paper presented at the Pennsylvania State Modern Language Association Annual Meeting, Pittsburgh, PA.

Fought, C. (1999). A majority sound change in a minority community: /u/-fronting in Chicano English. *Journal of Sociolinguistics, 1*(3), 5-23.

Fox, B., Hayashi, M., & Jasperson, R. (1996). Resources and repair: A cross-linguistic study of syntax and repair. In E. Ochs, E. Schegloff, & S. Thompson (Eds.), *Interaction and Grammar* (pp. 185-237). Cambridge: Cambridge University Press.

Frawley, W., & Lantolf, J. P. (1985). Second language discourse: A Vygotskyan perspective. *Applied Linguistics, 6,* 19-44.

Freed, B. (1990). Language learning in a study abroad context: The effects of interactive and non-interactive out-of-class contact on grammatical achievement and oral proficiency. In J. Alatis (Ed.), *Linguistics, Language Teaching and Language Acquisition: The Interdependence of Theory, Practice and Research (GURT 1990)* (pp. 459-477). Washington, DC: Georgetown University Press.

Freed, B. F. (Ed.). (1995). *Second language acquisition in a study abroad context.* Amsterdam/ Philadelphia: John Benjamins Publishing.

Freed, B. F., Dewey, D. P., Segalowitz, N., & Halter, R. (2004). The language contact profile. *Studies in Second Language Acquisition, 26*(2), 349-356.

Freed, B. F., Segalowitz, N., & Dewey, D. P. (2004). Context of learning and second language fluency in French: Comparing regular classroom, study abroad, and intensive domestic immersion programs. *Studies in Second Language Acquisition, 26*(2), 275-301.

Friedman, D. (2001). Speaking correctly: Error correction as a language socialization practice in a Ukrainian classroom. *Applied Linguistics, 31*(3), 346-367.

Friedman, D. (2012). How to collect and analyze qualitative data. In A. Mackey & S. Gass (Eds.). *Research Methodologies in Second Language Acquisition* (pp. 180-200). Malden, MA: Wiley-Blackwell.

Galindo, D. L. (1995). Language attitudes toward Spanish and English varieties: A Chicano perspective. *Hispanic Journal of Behavioral Sciences, 17*(1), 77-99.

García-Amaya, L. (2008). The effect of topic on rate of speech. *ELIA (Estudios de Lingüística Aplicada) [Studies in English Applied Linguistics], 8,* 117-150.

García-Amaya, L. (2012). *Second language fluency and cognition: The study of Spanish second language development in an overseas immersion program and an at-home foreign language classroom.* Unpublished doctoral dissertation, Indiana University, Bloomington, Indiana.

García-Moya, R. (1981). Teaching Spanish to Spanish speakers: Some considerations for the preparation of teachers. In G. Valder, A. G. Lozano, & R.G. Moya (Eds.), *Teaching Spanish to the Hispanic Bilingual: Issues, Aims, and Methods* (pp. 59-65). New York: Teachers College Press.

García-Serrano, V., Grant Cash, A., & De la Torre, C. (2011). ¡A *que sí!* Boston: Heinle.

Gardner, R. C., & Lambert, W. E. (1972). *Attitudes and motivation in second language learning.* Rowley, MA: Newbury House.

Gass, S. M. (1997). *Input, interaction, and the second language learner.* Mahwah, NJ: Lawrence Erlbaum Associates, Inc.

Gass, S. M. (1998). Apples and oranges: Or, why apples are not oranges and don't need to be. a response to Firth and Wagner. *The Modern Language Journal, 82*(1), 83-90.

Gass, S. M. (2008). Input and interaction. In C. Doughty & M. Long (Eds.), *The Handbook of Second Language Acquisition* (pp. 224-255). Boston: Wiley-Blackwell.

Gass, S. M., Bardovi-Harlig, K., Magnan, S. S., & Walz, J. (Eds.). (2002). *Pedagogical Norms for Second and Foreign Language Learning and Teaching: Studies in Honour of*

Albert Valdman (Vol. 5). Amsterdam/Philadelphia: John Benjamins Publishing.

Gass, S. M., Behney, J., & Plonsky, L. (2013). *Second language acquisition: An introductory course.* New York: Routledge.

Gass, S. M., & Mackey, A. (2007). Input, interaction, and output in second language acquisition. In B. VanPatten & J. Williams (Eds.), *Theories in Second Language Acquisition* (pp. 175-199). New York: Routledge.

Gass, S. M., & Varonis, E. M. (1994). Input, interaction, and second language production. *Studies in Second Language Acquisition, 16,* 283-283.

Gasser, M. (1990). Connectionism and universals of second language acquisition. *Studies in Second Language Acquisition, 12,* 179-199.

Gatbonton, E. (1975). *Systematic variations in second language speech: A sociolinguistic study.* Unpublished doctoral dissertation, McGill University, Montreal, Canada.

Gatbonton, E. (1978). Patterned phonetic variability in second language speech: A gradual diffusion model. *Canadian Modern Language Review, 34*, 335-348.

Gatbonton, E., Trofimovich, P., & Magid, M. (2005). Learners' ethnic group affiliation and L2 pronunciation accuracy: A sociolinguistic investigation. *TESOL Quarterly, 39,* 489-511.

Gauchet, L. (1905). L'unité phonetique dans le patois d'une commune [Phonetic unity in the patois of a commune]. In *Festschrift Heinrich Morf: Aus romanischen Sprachen und Literaturen* (pp. 175-232). Halle: Max Niemeyer.

Geeslin, K. L. (2000). A new approach to the second language acquisition of copula choice in Spanish. In R. Leow & C. Sanz (Eds.), *Spanish Applied Linguistics at the Turn of the Millennium: Papers from the 1999 Conference on the L1 & L2 Acquisition of Spanish and Portuguese* (pp. 50-66). Somerville, MA: Cascadilla.

Geeslin, K. L. (2003). A comparison of copula choice: Native Spanish speakers and advanced learners. *Language Learning, 53*(4), 703-764.

Geeslin, K. L. (2005). *Crossing disciplinary boundaries to improve the analysis of second language data: A study of copula choice with adjectives in Spanish.* Munich: Lincom Europa.

Geeslin, K. L. (2006). Task design, discourse context and variation in second language data elicitation. In C. A. Klee & T. L. Face (Eds.), *Selected Proceedings of the 7th Conference on the Acquisition of Spanish and Portuguese as First and Second Languages* (pp. 74-85). Somerville, MA: Cascadilla Proceedings Project.

Geeslin, K. L. (2011a). Variation in L2 Spanish: The state of the discipline. *Studies in Hispanic & Lusophone Linguistics, 4*(2), 461-517.

Geeslin, K. L. (2011b). The acquisition of variation in second language Spanish: How to identify and catch a moving target. In M. Díaz-Campos (Ed.), *The Handbook of Hispanic Sociolinguistics* (pp. 303-319). Malden, MA: Wiley.

Geeslin, K. L. (Ed.). (2013). The acquisition of the copula contrast in second language Spanish. In M. Díaz-Campos (Ed.), *The Handbook of Spanish Second Language Acquisition* (pp. 219-234). Hoboken, NJ: John Wiley & Sons, Ltd.

Geeslin, K. L., & Fafulas, S. (2012). Variation of the simple present and present progressive forms: A comparison of native and non-native speakers. In K. Geeslin & M. Díaz-Campos (Eds.), *Selected Papers From the 14th Hispanic Linguistics Symposium* (pp. 179-196). Somerville, MA: Cascadilla Proceedings Project.

Geeslin, K. L., Fafulas, S., & Kanwit, M. (2013). Acquiring geographically-variable norms of use: The case of the present perfect in Mexico and Spain. In C. Howe, S. Blackwell, & M. Quesada (Eds.), *Selected proceedings of the 15th Hispanic Linguistics Symposium* (pp. 205-220). Somerville, MA: Cascadilla Proceedings Project.

Geeslin, K. L., García-Amaya, L. G., Hasler, M., Henriksen, N. C., & Killam, J. (2012). Variability in the L2 acquisition of perfective past time reference in Spanish in an abroad immersion setting. In K. L. Geeslin & M. Díaz-Campos (Eds.), *Selected Proceedings of the 14th Hispanic Linguistics Symposium* (pp. 197-213). Somerville, MA: Cascadilla Proceedings Project.

Geeslin, K. L., & Gudmestad, A. (2008a). Comparing interview and written elicitation tasks in native and non-native data: Do speakers do what we think they do? In J. Bruhn de Garavito & E. Valenzuela (Eds.), *Selected Proceedings of the 10th Hispanic Linguistics Symposium* (pp. 64-77). Somerville: Cascadilla Proceedings Project.

Geeslin, K. L., & Gudmestad, A. (2008b). Variable subject expression in second-language Spanish: A comparison of native and non-native speakers. In M. Bowles, R. Foote, S. Perpiñán, & R. Bhatt (Eds.), *Selected proceedings of the 2007 Second Language Research Forum* (pp. 69-85). Somerville, MA: Cascadilla Press.

Geeslin, K. L., & Gudmestad, A. (2010). An exploration of the range and frequency of occurrence of forms in potentially-variable structures in second language Spanish. *Studies in Second Language Acquisition, 32,* 433-463.

Geeslin, K. L., & Gudmestad, A. (2011a). The acquisition of variation in second language Spanish: An agenda for integrating studies of the L2 sound system. *Journal of Applied Linguistics, 5*(2), 137-157.

Geeslin, K. L., & Gudmestad, A. (2011b). Using sociolinguistic analyses of discourse-level features to expand research on L2 variation: Native and non-native contrasts in forms of Spanish subject expression. In L. Plonsky & M. Schierloh (Eds.), *Selected Proceedings of the 2009 Second Language Research Forum: Diverse Contributions to SLA* (pp. 16-30). Somerville, MA: Cascadilla Proceedings Project.

Geeslin, K. L., & Gudmestad, A. (2012). *Individual patterns of verb selection: The case of future-time expression in second-language Spanish.* Paper presented at SLRF 2012, Pittsburgh, PA.

Geeslin, K. L., & Guijarro-Fuentes, P. (2006). Second language acquisition of variable structures in Spanish by Portuguese speakers. *Language Learning, 56*(1), 53-107.

Geeslin, K. L., Linford, B., Fafulas, S., Long, A., & Díaz-Campos, M. (2013). The L2 development of subject form variation in Spanish: The individual vs. the group. In J. Cabrelli Amaro, G. Lord, A. de Prada Pérez, & J. E. Aaron (Eds.), *Selected proceedings of the 16th Hispanic Linguistics Symposium* (pp. 156-174). Somerville, MA: Cascadilla Proceedings Project.

Giles, H. (1973). Accent mobility: A model and some data. *Anthropological Linguistics, 15,* 87-105.

Giles, H. (Ed.). (1977). *Language, ethnicity, and intergroup relations.* London: Academic Press.

Giles, H., Coupland, J., & Coupland, N. (1991). *Contexts of accommodation: Developments in applied sociolinguistics.* Cambridge: Cambridge University Press.

Giles, H., & Ogay, T. (2007). Communication accommodation theory. In B. B. Whaley & W. Samter (Eds.), *Explaining Communication: Contemporary Theories and Exemplars* (pp. 325-344). Mahwah, NJ: Erlbaum.

Giles, H., & Powesland, P. F. (1975). *Speech style and social evaluation.* London and New York: Academic Press.

Giles, H., & Smith, P. (1979). Accommodation theory: Optimal levels of convergence. In H. Giles & R. N. St. Clair (Eds.), *Language and Social Psychology* (pp. 45-65). Baltimore: University Park Press.

Giles, H., Taylor, D. M., & Bourhis, R. Y. (1973). Dimensions of Welsh identity. *European Journal of Social Psychology, 7,* 29-39.

Goffman, E. (1983). The interaction order: American Sociological Association. *American Sociological Review, 48*(1), 1-17.

Goldstein, L. M. (1987). Standard English: The only target for nonnative speakers of English? *TESOL Quarterly, 21*(3), 417-436.

Goldwater, S., & Johnson, M. (2003). Learning OT constraint rankings using a maximum entropy model. In J. Spenader, A. Eriksson, & Ö. Dahl (Eds.), *Proceedings of the Stockholm Workshop on Variation Within Optimality Theory* (pp. 111-120). Stockholm: Stockholm University Department of Linguistics.

González-Lloret, M. (2008). Computer-mediated learning of L2 pragmatics. In E. Alcón Soler & A. Martinez-Flor (Eds.), *Investigating Pragmatics in Foreign Language Learning, Teaching and Testing* (pp. 114-132). Clevedon, UK: Multilingual Matters.

Goodwin, C. (2003). The body in action. In J. Coupland & R. Gwynn (Eds.), *Discourse, the Body, and Identity* (pp. 19-42). New York: Palgrave/Macmillan.

Goto, H. (1971). Auditory perception by normal Japanese adults of the sounds "L"and "R". *Neuropsychologia*, *9*(3), 317-323.

Gregg, K. R. (1990). The variable competence model of second language acquisition, and why it isn't. *Applied Linguistics, 11*(4), 364-383.

Gudmestad, A. (2006). L2 variation and the Spanish subjunctive: Linguistic features predicting mood selection. In C. A. Klee & T. Face (Eds.), *Selected Proceedings of the 7th Conference on the Acquisition of Spanish and Portuguese as First and Second Languages* (pp. 170-184). Somerville, MA: Cascadilla Proceedings Project.

Gudmestad, A. (2012). Acquiring a variable structure: An interlanguage analysis of second language mood use in Spanish. *Language Learning, 62*(2), 373-402.

Gudmestad, A. (2013a). Tense-aspect distinctions within the subjunctive mood in the Spanish of native speakers and second-language learners. *Studies in Hispanic and Lusophone Linguistics, 6*(1), 4-35.

Gudmestad, A. (2013b). Variationist approaches to second language Spanish. In K. Geeslin (Ed.), *The Handbook of Spanish Second Language Acquisition* (pp. 80-95). Hoboken, NJ: John Wiley & Sons, Ltd.

Gudmestad, A. (in press). On the role of lexical items in the second-language development of mood use in Spanish. In R. T. Miller, K. I. Martin, C. M. Eddington, A. Henery, N. M. Miguel, A. Tseng, A. Tuninetti, & D. Walter (Eds.), *Selected Proceedings of the Second Language Research Forum 2012: Building Bridges Between Disciplines*. Somerville, MA: Cascadilla Proceedings Project.

Gudmestad, A., & Geeslin, K. L. (2010). Exploring the roles of redundancy and ambiguity in variable subject expression: A comparison of native and non-native speakers. In Claudia Borgonovo et al. (Eds.), *Selected Proceedings of the 12th Hispanic Linguistics Symposium* (pp. 270-283). Somerville, MA: Cascadilla Proceedings Project.

Gudmestad, A., & Geeslin, K. L. (2011). Assessing the use of multiple forms in variable contexts: The relationship between linguistic factors and future-time reference in Spanish. *Studies in Hispanic and Lusophone Linguistics, 4,* 3-34.

Gudmestad, A., & Geeslin, K. L. (2013). Second-language development of variable futuretime expression in Spanish. In A. M. Carvalho & S. Beaudrie (Eds.), *Selected Proceedings of the 6th Workshop on Spanish Sociolingusitics* (pp. 63-75). Somerville, MA: Cascadilla Proceedings Project.

Gudmestad, A., House, L., & Geeslin, K. (2013). What a Bayesian Analysis can do for SLA: New tools for the sociolinguistic study of subject expression in L2 Spanish. *Language Learning, 63,* 371-399.

Guiora, A. Z., Beit-Hallahmi, B., Brannon, R.C.L., Dull, C. Y. and Scovel, T. (1972). The effects of experimentally induced change in ego states on pronunciation ability in a second language: An exploratory study. *Comprehensive Psychiatry, 13*(5), 421-428.

Gumperz, J. J. (1968). The speech community. In D. L. Sills & R. K. Merton (Eds.), *International Encyclopedia of the Social Sciences* (pp. 381-386). New York: Macmillan.

Guntermann, G. (1995). The Peace Corps experience. In B. F. Freed (Ed.), *Second Language Acquisition in a Study Abroad Context* (pp. 149-169). Amsterdam: Benjamins.

Gutiérrez, M. J. (1995). On the future of the future tense in the Spanish of the southwest. In C. Silva-Corvalán (Ed.), *Spanish in Four Continents: Studies in Language Contact and Bilingualism* (pp. 214-223). Washington, DC: Georgetown University Press.

Gutiérrez, M., & Fairclough, M. (2006). Incorporating linguistic variation into the classroom. In R. Salaberry & B. Lafford (Eds.), *The Art of Teaching Spanish* (pp. 173-191). Washington, DC: Georgetown University Press.

Guy, G. R. (1980). Variation in the group and in the individual: The case of final stop deletion. In W. Labov (Ed.), *Locating Language in Time and Space* (pp. 1-36). New York: Academic.

Guy, G. R. (1991a). Explanation in variable phonology: An exponential model of morphological constraints. *Language Variation and Change, 3*(1), 1-22.

Guy, G. R. (1991b). Contextual conditioning in variable lexical phonology. *Language Variation and Change, 3*(2), 223-39.

Hall, J. K. (1997). A consideration of SLA as a theory of practice: A response to Firth and Wagner. *The Modern Language Journal, 81*(3), 301-306.

Hancin-Bhatt, B. (2000). Optimality in second language phonology: Codas in Thai ESL. *Second Language Research, 16,* 201-232.

Hancin-Bhatt, B., & Bhatt, R. (1997). Optimal L2 syllables: Interactions of transfer and developmental effects. *Studies in Second Language Acquisition, 19,* 331-378.

Haneda, M. (2005). Investing in foreign-language writing: A study of two multicultural learners. *Journal of Language, Identity, and Education, 4*(4), 269-290.

Hanley, J. A., Negassa, A., & Forrester, J. E. (2003). Statistical analysis of correlated data using generalized estimating equations: An orientation. *American Journal of Epidemiology, 157,* 364-375.

Hansen, A. (2000). Le E caduc interconsonantique en tant que variable sociolinguistique: une ètude en règion parisienne. *LINX, 42,* 45-58.

Hansen, L. (Ed.). (2012). *Second Language Acquisition Abroad: The LDS Missionary Experience.* Amsterdam: Benjamins.

Hansen Edwards, J. G. (2011). Deletion of /t, d/ and the acquisition of linguistic variation by second language learners of English. *Language Learning, 61*(4), 1256-1301.

Hardin, J. W., & Hilbe, J. M. (2003). *Generalized estimating equations.* Boca Raton, FL: Chapman & Hall/CRC.

Hartnett, K. (2013, June 10). Dialect maps of the United States. *The Boston Globe.* Retrieved from www.boston.com/bostonglobe/ideas/brainiac/2013/06/post_4.html.

Hashimoto, H. (1993). Language acquisition of an exchange student within the homestay environment. *Journal of Asian Pacific Communication, 4,* 209-224.

Hayashi, M. (2004). Discourse within a sentence: An exploration of postpositions in Japanese as an interactional resource. *Language in Society, 33*(3), 343-376.

Hayes, B., & Wilson, C. (2008). A maximum entropy model of phonotactics and phonotactic learning. *Linguistic Inquiry, 39,* 379-440.

He, A. W. (2000). Grammatical and sequential organization of teachers' directives. *Linguistics and Education, 11*(2), 119-140.

He, A. W. (2013). The wor(l)d is a collage: Multi-performance by Chinese heritage language speakers. *The Modern Language Journal, 97*(2), 304-317.

Henriksen, N. (2013). Suprasegmental phenomena in second language Spanish. In K. Geeslin (Ed.), *The Handbook of Spanish Second Language Acquisition* (pp. 166-182). Hoboken, NJ: John Wiley & Sons, Inc.

Henriksen, N. C., Geeslin, K. L., & Willis, E. W. (2010). The development of L2 Spanish intonation during a study abroad immersion program in León, Spain: Global contours and final boundary movements. *Studies in Hispanic and Lusophone Linguistics, 3,* 113-162.

Henry, N., Culman, H., & VanPatten, B. (2009). More on the effects of explicit information in instructed SLA. *Studies in Second Language Acquisition, 31,* 559-575.

Hidalgo, M. (1987). On the question of 'standard' versus 'dialect': Implications for teaching Hispanic college students. *Hispanic Journal of Behavioral Sciences, 9*(4), 375-395.

Hidalgo, M. (1990). The emergence of standard Spanish in the American continent: Implications for Latin American dialectology. *Language Problems & Language Planning, 14*(1), 47-63.

Hoffman, M. F., & Walker, J. A. (2010). Ethnolects and the city: Ethnic orientation and linguistic variation in Toronto English. *Language Variation and Change, 22,* 37-67.

Houston, A. (1986). *Continuity and change in English morphology: The variable (ING).* Unpublished doctoral dissertation, University of Pennsylvania, Philadelphia.

Howard, M., Lemée, I., & Regan, V. (2006). The L2 acquisition of a phonological variable: The case of /l/-deletion in French. *French Language Studies, 16,* 1-24.

Howe, C. (2006). *Cross-dialectal features of the Spanish present perfect: A typological analysis of form and function*. Unpublished doctoral dissertation, Ohio State University, Columbus, Ohio.

Howe, C. (2013). *The Spanish perfects: Pathways of emergent meaning*. Basingstoke/New York: Palgrave Macmillan.

Howe, C., & Schwenter, S. (2003). Present perfect for preterit across Spanish dialects. In T. Sánchez (Ed.), *Penn Working Papers in Linguistics: Selected Papers from NWAV-31,* 61-76.

Hualde, J. I. (2005). *The sounds of Spanish.* Cambridge, UK: Cambridge University Press.

Huback, A. (2011). Irregular plurals in Brazilian Portuguese: An exemplar model approach.

Language Variation and Change, 23, 245-256.

Hudson, R. A. (1996). *Sociolinguistics*. Cambridge, UK: Cambridge University Press.

Huebner, T. (1979). Order of acquisition vs. dynamic paradigm: A comparison of method in interlanguage research. *TESOL Quarterly, 31,* 21-28.

Huebner, T. (1983). *A longitudinal analysis of the acquisition of English.* Ann Arbor: Karoma.

Isabelli-García, C. (2006). Study abroad social networks, motivation and attitudes: Implications for second language acquisition. In M. A. DuFon & E. Churchill (Eds.), *Language Learners in Study Abroad Contexts* (Vol. 15) (pp. 231-258). Clevedon, UK: Multilingual Matters.

Ishida, M. (2006). Interactional competence and the use of modal expressions in decisionmaking activities: CA for understanding microgenesis of competence. In K. Bardovi-Harlig, J. C. Félix-Brasdefer, & A. Omar (Eds.), *Pragmatics and Language Learning* (Vol. 11) (pp. 55-79). Honolulu, HI: University of Hawai'i, National Foreign Language Resource Center.

Ishida, M. (2009). Development of interactional competence: Changes in the use of ne in L2 Japanese during study abroad. In H. T. Nguyen & G. Kasper (Eds.), *Talk-in-interaction: Multilingual Perspectives* (pp. 351-385). Honolulu: University of Hawaii National Foreign Language Resource Center.

Itoh, H. (1973). *A Japanese child's acquisition of two languages.* Unpublished MA thesis, University of California, Los Angeles.

Johnson, D. E. (2009). Getting off the GoldVarb Standard: Introducing Rbrul for mixedeffects variable rule analysis. *Language and Linguistics Compass, 3,* 359-383.

Kachru, B. B. (Ed.). (1982). *The other tongue: English across cultures.* Urbana, IL: University of Illinois Press.

Kachru, B. B. (1985). Institutionalized second-language varieties. In S. Greenbaum & B. Kachru (Eds.), *The English Language Today* (pp. 211-226). Oxford: Pergamon.

Kachru, B. B. (1986). *The alchemy of English: The spread, functions, and models of non-native Englishes.* Champaign, IL: University of Illinois Press.

Kachru, B. B. (1991). *Liberation linguistics and the quirk concern.* Retrieved from ERIC: www.eric.ed.gov/contentdelivery/servlet/ERICServlet?accno=ED347806.

Kanwit, M., Fafulas, S., & Geeslin, K. (2011). *Acquiring sociolinguistic norms of use: A look at the present perfect, the copula contrast and the present progressive in Mexico and Spain.* Paper presented at the 15th Hispanic Linguistics Symposium, Athens, GA.

Kanwit, M., & Geeslin, K. (2014). The interpretation of Spanish subjunctive and indicative forms in adverbial clauses: A cross-sectional study. *Studies in Second Language Acquisition, 36*(3).

Kanwit, M., & Solon, M. (2013). Acquiring variation in future-time expression abroad in

Valencia, Spain and Mérida, Mexico. In J. Cabrelli-Amaro, G. Lord, A. de Prada Pérez & J. E. Aaron (Eds.), *Selected Proceedings of the 16th Hispanic Linguistics Symposium* (pp. 206-221). Somerville, MA: Cascadilla Proceedings Project.

Kasper, G. (1997). 'A' stands for acquisition: A response to Firth and Wagner. *The Modern Language Journal, 81,* 307-312.

Kasper, G., & Wagner, J. (2011). Conversation analysis as an approach to second language acquisition. In D. Atkinson (Ed.), *Alternative Approaches to Second Language Acquisition* (pp. 117-142). New York: Routledge.

Katz, J. (n.d.). [Personal website]. Retrieved from www4.ncsu.edu/~jakatz2/.

Kay, S., & le Fleming, S. (2008). *Colloquial Russian 2: The next step in language learning.* London: Routledge.

Keller, G. D. (1982). The ultimate goal of bilingual education with respect to language skills. In J. A. Fishman & G. D. Keller (Eds.), *Bilingual Education for Hispanic Students in the United States* (pp. 71-90). New York: Teachers College, Columbia University.

Kellerman, E. (1977). Towards a characterization of the strategy of transfer in second language learning. *The Interlanguage Studies Bulletin—Utrecht, 2,* 58-145.

Kelley, J. P. (1982). *Interlanguage variation and social/psychological influences within a developmental stage.* Unpublished MA thesis, University of California, Los Angeles.

Kempas, I. (2006). *Estudio sobre el uso del pretérito perfecto prehodiernal en el español peninsular y en comparación con la variedad del español argentino hablada en Santiago del Estero.* Unpublished doctoral dissertation, University of Helsinki, Finland.

Kempe, V., & MacWhinney, B. (1998). The acquisition of case-marking by adult learners of Russian and German. *Studies in Second Language Acquisition, 20,* 543-587.

Killam, J. (2011). *An interlanguage analysis of differential object marking in L2 Spanish.* Unpublished doctoral dissertation, Indiana University, Bloomington, Indiana.

Kim, M. (2009). *Discourse markers during dialogues between native and nonnative speakers*. Paper presented at Linguistic Society of America Annual Meeting, San Francisco, California.

Kinginger, C. (2008). Language learning in study abroad: Case studies of Americans in France. *The Modern Language Journal, 92*(s1), 1-124.

Kinginger, C., & Farrell, K. (2004). Assessing development of metapragmatic awareness in study abroad. *Frontiers: The Interdisciplinary Journal of Study Abroad, 10,* 19-42.

Kinsbourne, M., & Jordan, J. S. (2009). Embodied anticipation: A neurodevelopmental interpretation. *Discourse Processes, 46*(2-3), 103-126.

Kitch, K. A. (1982). *A description of a Mexican-American's interlanguage and his sociopsychological profile*. Unpublished MA thesis, University of San Diego, California.

Klein, E. (1980). A semantics for positive and comparative adjectives. *Linguistics and Philosophy, 4*(1), 1-45.

Klein-Andreu, F. (2000). *Variación actual y evolución histórica: Los clíticos le/s, la/s, lo/s.* Muenchen: Lincom Europa.

Kleinman, A. (2013, June 6). These dialect maps showing the variety of American English have set the Internet on fire. *The Huffington Post.* Retrieved from www.huffingtonpost.com/2013/06/06/dialect-maps_n_3395819.html.

Knouse, S. M. (2012). The acquisition of dialectal phonemes in a study abroad context: The case of the Castilian theta. *Foreign Language Annals, 45*(4), 512-542.

Kobayashi, H., & Rinnert, C. (2003). Coping with high imposition requests: High vs. low proficiency EFL students in Japan. In A. Martínez, E. Usó Juan, & A. Fernández (Eds.), *Pragmatic Competence and Foreign Language Teaching* (pp. 161-184). Castellon, Spain: Servei de Publicacions de la Universitat Jaume I.

Kobayashi, M. (2003). The role of peer support in ESL students' accomplishment of oral academic tasks. *Canadian Modern Language Review, 59*(3), 337-368.

Kobayashi, M. (2004). *A sociocultural study of second language tasks: Activity, agency, and language socialization.* Unpublished doctoral dissertation, University of British Columbia, Vancouver, Canada.

Kondo, S. (1997). The development of pragmatic competence by Japanese learners of English: Longitudinal study on interlanguage apologies. *Sophia Linguistica, 41,* 265-284.

Krashen, S. (1977). The monitor model for adult second language performance. In M. Burt, H. Dulay, & M. Finocchiaro (Eds.), *Viewpoints on English as a Second Language in Honor of James E. Alatis* (pp. 152-161). New York : Regents.

Krashen, S. (1982). *Principles and practice in second language acquisition* (pp. 65-78). Oxford: Pergamon.

Krashen, S. (1985). The input hypothesis: Issues and implications. London: Longman.

Krashen, S., Dulay, H., & Burt, M. (1982). *Language two.* Nova Iorque: Oxford University Press.

Kretzschmar, W., McDavid, V., Lerud, T., & Johnson, E. (1993). *Handbook of the linguistic atlas of the Middle and South Atlantic States.* Chicago: University of Chicago Press.

Kumpf, L. (1984). Temporal systems and universality in interlanguage: A case study. In F. Eckman, L. W. Bell, & E. Nelson (Eds.) *Universals of Second Language Acquisition* (pp. 132-143). Rowley, MA: Newbury House.

Kuriscak, L. (2006). *Pragmatic variation in L2 Spanish: Learner and situational effects.* Unpublished doctoral dissertation, Indiana University, Bloomington, Indiana.

La Corte, M., & Canabal, E. (2002). Teacher beliefs and practices in advanced Spanish classrooms. *Heritage Language Journal, 3*(1), 83-102.

Laberge, S. (1977). Étude *de la variation des pronoms définis et indéfinis dans le français parlé à Montréal.* Unpublished doctoral dissertation, University of Montreal, Canada.

Labov, W. (1963). The social motivation of a sound change. *Word, 19,* 273-309.

Labov, W. (1966). *The social stratification of English in New York City, first edition.* Arlington, VA: Center for Applied Linguistics.

Labov, W. (1969). Contraction, deletion, and inherent variability of the English copula. *Language, 45,* 715-762.

Labov, W. (1972a). *Sociolinguistic patterns.* Philadelphia, PA: University of Pennsylvania Press.

Labov, W. (1972b). The social stratification of (r) in New York City department stores. In W. Labov (Ed.), *Sociolinguistic Patterns* (pp. 43-54). Philadelphia: University of Pennsylvania Press.

Labov, W. (1972c). *Language in the inner city: Studies in the black English vernacular.* Philadelphia: University of Pennsylvania Press.

Labov, W. (1994). *Principles of linguistic change, Vol. I: Internal factors.* Malden, MA: Blackwell.

Labov, W. (2001). *Principles of linguistic change, Vol. III: Social factors.* Malden, MA: Blackwell.

Labov, W. (2007). Transmission and diffusion. *Language, 83,* 344-387.

Labov, W., Cohen, P., Robins, C., & Lewis, J. (1968). *A study of the non-standard English of negro and Puerto Rican speakers in New York City, Vol. 1: Phonological and grammatical analysis*. Cooperative research project no. 3288. New York City: Columbia University.

Labov, W., Yaeger, M., & Steiner, R. (1972). *A quantitative study of sound change in progress.* Philadelphia: US Regional Survey.

Lado, R. (1957). *Linguistics across cultures: Applied linguistics for language teachers*. Ann Arbor: University of Michigan Press.

Lafford, B. A. (2006). The effects of study abroad vs. classroom contexts on Spanish SLA: Old assumptions, new insights and future research directions. In C. A. Klee & T. L. Face (Eds.), *Selected Proceedings of the 7th Conference on the Acquisition of Spanish and Portuguese as First and Second Languages* (pp. 1-25). Somerville, MA: Cascadilla.

Lafford, B., & Collentine, J. (2006). The effects of study abroad and classroom contexts on the acquisition of Spanish as a second language. In R. Salaberry & B. A. Lafford (Eds.), *The Art of Teaching Spanish: Second Language Acquisition From Research to Praxis* (pp. 103-126). Washington, DC: Georgetown University Press.

Lafford, B. A., & Uscinski, I. (2013). Study abroad and second language Spanish. In K. Geeslin (Ed.), *The Handbook of Spanish Second Language Acquisition* (pp. 386-403). Hoboken, NJ: John Wiley & Sons, Ltd.

Lafond, L., Hayes, R., & Bhatt, R. (2001). Constraint demotion and null-subjects in Spanish L2 acquisition. In J. Camps & C. Wiltshirte (Eds.), *Romance Syntax, Semantives and*

L2 Acquisition: Selected Papers from the 20th Linguistic Symposium on Romance Languages (pp. 121-135). Amsterdam: John Benjamins.

Laks, B. (1980). *Differenciation linguistique et différenciation sociale: Quelques problèmes de linguistique française*. Unpublished doctoral dissertation, Université de Paris VIII, Vincennes, France.

Langacker, R. W. (1987). *Foundations of cognitive grammar: Theoretical prerequisites.* Stanford, CA: Stanford University Press.

Langacker, R. W. (2000). A dynamic usage-based model. In M. Barlow & S. Kemmer (Eds.), *Usage-based models of language* (pp. 1-63). Chicago: University of Chicago Press.

Lantolf, J. P. (Ed.). (2000). *Sociocultural theory and second language learning.* Oxford: Oxford University Press.

Lantolf, J. P. (2011). The sociocultural approach to second language acquisition: Sociocultural theory, second language acquisition, and artificial L2 development. In D. Atkinson (Ed.), *Alternative Approaches to Second Language Acquisition* (pp. 24-47). New York: Routledge.

Lantolf, J. P., & Johnson, K. E. (2007). Extending Firth and Wagner's (1997) ontological perspective to L2 classroom praxis and teacher education. *The Modern Language Journal, 91,* 877-892.

Lantolf, J. P., & Poehner, M. E. (2011). Dynamic assessment in the classroom: Vygostkian praxis for second language development. *Language Teaching Research, 15*(1), 11-33.

Lantolf, J. P., & Thorne, S. L. (2006). Sociocultural theory and second language acquisition. In B. VanPatten & J. Williams (Eds.), *Theories in Second Language Acquisition* (pp. 201-224). Mahwah, NJ: Erlbaum.

Lantolf, J. P., & Yáñez-Prieto, C. (2003). Talking yourself into Spanish: Intrapersonal communication and second language learning. *Hispania, 86,* 97-109.

Larsen-Freeman, D. (1997). Chaos/complexity science and second language acquisition. *Applied Linguistics, 18,* 141-165.

Larsen-Freeman, D. (2006). The emergence of complexity, fluency, and accuracy in the oral and written production of five Chinese learners of English. *Applied Linguistics, 27,* 590-619.

Larsen-Freeman, D. (2011). A complexity approach to second language development/acquisition. In D. Atkinson (Ed.), *Alternative Approaches to Second Language Acquisition* (pp. 48-72). New York and London: Routledge.

Larson-Hall, J. (2010). *A guide to doing statistics in second language research using SPSS.* New York: Routledge.

Lauwereyns, S. (2002). Hedges in Japanese conversation: The influence of age, sex, and formality. *Language Variation and Change, 14,* 239-259.

Lavandera, B. (1978). Where does the sociolinguistic variable stop? *Language in Society, 7,*

171-183.

Le Page, R. B., & Keller, A. T. (1985). *Acts of identity: Creole-based approaches to language and ethnicity.* Cambridge: Cambridge University Press.

Lee, J. F., Cadierno, T., Glass, W. R., & VanPatten, B. (1997). The effects of lexical and grammatical cues on processing past temporal reference in second language input. *Applied Language Learning, 8*(1), 1-23.

Leeman, J. (2005). Engaging critical pedagogy: Spanish for native speakers. *Foreign Language Annals, 38*(1), 35-45.

Leeman, J. (2012). Investigating language ideologies in Spanish as a Heritage language. In M. Fairclough & S. M. Beaudrie (Eds.), *Spanish as a Heritage Language in the United States: The State of the Field* (pp. 43-60). Washington, DC: Georgetown University Press.

Leeman, J., & Martínez, G. (2007). From identity to commodity: Ideologies of Spanish in Heritage language textbooks. *Critical Inquiry in Language Studies, 4*(1), 35-65.

Lemée, I (2002). Acquisition de la variation socio-stylistique dans l'interlangue d'apprenants hibernophones de français L2: Le cas de on et nous. *Marges Linguistiques, 4,* 56-67.

Lemée, I. (2003). *Acquisition de la variation sociostylistique par des apprenants Hibernophones de Français L2: Les effets d'une année* à *l'étranger, une perspective variationniste, le cas de ON/ NOUS.* Unpublished doctoral dissertation, University College Dublin, Dublin, Ireland.

Leow, R. P. (1998). Toward operationalizing the process of attention in SLA: Evidence for Tomlin and Villa's (1994) fine-grained analysis of attention. *Applied Psycholinguistics, 19,* 133-160.

Leow, R. P. (2001). Attention, awareness, and foreign language behavior. *Language Learning, 51*(s1), 113-155.

Leow, R. P. (2002). Models, attention, and awareness in SLA. *Studies in Second Language Acquisition, 24,* 113-119.

Li, D. (2000). The pragmatics of making requests in the L2 workplace: A case study of language socialization. *Canadian Modern Language Review, 57*(1), 58-87.

Li, X. (2010). Sociolinguistic variation in the speech of learners of Chinese as a second language. *Language Learning, 60*(2), 366-408.

Li, X. (2014). Variation in subject pronominal expression in L2 Chinese. *Studies in Second Language Acquisition, 36*(1), 39-68.

Li, X., Chen, X., & Chen, W. H. (2012). Variation of subject pronominal expression in Mandarin Chinese. *Sociolinguistic Studies, 6*(1), 91-119.

Linford, B., & Geeslin, K. (2013). *The second-language acquisition of subject expression in Spanish: A synthesis.* Unpublished manuscript, Indiana University, Bloomington, Indiana.

Linford, B., Long, A., Solon, M., Whatley, M., & Geeslin, K. (2014). *Measuring lexical frequency and its effects on subject expression in L2 Spanish: Who to compare to and why?* Paper presented at Georgetown University Round Table, Washington, DC.

Lippi-Green, R. L. (1989). Social network integration and language change in progress in a rural Alpine village. *Language in Society, 18*(2), 213-234.

Lipski, J. M. (1983). La norma culta y la norma radiofónica: /s/y /n/ en español. *Language Problems & Language Planning, 7*(3), 239-262.

Lipski, J. (1994). *Latin American Spanish*. New York: Longman.

Lipski, J. (2011). Socio-phonological variation in Latin American Spanish. In M. Díaz-Campos (Ed.), *The Handbook of Hispanic Sociolinguistics* (pp. 72-97). Malden, MA: Wiley-Blackwell.

Liskin-Gasparro, J. (2000). The use of tense-aspect morphology in Spanish oral narratives: Exploring the perceptions of advanced learners. *Hispania, 83,* 830-844.

Liu, G. (1991). *Interaction and second language acquisition: A case study of a child's acquisition of English as a second language.* Unpublished doctoral dissertation, Deakin University, Melbourne, Australia.

Lively, S. E., Pisoni, D. B., Yamada, R. A., Tohkura, Y. I., & Yamada, T. (1994). Training Japanese listeners to identify English /r/ and /l/. III. Long-term retention of new phonetic categories. *The Journal of the Acoustical Society of America, 96*(4), 2076-2087.

Llamas, C., & Stockwell, P. (2002). *Sociolinguistics. An introduction to applied linguistics.* London: Arnold.

Lombardi, L. (2003). Second language data and constraints on Manner: Explaining substitutions for the English interdentals. *Second Language Research, 19,* 225-250.

Long, M. H. (1981). Input, interaction, and second-language acquisition. *Annals of the New York Academy of Sciences, 379*(1), 259-278.

Long, M. H. (1996). The role of the linguistic environment in second language acquisition. In W. Ritchie & T. Bhatia (Eds.), *Handbook of Second Language Acquisition* (pp. 413-468). San Diego, CA: Academic.

Long, M. H. (1997). Construct validity in SLA: A response to Firth and Wagner. *Modern Language Journal, 81*(3), 318-323.

Long, M. H. (2000). Focus on form in task-based language teaching. In R. D. Lambert & D. Shohamy (Eds.), *Language policy and pedagogy: Essays in honor of A. Ronald Walton* (pp. 179-192). Amsterdam/Philadelphia: John Benjamins.

Lybeck, K. (2002). Cultural identification and second language pronunciation of Americans in Norway. *The Modern Language Journal, 86,* 174-191.

MacWhinney, B. (2008). A unified model. In P. Robinson & N. Ellis (Eds.), *Handbook of Cognitive Linguistics and Second Language Acquisition* (pp. 341-371). New York: Routledge.

Magnan, S. S. (1986). Assessing speaking proficiency in the undergraduate curriculum: Data from French. *Foreign Language Annals, 19,* 429-438.

Magnan, S., & Walz, J. (2002). Pedagogical norms: Development of the concept and illustrations from French. In S. Gass, K. Bardovi-Harlig, S. Magnan, & J. Walz (Eds.), *Pedagogical Norms for Second and Foreign Language Learning and Teaching: Studies in Honour of Albert Valdman* (pp. 15-40). Amsterdam, Netherlands: Benjamins.

Maple, R. F. (1982). *Social distance and the acquisition of English as a second language: A study of Spanish-speaking adult learners*. Unpublished doctoral dissertation, The University of Texas at Austin.

Marion, P. B. (1980). Relationships of student characteristics and experiences with attitude changes in a program of study abroad. *Journal of College Student Personnel, 21*(1), 58-64.

Markee, N. (1994). Toward an ethnomethodological respecification of second language acquisition studies. In E. Tarone, S. Gass, & A. Cohen (Eds.), *Research Methodology in Second Language Acquisition* (pp. 89-116). Hillsdale, NJ: Lawrence Erlbaum.

Markee, N. (2000). *Conversation analysis*. Mahwah, NJ: Lawrence Erlbaum Associates.

Markee, N. (2005). The organization of off-task talk in second language classrooms. In K. Richards & P. Seedhouse (Eds.), *Applying Conversation Analysis* (pp. 197-293). New York: Palgrave Macmillan.

Markee, N., & Kasper, G. (2004). Classroom talks: An introduction. *The Modern Language Journal, 88*(4), 491-500.

Marriott, H. (1993). Acquiring sociolinguistic competence: Australian secondary students in Japan. *Journal of Asian Pacific Communication, 4,* 167-192.

Marriott, H. (1994). Changing trends in Australia-Japan and Japan-Australia student exchanges and study abroad programs. *Japanese Studies Bulletin, 14,* 50-74.

Marriott, H. (1995). The acquisition of politeness patterns by exchange students in Japan. In B. Freed (Ed.), *Second Language Acquisition in a Study Abroad Context* (pp. 197-224). Amsterdam: John Benjamins.

Martínez, G. (2003). Classroom based dialect awareness in heritage language instruction: A critical applied linguistic approach. *Heritage Language Journal, 1*(1), 1-14.

Masgoret, A. M., & Gardner, R. C. (1999). A model of Spanish immigrant adaptation in Canada. *Journal of Multilingual and Multicultural Development, 20*(3), 216-236.

Mayberry, M. (2011). Synchronous narratives in Spanish: The simple present/present progressive aspectual contrast. *Hispania, 94*(3), 462-482.

McCafferty, S. G. (1992). The use of private speech by adult second language learners: A cross-cultural study. *The Modern Language Journal, 76*(2), 179-189.

McCarthy, J. J. (2007). What is Optimality Theory? *Language and Linguistics Compass, 1,* 260-291.

McClelland, J. L., & Cleeremans, A. (2009). Connectionist models. In T. Byrne, A. Cleeremans, & P. Wilken (Eds.), *Oxford companion to consciousness* (pp. 177-181). New York: Oxford University Press.

McClelland, J. L., Rumelhart, D. E., & Hinton, G. E. (1986). The appeal of parallel distributed processing. In D. E. Rumelhart, J. L. McClelland, & The PDP Research Group (Eds.), *Parallel Distributed Processing: Explorations in the Microstructure of Cognition, Vol. 1: Foundations* (pp. 3-44). Cambridge, MA: MIT Press.

McGroarty, M. (1996). Language attitudes, motivation, and standards. In S. McKay, N. Hornberger (Eds.), *Sociolinguistics and Language Teaching* (pp. 3-46). Cambridge, England: Cambridge UP.

McKay, S. L., & Wong, S. L. C. (1996). Multiple discourses, multiple identities: Investment and agency in second-language learning among Chinese adolescent immigrant students. *Harvard Educational Review, 66*(3), 577-609.

McKee, R., Schembri, A., & Johnston, T. (2011). Variable "subject" presence in Australian sign language and New Zealand sign language. *Language Variation and Change, 23,* 375-398.

Medina-Rivera, A. (1999). Variación fonológica y estilística en el español de Puerto Rico. *Hispania, 82,* 529-541.

Medina-Rivera, A. (2004). Mood, tense, and copula verb selection in near-native speakers of Spanish. *Issues in Applied Linguistics, 14,* 133-152.

Mehan, H. (1979). *Learning lessons: The social organization of classroom behavior.* Cambridge, MA: Harvard University Press.

Mendoza-Denton, N. (2008). Variation in a community of practice. In N. Mendoza-Denton (Ed.), *Homegirls: Language and cultural practice among Latina youth gangs* (pp. 230-264). Malden, MA: Blackwell.

Milleret, M. (1991). Assessing the gain in oral proficiency from summer foreign study. *ADFL Bulletin, 22*(3), 39-43.

Milon, J. P. (1974). The development of negation in English by a second language learner. *TESOL Quarterly, 8,* 137-143.

Milroy, J., & Milroy, L. (1985). Linguistic change, social network and speaker innovation. *Journal of Linguistics, 21,* 339-384.

Milroy, L. (1987). *Language and social networks.* Oxford: Blackwell.

Milroy, L., & Gordon, M. (2003). *Sociolinguistics: Method and interpretation.* Malden, MA: Blackwell.

Miyake, A., & Friedman, N. P. (1998). Individual differences in second language proficiency: Working memory as language aptitude. In A. F. Healy & L. E. Bourne (Eds.), *Foreign Language Learning: Psycholinguistic Studies on Training and Retention* (pp. 339-364). Mahwah, NJ: Erlbaum.

Mora, J. C. (2008). Learning context effects on the acquisition of a second language phonology. In C. Pérez-Vidal, M. Juan-Garau, & A. Bel Gaya (Eds.), *A Portrait of the Young in the New Multilingual Spain* (pp. 241-263). Clevedon/Buffalo: Multilingual Matters.

Mori, J. (2004). Negotiating sequential boundaries and learning opportunities: A case from a Japanese language classroom. *The Modern Language Journal, 88,* 536-550.

Mori, J. (2007). Border crossings? Exploring the intersection of second language acquisition, conversation analysis, and foreign language pedagogy. *The Modern Language Journal, 91,* 849-862.

Mori, J., & Hayashi, M. (2006). The achievement of intersubjectivity through embodied completions: A study of interactions between first and second language speakers. *Applied Linguistics, 27*(2), 195-219.

Morita, N. (2004). Negotiating participation and identity in second language academic communities. *TESOL Quarterly, 38,* 573-603.

Mougeon, R., Nadasdi, T., & Rehner, K. (2010). *The sociolinguistic competence of immersion students.* Bristol, UK: Multilingual Matters.

Nagy, N., Blondeau, H., & Auger, J. (2003). Second language acquisition and "real" French: An investigation of subject doubling in the French of Montreal Anglophones. *Language Variation and Change, 15*(1), 73-103.

Nagy, N., & Heap, D. (1998). Francoprovencal null subjects and constraint interaction. In M. C. Gruber, D. Higgins, K. S. Olson, & T. Wysocki (Eds.), *Papers from the Regional Meetings, Chicago Linguistic Society 34* (pp. 151-166). Chicago, IL: Chicago Linguistic Society.

Nassaji, H., & Swain, M. (2000). A Vygotskian perspective on corrective feedback in L2: The effect of random versus negotiated help on the learning of English articles. *Language Awareness, 9,* 34-41.

Nelson, G., & Hall, C. (1999). Complimenting in Mexican Spanish: Developing grammatical and pragmatic competence. *Spanish Applied Linguistics, 3,* 91-121.

Nemser, W. (1971). Approximative systems of foreign language learners. *IRAL—International Review of Applied Linguistics in Language Teaching, 9*(2), 115-124.

Nguyen, H. T. (2006). Constructing 'expertness': A novice pharmacist's development of interactional competence in patient consultations. *Communication & Medicine, 3*(2), 147-160.

Nguyen, H. T. (2008). Sequence organization as local and longitudinal achievement. *Text and Talk, 28*(4), 523-550.

Norton, B. (1997). Language, identity, and the ownership of English. *TESOL Quarterly, 31*(3), 409-429.

Norton, B. (2000). *Identity and language learning: Gender, ethnicity and educational change*. Harlow, England: Longman/Pearson Education Ltd.

Norton, B., & McKinney, C. (2011). An identity approach to second language acquisition. In D. Atkinson (Ed.), *Alternative Approaches to Second Language Acquisition* (pp. 73-94). New York: Routledge.

Norton, B., & Toohey, K. (2001). Changing perspectives on good language learners. *TESOL Quarterly, 35,* 307-322.

Norton Peirce, B. (1995). Social identity, investment, and language learning. *TESOL Quarterly, 29*(1), 9-31.

O'Connor, N. (1988). *Oral proficiency testing of junior year abroad: Implications for the undergraduate curriculum*. Paper presented at the Annual Meeting of the Modern Language Association, New Orleans, LA.

Ochs, E., Schegloff, E., & Thompson, S. (Eds.). (1996). *Interaction and grammar*. Cambridge: Cambridge University Press.

Ohta, A. S. (1994). Socializing the expression of affect: An overview of affective particle use in the Japanese as a foreign language classroom. *Issues in Applied Linguistics, 5,* 303-326.

Ohta, A. S. (2001). Japanese second language acquisition in the classroom: What the voices of teachers and students tell us about the process of learning Japanese. In H. Nara (Ed.), *Advances in Japanese Pedagogy* (pp. 93-136). Columbus, OH: National Foreign Language Center, Ohio State University.

O'Malley, J. M., & Chamot, A. U. (1990). *Learning strategies in second language acquisition.* Cambridge: Cambridge University Press.

Orozco, R. (2005). Distribution of future time forms in Northern Colombian Spanish. In D. Eddington (Ed.), *Selected Proceedings of the 7th Hispanic Linguistics Symposium* (pp. 56-65). Somerville, MA: Cascadilla Proceedings Project.

Orozco, R. (2007). Social constraints on the expression of futurity in Spanish-speaking urban communities. In J. Holmquist et al. (Eds.), *Selected Proceedings of the Third Workshop on Spanish Sociolinguistics* (pp. 103-112). Somerville, MA: Cascadilla.

Ortega, L. (2011). SLA after the social turn: Where cognitivism and its alternatives stand. In D. Atkinson (Ed.), *Alternative Approaches to Second Language Acquisition* (pp. 167-180). New York: Routledge.

Ortega, L. (2013). SLA for the 21st century: Disciplinary progress, transdisciplinary relevance, and the bi/multilingual turn. *Language Learning, 63*(s1), 1-24.

Otheguy, R., Zentella, A. C., & Livert, D. (2007). Language and dialect contact in Spanish in New York: Towards the formation of a speech community. *Language, 83,* 770-802.

Owen, J. (2001). *Interlanguage pragmatics in Russian: A study of the effects of study abroad and proficiency levels on request strategies*. Unpublished doctoral dissertation, Bryn Mawr College, Pennsylvania.

Paige, R. M., Cohen, A.D., Kappler, B., Chi, J. C., & Lassegard, J. P. (2002). *Maximizing study abroad: A students' guide to strategies for language and culture learning and use.* Minneapolis, MN: Center for Advanced Research on Language Acquisition, University of Minnesota.

Pavlenko, A. (2001a). Language learning memoirs as a gendered genre. *Applied Linguistics, 22*(2), 213-240.

Pavlenko, A. (2001b). "How am I to become a woman in an American vein?": Negotiation of gender in second language learning. In A. Pavlenko, A. Blackledge, I. Piller, & M. Teutsch-Dwyer (Eds.), *Second Language Learning, Multilingualism, and Gender* (pp. 133-174). Berlin: Mouton De Gruyter.

Pavlenko, A. (2004). The making of an American: Negotiation of identities at the turn of the twentieth century. In A. Pavlenko & A. Blackledge (Eds.), *Negotiation of Identities in Multilingual Contexts* (pp. 34-67). Clevedon, UK: Multilingual Matters Ltd.

Pérez-Leroux, A. T., & Glass, W. R. (2000). Linguistic diversity and inclusion in the foreign language classroom. *Foreign Language Annals, 33*(1), 58-62.

Philp, J. (2003). Constraints on "noticing the gap". *Studies in Second Language Acquisition, 25*(1), 99-126.

Pica, T. (1994). Research on negotiation: What does it reveal about second-language learning conditions, processes, and outcomes? *Language Learning, 44,* 493-527.

Pica, T., Holliday, L., Lewis, N., Berducci, D., & Newman, J. (1991). Language learning through interaction: What role does gender play? *Studies in Second Language Acquisition, 13,* 343-376.

Pienemann, M. (1998). *Language Processing and Second Language Development: Processability Theory* (Vol. 15). Amsterdam: Benjamins.

Pienemann, M. (Ed.). (2005). *Cross-linguistic Aspects of Processability Theory* (Vol. 30). Amsterdam: Benjamins.

Podesva, R. J. (2011). The California vowel shift and gay identity. *American Speech, 86,* 32-51.

Poehner, M. E. (2005). *Dynamic assessment of advanced L2 learners of French.* Unpublished doctoral dissertation, The Pennsylvania State University, University Park.

Poehner, M. E. (2008). *Dynamic assessment: A Vygotskian Approach to understanding and promoting second language development.* Berlin: Springer Publishing.

Polanyi, L. (1995). Language learning and living abroad. In B. F. Freed (Ed.), *Second Language Acquisition in a Study Abroad Context* (pp. 271-291). Amsterdam/Philadelphia: John Benjamins.

Poll, G. H. (2011). Increasing the odds: Applying emergentist theory in language intervention. *Language, Speech, and Hearing Services in Schools, 42,* 580-591.

Poole, D. (1992). Language socialization in the second language classroom. *Language*

Learning, 42, 593-616.

Poplack, S. (1989). The care and handling of a megacorpus: The Ottawa-Hull French Project. In R. W. Fasold & D. Schiffrin (Eds.), *Language Change and Variation* (pp. 411-444). Amsterdam/Philadelphia: John Benjamins.

Poplack, S., & Dion, N. (2009). Prescription vs. praxis: The evolution of future temporal reference in French. *Language, 85*(3), 558-587.

Poplack, S., & Turpin, D. (1999). Does the Futur have a future in (Canadian) French? *Probus, 11,* 131-162.

Potowski, K. (2013). Heritage learners of Spanish. In K. Geeslin (Ed.), *The Handbook of Spanish Second Language Acquisition* (pp. 404-422). Hoboken, NJ: John Wiley & Sons, Ltd.

Potowski, K., Berne, J., Clark, A., & Hammerand, A. (2008), Spanish language teaching and learning: Policy, practice and performance. *Hispania, 91*(1), 25-41.

Potowski, K., & Carreira, M. (2004). Towards teacher development and national standards for Spanish as a Heritage language. *Foreign Language Annals, 37*(3), 421-431.

Potowski, K., Parada, M., & Morgan-Short, K. (2012). Developing an online placement exam for Spanish Heritage speakers and L2 students. *Heritage Language Journal*, *9*(1), 51-76.

Preston, D. R. (1993). Variation linguistics and SLA. *Second Language Research, 9,* 153-172.

Preston, D. R. (1996). Variationist perspectives on second language acquisition. In R. Bayley & D. R. Preston (Eds.), *Second Language Acquisition and Linguistic Variation* (pp. 1-45). Amsterdam: Benjamins.

Preston, D. R. (2000). Three kinds of sociolinguistics and SLA: A psycholinguistic perspective. In B. Swierzbin, F. Morris, M. Anderson, C. Klee, & E. Tarone (Eds.), *Social and Cognitive Factors in Second Language Acquisition: Selected Proceedings of the 1999 Second Language Research Forum* (pp. 3-30). Somerville, MA: Cascadilla Press.

Preston, D. R. (2002). A variationist perspective on SLA: Psycholinguistic concerns. In R. Kaplan (Ed.), *The Oxford Handbook of Applied Linguistics* (pp. 141-159). New York: Oxford University Press.

Preston, D. R. (2004). Three kinds of sociolinguistics. In C. Fought (Ed.), *Sociolinguistic Variation: Critical Reflections* (pp. 140-158). Oxford: Oxford University Press.

Prince, A., & Smolensky, P. (1997). Optimality: From neural networks to universal grammar. *Science, 275,* 1604-1610.

Prince, A., & Smolensky, P. (2008[1993]). *Optimality Theory: Constraint interaction in generative grammar*. Malden, MA: Blackwell.

Regan, V. (1995). The acquisition of sociolinguistic native speech norms. In B. Freed (Ed.), *Second Language Acquisition in a Study Abroad Context* (pp. 245-267). Amsterdam:

John Benjamins.

Regan, V. (1996). Variation in French interlanguage: A longitudinal study of sociolinguistic competence. In R. Bayley & D. Preston (Eds.), *Second Language Acquisition and Linguistic Variation* (pp. 177-201). Amsterdam: John Benjamins.

Regan, V. (2004). The relationship between the group and the individual and the acquisition of native speaker variation patterns: A preliminary study. *IRAL, 42*(4), 335-348.

Regan, V., Howard, M., & Lemée, I. (2009). *The acquisition of sociolinguistic competence in a study abroad context.* Bristol, UK: Multilingual Matters.

Rehner, K. (2002). *The development of aspects of linguistic and discourse competence by advanced second language learners of French.* Unpublished doctoral dissertation, University of Toronto, Toronto, Canada.

Rehner, K., & Mougeon, R. (1999). Variation in the spoken French of immersion students: To ne or not to ne, that is the sociolinguistic question. *Canadian Modern Language Review, 56,* 124-154.

Rehner, K., Mougeon, R., & Nadasdi, T. (2003). Emploi du futur dans le français parlé des élèves d'immersion française. *Journal of French Language Studies, 13,* 195-220.

Rickford, J. R. (1986). Concord and contrast in the characterization of the speech community. *Sheffield Working Papers in Language and Linguistics, 3,* 87-119.

Rickford, J. R. (1996). Regional and social variation. In S. McKay & N. Hornberger (Eds.), *Sociolinguistics and Language Teaching* (pp. 151-194). Cambridge, England: Cambridge UP.

Rickford, J. R., & McNair-Knox, F. (1994). Addressee- and topic-influenced style shift: A quantitative sociolinguistic study. In D. Biber & E. Finegan (Eds.), *Sociolinguistic Perspectives on Register* (pp. 235-276). New York: Oxford University Press.

Ringer-Hilfinger, K. (2012). Learner acquisition of dialect variation in a study abroad context: The case of the Spanish [θ]. *Foreign Language Annals, 45*(3), 430-446.

Robinson, P. (1995). Attention, memory, and the "noticing" hypothesis. *Language Learning, 45,* 283-331.

Robinson, P. (Ed.). (2002). *Individual Differences and Instructed Language Learning* (Vol. 2). Amsterdam: John Benjamins Publishing.

Robinson, P. (2003). Attention and memory during SLA. In C. J. Doughty & M. H. Long (Eds.), *The Handbook of Second Language Acquisition* (pp. 631-678). Oxford, UK: Blackwell Publishing Ltd.

Rodríguez, S. (2001). *The perception of requests in Spanish by instructed learners of Spanish in the second- and foreign-language contexts: A longitudinal study of acquisition patterns.* Unpublished doctoral dissertation, Indiana University, Bloomington, Indiana.

Romaine, S. (1984). On the problem of syntactic variation and pragmatic meaning in sociolinguistic theory. *Folia Linguistica, 18,* 409-439.

Rosi, F. (2009). *Learning aspects in Italian L2: Corpus annotation, acquisitional patterns and connectionist modeling*. Milan: Francoangeli.

Rumelhart, D. E., & McClelland, J. L. (1986). *Parallel distributed processing: Explorations in the microstructure of cognition*. Cambridge, MA: MIT Press.

Salaberry, R., & López-Ortega, N. (1998). Accurate L2 production across language tasks: Focus on form, focus on meaning and communicative control. *The Modern Language Journal, 82,* 514-532.

Salgado-Robles, F. (2011). *The Acquisition of Sociolinguistic Variation by Learners of Spanish in a Study Abroad Context*. Unpublished doctoral dissertation, University of Florida, Gainesville.

Salgado-Robles, F., & Ibarra, C. E. (2012). "Les voy a echar de menos cuando regrese a los Estados Unidos": Adquisición de la variación dialectal por aprendientes de español en un contexto de inmersión. *Ogigia: Revista Electrónica de Estudios Hispánicos, 11,* 61-77.

Samper Padilla, J. A. (2011). Sociophonological variation and change in Spain. In M. Díaz-Campos (Ed.), *The Handbook of Hispanic Sociolinguistics* (pp. 98-120). Malden, MA: Wiley-Blackwell.

Sánchez, R. (1981). Spanish for native speakers at the university: Suggestions. In G. Valdés, A. Lozano, & R. García-Moya (Eds.), *Teaching Spanish to the Hispanic Bilingual in the United States: Issues, Aims, and Methods* (pp. 91-100). New York: Teachers College Press.

Sandy, S. (1997). *L'emploi variable de la particule nègative ne dans le parler des francoontariens adolescents*. Unpublished master's thesis, York University, Toronto, Ontario.

Sankoff, D., & Laberge, S. (1978). The linguistic market and the statistical explanation of variability. In D. Sankoff (Ed.), *Linguistic Variation: Models and Methods* (pp. 239-250). New York: Academic Press.

Sankoff, D., Tagliamonte, S., & Smith, E. (2005). *Goldvarb X: A variable rule application for Macintosh and Windows* [Computer software]. Department of Linguistics, University of Toronto.

Sankoff, D., Tagliamonte, S., & Smith, E. (2012). *Goldvarb LION: A variable rule application for Macintosh.* Department of Linguistics, University of Toronto.

Sankoff, G., & Cedergren, H. (1971). Some results of a sociolinguistic study of Montreal French, in Regna Darnell (ed.), *Linguistic Diversity in Canadian Society* (pp. 61-87). Edmonton: Linguistic Research.

Sankoff, G., & Vincent, D. (1977). L'emploi productif du ne dans le français parlé à Montréal. *Français (Le) Moderne Paris, 45*(3), 243-256.

Santa Ana, O. (1992). Chicano English evidence for the exponential hypothesis: A variable rule pervades lexical phonology. *Language Variation and Change, 4,* 275-288.

Sanz, C., & Morgan-Short, K. (2004). Positive evidence versus explicit rule presentation and explicit negative feedback: A computer-assisted study. *Language Learning, 54,* 35-78.

Saville-Troike, M. (1989). *The ethnography of communication.* New York: Basi.

Sax, K. (2003). *Acquisition of stylistic variation in American learners of French.* Unpublished doctoral dissertation, Indiana University, Bloomington, Indiana.

Schauer, G. A. (2004). May you speak louder maybe? Interlanguage pragmatic development in requests. In S. H. Foster-Cohen, M. Sharwood Smith, A. Sorace, & M. Ota (Eds.), *EUROSLA Yearbook No. 4* (pp. 253-273). Amsterdam: John Benjamins.

Schauer, G. A. (2009). *Interlanguage pragmatic development: The study abroad context.* London: Continuum International.

Schermerhorn, R. (1970). *Comparative ethnic relations.* New York: Random House.

Schilling-Estes, N. (2004). Investigating stylistic variation. In J. K. Chambers, P. Trudgill, & N. Schilling-Estes (Eds.), *The Handbook of Language, Variation and Change* (pp. 375-401). Malden, MA: Blackwell.

Schmidt, L. B. (2009). The effect of dialect familiarity via a study abroad experience on L2 comprehension of Spanish. In J. Collentine et al. (Eds.), *Selected Proceedings of the 11th Hispanic Linguistics Symposium* (pp. 143-154). Somerville, MA: Cascadilla.

Schmidt, L. B. (2011). *Acquisition of dialectal variation in a second language: L2 perception of aspiration of Spanish /s/.* Unpublished doctoral dissertation, Indiana University, Bloomington, Indiana.

Schmidt, L. B. (2014). Contextual variation in L2 Spanish: Voicing assimilation in advanced learner speech. *Studies in Hispanic and Lusophone Linguistics*, *7*(1), 77-114.

Schmidt, R. (1983). Interaction, acculturation and the acquisition of communicative competence. In N. Wolfson & E. Judd (Eds.), *Sociolinguistics and Language Acquisition* (pp. 137-174). Rowley, MA: Newbury House.

Schmidt, R. (1993). Awareness and second language acquisition. *Annual Review of Applied Linguistics, 13*(1), 206-226.

Schmidt, R. (1995). Consciousness and foreign language learning: A tutorial on the role of attention and awareness in learning. In R. Schmidt (Ed.), *Attention and Awareness in Foreign Language Learning* (pp. 1-63). Manoa, HI: Second Language Teaching & Curriculum Center.

Schumann, J. (1978a). *The pidginization process*. Rowley, MA: Newbury House.

Schumann, J. (1978b). The acculturation model for second-language acquisition. In R. C. Gingras (Ed.), *Second Language Acquisition and Foreign Language Teaching* (pp. 27-50). Washington, DC: Center for Applied Linguistics.

Schumann, J. (1979). The acquisition of English negation by speakers of Spanish: A review of the literature. In R. W. Andersen (Ed.), *The Acquisition and Use of Spanish and English as First and Second Languages* (pp. 3-32). Washington, DC: TESOL.

Schumann, J. (1986). Research on the acculturation model for second language acquisition. *Journal of Multilingual and Multicultural Development, 7,* 379-392.

Schwenter, S. (1994a). The grammaticalization of an anterior in progress: Evidence from a peninsular Spanish dialect. *Studies in Language, 18,* 71-111.

Schwenter, S. (1994b). "Hot news" and the grammaticalization of perfects. *Linguistics, 32,* 995-1028.

Schwenter, S. A. (2006). Null objects across South America. In T. L. Face & C. A. Klee (Eds.), *Selected Proceedings of the 8th Hispanic Linguistics Symposium* (pp. 23-36). Somerville, MA: Cascadilla Proceedings Project.

Schwenter, S. A., & Torres-Cacoullos, R. (2008). Defaults and indeterminacy in temporal grammaticalization: The 'perfect' road to perfective. *Language Variation and Change, 20,* 1-39.

Sedano, M. (1994). El futuro morfológico y la expresión ir a + infinitivo en el español hablado de Venezuela. *Verba, 21,* 225-240.

Segalowitz, N., & Freed, B. F. (2004). Context, contact, and cognition in oral fluency acquisition: Learning Spanish in at home and study abroad contexts. *Studies in Second Language Acquisition, 26*(2), 173-199.

Selinker, L. (1972). Interlanguage. *IRAL—International Review of Applied Linguistics in Language Teaching, 10*(3), 209-232.

Selinker, L., & Douglas, D. (1985). Wrestling with 'context' in interlanguage theory. *Applied Linguistics, 6,* 190-204.

Serrano, M. J. (1994). Del pretérito indefinido al pretérito perfecto: Un caso de cambio y gramaticalización en el español de Canarias y Madrid. *Lingüística Española Actual, 16,* 37-57.

Sharwood Smith, M. (1993). Input enhancement in instructed SLA. *Studies in Second Language Acquisition, 15*(2), 165-179.

Shively, R. L., & Cohen, A. D. (2008). Development of Spanish requests and apologies during study abroad. Íkala: *Revista de Lenguaje y Cultura, 13*(20), 57-118.

Siegal, M. (1994). *Looking East: Learning Japanese as a second language in Japan and the interaction of race, gender and social context.* Unpublished doctoral dissertation, University of California, Berkeley.

Siegal, M. (1996). The role of learner subjectivity in second language sociolinguistic competency: Western women learning Japanese. *Applied Linguistics, 17,* 356-382.

Silva-Corvalán, C. (1994). The gradual loss of mood distinctions in Los Angeles Spanish. *Language Variation and Change, 6,* 255-272.

Skehan, P. (1989). *Individual differences in second-language learning*. London: Edward Arnold.

Skinner, B. F. (1957). *Verbal behavior.* New York: Appleton-Century-Crofts.

Smith, D. M. (1972). Some implications for the social status of pidgin languages. In P. Smith & R. Shuy (Eds.), *Sociolinguistics in Cross-Cultural Analysis* (pp. 47-56). Washington DC: Georgetown University Press.

Sokolik, M., & Smith, M. (1992). Assignment of gender to French nouns in primary and secondary language: A connectionist model. *Second Language Research, 8,* 39-58.

Spada, N. (2007). Communicative Language Teaching. In J. Cummins & C. Davison (Eds.), *International Handbook of English Language Teaching* (pp. 271-288). New York: Springer.

Speas, P. (2001). Constraints on null pronouns. In G. Legendre, J. Grimshaw, & S. Vikner (Eds.), *Optimality-Theoretic Syntax* (pp. 393-426). Cambridge, MA: MIT Press.

Squires, L. (2013). It don't go both ways: Limited bidirectionality in sociolinguistic perception. *Journal of Sociolinguistics, 17,* 200-237.

Stauble, A. (1981). *A comparative study of a Spanish-English and Japanese-English interlanguage continuum: Verb phrase morphology*. Unpublished doctoral dissertation, University of California at Los Angeles.

Stauble, A. M. E. (1978). The process of decreolization: A model for second language development. *Language Learning, 28*(1), 29-54.

Swain, M. (1995). Three functions of output in second language learning. In G. Cook & B. Seidlhofer (Eds.), *Principle and Practice in Applied Linguistics: Studies in Honour of H. G. Widdowson* (pp. 125-144). Oxford: Oxford University Press.

Swain, M. (2000). The output hypothesis and beyond: Mediating acquisition through collaborative dialogue. In J. P. Lantolf (Ed.), *Sociocultural Theory and Second Language Learning* (pp. 97-114). New York: Oxford University Press.

Swain, M., & Deters, P. (2007). "New" mainstream SLA theory: Expanded and enriched. *The Modern Language Journal, 91,* 820-836.

Tagliamonte, S. A. (2012). *Variationist sociolinguistics: Change, observation, interpretation.* Malden, MA: Wiley-Blackwell.

Tanaka, N. (1988). Politeness: Some problems for Japanese speakers of English. *Association of Language Teachers, 9*(2), 81.

Tarone, E. (1978). Conscious communication strategies in interlanguage: A progress report. In H. D. Brown, C. Yorio, & R. Crymes (Eds.), *On TESOL '77: Teaching and Learning English as a Second Language* (pp. 194-203). Washington, DC: TESOL.

Tarone, E. (1979). Interlanguage as chameleon. *Language Learning, 29,* 181-191.

Tarone, E. (1982). Systematicity and attention in interlanguage. *Language Learning, 12,* 69-84.

Tarone, E. (1985). Variability in interlanguage use: A study of style-shifting in morphology and syntax. *Language Learning, 35,* 373-404.

Tarone, E. (1988). *Variation in interlanguage*. London: Arnold.

Tarone, E. (1989). Accounting for style-shifting in interlanguage. In S. Gass, C. Madden, D. R. Preston, & L. Selinker (Eds.), *Variation in Second Language Acquisition* (Vol. 2) (pp. 13-21). Clevedon: Multilingual Matters.

Tarone, E. (2005). Speaking in a second language. In E. Hinkel (Ed.), *Handbook of Research in Second Language Teaching and Learning* (pp. 485-502). Mahwah, NJ: Lawrence Erlbaum.

Tarone, E. (2007). Sociolinguistic approaches to second language acquisition research 1997-2007. *The Modern Language Journal, 91,* 837-848.

Tarone, E., & Liu, G. (1995). Social context, variation and SLA theory. In G. Cook & B. Seidhofer (Eds.), *Principle and Practice in Applied Linguistics: Studies in Honour of H. G. Widdowson* (pp. 107-124). Oxford: Oxford University Press.

Tarone, E., & Parrish, B. (1988). Task-related variation in interlanguage: The case of articles. *Language Learning, 38,* 21-43.

Tennant, J. (1995). *Variation morphophonologique dans le français parlè des adolescents de North Bay (Ontario).* Unpublished doctoral dissertation, University of Toronto, Toronto, Canada.

Tesar, B. B., & Smolensky, P. (1993). *The learnability of Optimality Theory: An algorithm and some basic complexity results. Technical Report Cu-CS-687-93.* Boulder, CO: University of Colorado at Boulder.

Theodórsdóttir, G. (2011a). Language learning activities in real-life situations: Insisting on TCU completion in second language talk. In G. Pallotti & J. Wagner (Eds.), *L2 Learning as Social Practice: Conversation-Analytic Perspectives* (pp. 185-208). Honolulu, HI: National Foreign Language Resource Center.

Theodórsdóttir, G. (2011b). Second language interaction for business and learning. In J. K. Hall, J. Hellermann, & S. P. Doehler (Eds.), *L2 Interactional Competence and Development* (pp. 93-116). Bristol, UK: Multilingual Matters.

Thibault, P., & Vincent, D. (1990). *La Collecte des Données: Caractérisation de L'Enquête.* Un corpus de français parlé: Québec.

Thomas, A. (2004). Phonetic norm versus usage in advanced French as a second language. *IRAL—International Review of Applied Linguistics in Language Teaching, 42*(4), 365-382.

Thumboo, E. (Ed.). (2001). *The three circles of English: Language specialists talk about the English language*. Lancaster, UK: UniPress.

Tippets, I., & Schwenter, S. (2007). *Relative animacy and differential object marking in Spanish*. Paper presented at New Ways of Analyzing Variation (NWAV) 36,

Philadelphia, PA.

Tomlin, R. S., & Villa, V. (1994). Attention in cognitive science and second language acquisition. *Studies in Second Language Acquisition, 16,* 183-203.

Toohey, K. (1998). "Breaking them up, taking them away": Constructing ESL students in grade one. *TESOL Quarterly, 32*(1), 61-84.

Torres-Cacoullos, R. (2000). *Grammaticization, Synchronic Variation, and Language Contact: A Study of Spanish Progressive -ndo Constructions* (Vol. 52). John Benjamins Publishing.

Torres-Cacoullos, R., & Travis, C. E. (in press). Subject pronoun realization in Spanish and English: Assessing inter-linguistic functional equivalence via intra-linguistic inherent variability. In A. M. Carvalho, R. Orozco, & N. L. Shin (Eds.), *Subject Pronoun Expression in Spanish: A Cross-Dialectal Perspective.*

Trahey, M., & White, L. (1993). Positive evidence and preemption in the second language classroom. *Studies in Second Language Acquisition, 15,* 181-204.

Train, R. W. (2002). The (non)native standard language in foreign language education: A critical perspective. In C. Blyth (Ed.), *The Sociolinguistics of Foreign-Language Classrooms: Contributions of the Native, the Near-Native, and the Non-Native Speaker* (pp. 3-40). Boston: Heinle.

Travis, C. E. (2007). Genre effects on subject expression in Spanish: Priming in narrative and conversation. *Language Variation and Change, 19,* 101-135.

Trudgill, P. (1972). Sex, covert prestige and linguistic change in the urban British English of Norwich. *Language in Society, 1*(2), 175-195.

Trudgill, P. (1974). *The social differentiation of English in Norwich*. Cambridge: Cambridge University Press.

Trudgill, P. (1977). Language disadvantage: Further discussion. Northern Ireland. *Speech and Language Forum Journal, 3,* 37-43.

Trudgill, P. (1992). *Introducing language and society.* New York: Penguin English.

Uritescu, D., Mougeon, R., & Handouleh, Y. (2002). Le comportement du schwa dans le français parlé par les élèves des programmes d'immersion française. In C. Tatilon & A. Baudot (Eds.), *La Linguistique fonctionnelle au tournant du siècle. Actes du Vingt-quatrie'me Colloque international de linguistique fonctionnelle* (pp. 335-346). Toronto: Éditions du GREF.

Uritescu, D., Mougeon, R., Rehner, K., & Nadasdi, T. (2004). Acquisition of the internal and external constraints of variable schwa deletion by French immersion students. *Special Issue of the International Review of Applied Linguistics, 42*(4), 346-364.

Valdés, G. (1995). The teaching of minority languages as academic subjects: Pedagogical and theoretical challenges. *The Modern Language Journal, 79*(3), 299-328.

Valdés, G. (1997). The teaching of Spanish to bilingual Spanish-speaking students:

Outstanding issues and unanswered questions. In M. Colombi, F. X. Alarcón, & J. A. Fishman (Eds.), *La Enseñanza del Español a Hispanohablantes: Praxis y Teoría* (pp. 8-44). Boston, MA: Houghton Mifflin.

Valdés, G., González, S. V., García, D. L., & Márquez, P. (2003). Language ideology: The case of Spanish in departments of foreign languages. *Anthropology & Education Quarterly, 34*(1), 3-26.

Valdman, A. (1975). Error analysis and pedagogical ordering. In S. P. Corder & E. Roulet (Eds.), *Some Implications of Linguistic Theory for Applied Linguistics* (pp. 105-125). Paris: Didier.

Valdman, A. (1976). Variation linguistique et norme pédagogique dans l'enseignement du française langue étrangère. *Bulletin de la Fédération Internationale des Professeurs de Française, 12-13,* 52-64.

Valdman, A. (1988). Classroom foreign language learning and language variation: The notion of pedagogical norms. *World Englishes, 7*(2), 221-236.

Valdman, A. (2002). The acquisition of sociostylistic and sociopragmatic variation by instructed second language learners: The elaboration of pedagogical norms. In C. Blyth (Ed.), *The Sociolinguistics of Foreign-Language Classrooms: Contributions of the Native, the Near-Native, and the Non-Native Speaker* (pp. 57-78). Boston: Heinle.

Van Compernolle, R. A. (2008). Morphosyntactic and phonological constraints on negative particle variation in French-language chat discourse. *Language Variation and Change, 20,* 317-339.

van Gelder, T., & Port, R. (1995). It's about time: Overview of the dynamical approach to cognition. In R. Port & T. van Gelder (Eds.), *Mind as motion: Explorations in the dynamics of cognition* (pp. 1-43). Cambridge: MIT Press.

VanPatten, B. (1987). Classroom learners' acquisition of *ser* and *estar*: Accounting for developmental patterns. In B. VanPatten, T. Dvorak, & J. F. Lee (Eds.), *Foreign Language Learning: A Research Perspective* (pp. 61-75). Rowley, MA: Newbury House.

VanPatten, B. (1994). Evaluating the role of consciousness in second language acquisition: Terms, linguistic features & research methodology. *Consciousness in Second Language Learning, AILA Review, 11,* 27-36.

VanPatten, B. (1996). *Input processing and grammar instruction*. Norwood, NJ: Ablex.

VanPatten, B. (2004). Input and output in establishing form-meaning connections. In B. VanPatten, J. Williams, S. Rott, & M. Overstreet (Eds.), *Form-Meaning Connections in Second Language Acquisition* (pp. 29-47). Mahwah, NJ: Erlbaum.

VanPatten, B., & Borst, S. (2012a). The roles of explicit information and grammatical sensitivity in the processing of clitic direct object pronouns and word order in Spanish L2. *Hispania, 95,* 270-284.

VanPatten, B., & Borst, S. (2012b). The roles of explicit information and grammatical sensitivity in processing instruction: Nominative-accusative case marking and word order in German L2. *Foreign Language Annals, 45*(1), 92-109.

VanPatten, B., & Cadierno, T. (1993). Explicit instruction and input processing. *Studies in Second Language Acquisition, 15,* 225-243.

VanPatten, B., & Jegerski, J. (Eds.). (2010). *Research in Second Language Processing and Parsing* (Vol. 53). Amsterdam: Benjamins.

VanPatten, B., & Oikkenon, S. (1996). Explanation versus structured input in processing instruction. *Studies in Second Language Acquisition, 18*(4), 495-510.

VanPatten, B., & Uludag, O. (2011). Transfer of training and processing instruction: From input to output. *System, 39*(1), 44-53.

Veguez, R. (1984). *The oral proficiency interview and the junior year abroad: Some unexpected results*. Paper presented at the Northeast Conference on the Teaching of Foreign Language.

Verspoor, M., Lowie, W., & van Dijk, M. (2008). Variability in second language development from a dynamic systems perspective. *The Modern Language Journal, 92,* 214-231.

Villa, D. J. (1996). Choosing a "standard" variety of Spanish for the instruction of native Spanish speakers in the US. *Foreign Language Annals, 29*(2), 191-200.

Vygotsky, L. S. (1978). *Mind in society*. Cambridge, MA: Harvard University Press.

Wagner, S. E., & Sankoff, G. (2011). Age grading in the Montreal French inflected future. *Language Variation and Change, 23*(3), 275.

Wales, M. L. (2002). The relative frequency of the synthetic and composite futures in the newspaper Ouest-France and some observations on distribution. *French Language Studies, 12,* 73-93.

Wardhaugh, R. (2010). *An introduction to sociolinguistics*. West Sussex, UK: Wiley.

Warga, M., & Schölmberger, U. (2007). The acquisition of French apologetic behavior in a study abroad context. *Intercultural Pragmatics, 4*(2), 221-251.

Weedon, C. (1987). *Feminist practice and post-structuralist theory*. Oxford: Blackwell.

Weinberger, S. H. (1987). The influence of linguistic context on syllable simplification. In G. Ioup & S. Weinberger (Eds.), *Interlanguage Phonology: The Acquisition of a Second Language Sound System* (pp. 401-417). Cambridge, MA: Newbury House.

Wenger, E. (1998). *Communities of practice: Learning, meaning, and identity*. Cambridge: Cambridge University Press.

Wertsch, J. V. (1980). The significance of dialogue in Vygotsky's account of social, egocentric, and inner speech. *Contemporary Educational Psychology, 5,* 150-162.

White, L. (2003). *Second language acquisition and Universal Grammar*. Cambridge: Cambridge University Press.

Willis, E. W. (2010). Dominican Spanish intonation. In P. Prieto (Ed.), *Transcription of Intonation of the Spanish Language* (pp. 123-153). München: Lincom Europa.

Wode, H. (1977). Four early stages in the development of L1 negation. *Journal of Child Language, 4*(1), 87-102.

Wolfram, W. (1985). Variability in tense marking: A case for the obvious. *Language Learning, 35*(2), 229-253.

Wolfram, W., Christian, D., & Hatfield, D. (1986). The English of adolescent and young adult Vietnamese refugees in the United States. *World Englishes, 5*(1), 47-60.

Wong, W. (2004). Processing instruction in French: The roles of explicit information and structured input. In B. VanPatten (Ed.), *Processing Instruction: Theory, Research, and Commentary* (pp. 187-205). Mahwah, NJ: Erlbaum.

Woolsey, D. (2008). From theory to research: Contextual predictors of *estar* + adjective and the study of SLA of Spanish copula choice. *Bilingualism: Language and Cognition, 11,* 277-296.

Yonekawa, A. (1998). *Wakamonogo o Kagaku Suru.* Tokyo: Meiji Shoin.

Young, R. (1988). Variation and the Interlanguage Hypothesis. *Studies in Second Language Acquisition, 10*(3), 281-302.

Young, R. (1991). *Variation in interlanguage morphology.* New York: Peter Lang.

Yu, C., Ballard, D. H., & Aslin, R. N. (2005). The role of embodied intention in early lexical acquisition. *Cognitive Science, 29*(6), 961-1005.

Zampini, M. (1994). The role of native language transfer and task formality in the acquisition of Spanish spirantization. *Hispania, 77,* 470-481.

Zhang, Q. (2005). A Chinese yuppie in Beijing: Phonological variation and the construction of a new professional identity. *Language in Society, 34*(3), 431-466.

Zuengler, J. (1982). Applying Accommodation Theory to variable performance data in L2. *Studies in Second Language Acquisition, 4,* 181-192.

Zuengler, J. (1991). Accommodating in native-nonnative interactions: Going beyond the "what" to the "why" in second-language research. In H. Giles, J. Coupland, & N. Coupland (Eds.), *Contexts of Accommodation* (pp. 223-244). New York: Cambridge University Press.

索 引

*索引所标页码为英文版页码，即本汉译版的边码。